CARLSEN

MIT KINDERN DIE NATUR ERLEBEN

Warum!

KINDERFRAGEN & ANTWORTEN RUND UMS JAHR

MIT TEXTEN VON
Karen Amme, Lucas von Bothmer,
Anna Bunde, Sandra Heldt, Jasmin Jaerisch,
Dr. Ralf Klinger, Gunthild Kupitz,
Janet Lindemann-Eppinger, Volker Möller,
Lina Nagel, Leonie Proscurcin,
Irmhild Speck, Christine Stahr, Jan Völkel,
Alexandra Werdes, Sandra Winkler

Frühling

Wie kriegt das Küken im Ei Luft, ist in jedem Ei ein Küken und warum verstecken wir Ostereier? Bauen Fische auch Nester und knutschen die eigentlich? Wie kommt die Blume aus der Zwiebel, und warum wissen Pflanzen überhaupt, dass endlich Frühling ist? Das Kapitel gibt Antworten auf Fragen rund um den Frühling, es verrät, was Kinder jetzt gut draußen spielen können, und gibt Tipps, wie selbst der kleinste Balkon ruck, zuck in ein Draußen-Zimmer verwandelt werden kann.

Sommer

Warum ist der Himmel blau, und wie wird aus Sonne Energie? Welche Unkräuter kann man essen, und warum brennt die Brennnessel? Wie entsteht ein Gebirge? Und wie ein Gewitter? Wie erkunde ich eine Höhle, und wieso pfeifen Murmeltiere? Warum schmeckt Meerwasser so salzig und warum sind Quallen nur so glibberig? Diese und viele weitere Sommerfragen werden in dem Kapitel beantwortet. Für Strandläufer und Meeresforscher gibt es Tipps fürs Krebseangeln und zum Beobachten der Unterwasserwelt.

Herbst

Warum tragen Bäume Früchte, und wie kommt der Wurm in den Apfel? Warum wird es im Herbst früher dunkel? Und warum kommen bei Regen Regenwürmer raus? Sterben Regenwürmer eigentlich, wenn man sie zerteilt? Wie baut die Spinne ihr Netz? Und wie baue ich einen Drachen? Was macht der Igel im Herbst, und was mache ich jetzt bloß, wenn ich mich langweile? Ein Kapitel voller Entdeckungen, Spiel-, Bastel- und Rezept-Ideen rund um den Herbst!

Von Seite 110 bis Seite 153

Winter

Warum stellen wir einen Tannenbaum ins Zimmer? Wie backe ich Lebkuchen und baue ein Knusperhaus? Wie entsteht Schnee, warum ist er so weiß und knirscht? Und wie wird mein Schlitten zum Superrenner? Warum sehen wir bei Kälte unseren Atem? Frieren Fische eigentlich, und bekommen Möwen kalte Füße? Wie baue ich ein Vogelhaus und welche Vögel kommen dahin? Und wie um alles in der Welt löse ich nur diese Rätsel? Ein Kapitel angefüllt mit Winter-Wissen, Knobeleien, Bastel-Ideen und Rezepten für die kalte Jahreszeit.

Von Seite 154 bis Seite 201

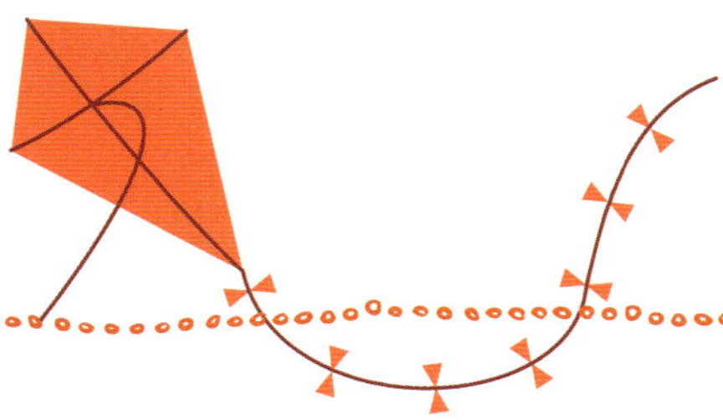

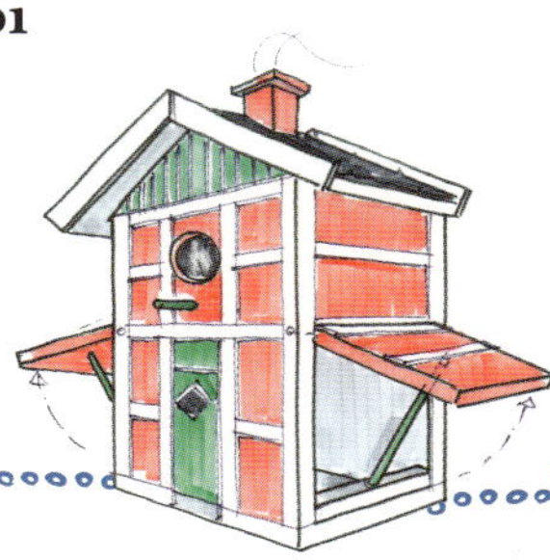

FRÜHLING

Jedes Jahr aufs Neue beobachten wir staunend dieses Wunder: Scheinbar über Nacht fangen in den Gärten die Blumen an zu blühen, wir entdecken die ersten Knospen an den Bäumen und die Sträucher färben sich zartgrün. Keine Frage – es ist Frühling! Zeit, rauszugehen und die großen und kleinen Wunder der Natur zu entdecken.

Wie kommt die Blume aus der Zwiebel?

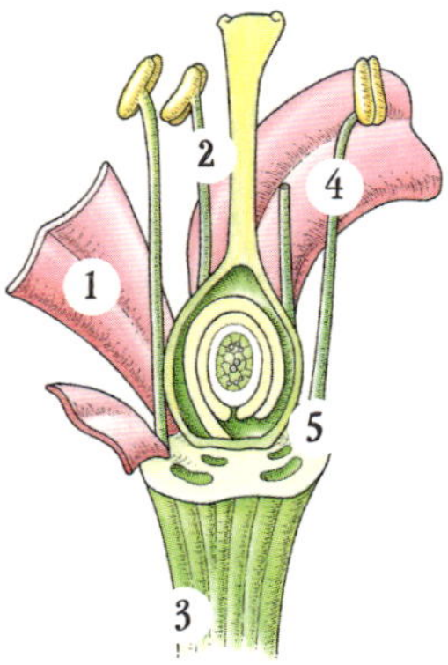

Aufbau einer Blüte
1) Kronblatt, 2) Staubblatt
3) Narbe, 4) Griffel
5) Fruchtknoten mit Samenanlage

Eine Blumenzwiebel ist ähnlich aufgebaut wie eine Küchenzwiebel: Sie besitzt außen eine dicke Haut, die sie vor Kälte und zu viel Feuchtigkeit schützt. Innen befinden sich mehrere Zwiebelschuppen, in denen Nährstoffe gespeichert sind. Diese hat die Zwiebel bereits im Jahr zuvor gesammelt und gespeichert.

Den Winter über entwickelt sich in der Mitte der Zwiebelschuppen eine Knospe, genauer gesagt: eine farblose Vorstufe zur Blüte sowie winzige Laubblätter. Wenn im Frühling die Temperaturen steigen, keimt die Zwiebel, durch Hormone gesteuert, aus. Zunächst sind nur die länglichen, grünen Laubblätter zu sehen, die sich Richtung Sonnenlicht aus der Zwiebel schieben. Nach und nach wächst darin ummantelt auch die noch geschlossene Blüte mit empor. Die Nährstoffe zum Wachsen zieht die Blume aus den Zwiebelschuppen, die dadurch immer dünner werden.

Hat der Blumenstängel eine bestimmte Länge erreicht, öffnet sich die Blüte. Alle Nährstoffe aus der Blumenzwiebel sind damit aufgebraucht und nur die schützende Außenhaut der Zwiebel ist noch übrig. Die Wurzeln unterhalb der Zwiebel versorgen die Blume nun mit Nährstoffen und Feuchtigkeit direkt aus dem Erdboden.

Entwicklung einer Tulpe

Aufbau
1) Zwiebelschale
2) Speicherblätter
3) Laubblätter
4) Blütenansatz
5) Brutzwiebel
6) Ersatzzwiebel
7) Wurzeln

Laubblätter und Blütenknospe sind in der Zwiebel bereits angelegt.

Bis zur Blüte zehrt die Tulpe von den Nährstoffen in den Speicherblättern.

Aus der welkenden Tulpe ziehen Reservestoffe zurück in die Zwiebel.

Zum nächsten Frühjahr bildet sich eine neue Zwiebel mit Tochter aus.

KANN MAN BLUMEN-ZWIEBELN ESSEN?

⚠ Nein. Blumenzwiebeln sind für Menschen giftig, der Verzehr kann Magenschmerzen, Übelkeit oder Erbrechen auslösen. Auch für andere Säugetiere wie Hunde, Katzen oder Pferde sind Blumenzwiebeln gefährlich. In den meisten Zwiebeln befinden sich Kalziumoxalate oder ähnliche unbekömmliche Substanzen. Diese Abwehrstoffe sollen gewährleisten, dass die Blumenzwiebel nicht angefressen wird, sondern sich unter der Erde ungestört entfalten kann. Nur Zwiebeln aus der Familie der Lauchgewächse wie Küchenzwiebel, Lauchzwiebel und Knoblauch sind zumindest für Menschen genießbar.

Warum muss man beim Zwiebelschneiden immer weinen?

Nein, Zwiebelschneiden macht nicht traurig! Dass wir dabei weinen müssen, hat eine andere Ursache: Die Tränendrüsen in unseren Augen geben fortwährend etwas Tränenflüssigkeit ab, um die Hornhaut zu nähren sowie feucht und geschmeidig zu halten. Auch der Bindehautsack wird durch die salzige Körperflüssigkeit permanent gereinigt. Winzige Staubpartikel aus der Luft, die im Auge landen, werden somit kontinuierlich und unmerklich ausgeschwemmt. Beim Schneiden einer Küchenzwiebel werden scharfe Zwiebeldämpfe frei, als natürliche Abwehr gegen Fressfeinde der Zwiebel. Die Tränendrüsen empfinden diese Dämpfe als Reizkörper im Auge – und kämpfen dagegen an: Die Menge der Tränenflüssigkeit wird erhöht und man muss weinen.

STECKBRIEF
FRÜHLINGSBLÜHER

Mehr als 150 Frühlingsblumen gibt es bei uns, diese fünf gehören zu den frühsten:

Buschwindröschen
(Anemone nemorosa)
Familie Hahnenfußgewächse
Farbe Weiß Höhe Bis zu 20 cm
Das Buschwindröschen wächst vor allem an halbsonnigen Plätzen in Mischwäldern.

Gelbe Narzisse (Narcissus pseudonarcissus)
Familie Narzissengewächse
Farbe Gelb Höhe 30 bis 40 cm
Die Gelbe Narzisse kommt vor allem in Gärten und verwildert in Parks vor, sie wird auch Osterglocke genannt.

Krokus (Crocus)
Familie Schwertliliengewächse
Farbe Blau, lila, gelb, weiß
Höhe 5 bis 15 cm
Der Krokus ist als Gartenpflanze bekannt, wächst aber auch wild auf feuchten Wiesen und im Gebirge. Die Pflanze hat keinen Stängel, sondern Hochblätter.

Leberblümchen
(Hepatica nobilis)
Familie Hahnenfußgewächse
Farbe Violett Höhe **Rund 15 cm**
Das Leberblümchen ist selten geworden. Es liebt lehmige Böden an sonnigen Plätzen in Mischwäldern.

Woher wissen Pflanzen, das

Die ersten wärmenden Sonnenstrahlen blinzeln durch die Wolken – und plötzlich ist der Frühling da!! Aber woher wissen Pflanzen, dass ihre Zeit gekommen ist?
Es gibt verschiedene Impulse für das plötzliche Wachsen: Bei Obstbäumen ist die steigende Temperatur der Auslöser. Sie scheinen die warmen Tage nach dem Winter zählen zu können. Ist eine bestimmte Anzahl erreicht, fangen sie an zu knospen. Auch bei Zwiebelpflanzen wird das Wachstum durch die Temperatur bestimmt. Bereits im Winter bildet sich in der Zwiebel die Vorstufe zur Blüte. Diese kommt zum Vorschein, wenn die Temperaturen wieder steigen. Bei einem plötzlichen Kälteeinbruch können Zwiebelpflanzen ihr Wachstum sofort stoppen. Bei den meisten übrigen Pflanzen wird das Wachsen durch eine innere Uhr gesteuert: Die Pflanzen „warten“ auf eine bestimmte Tageslänge und treiben dann aus.

Warum schließen sich Blumen am Abend?

Viele Blumen öffnen morgens ihre Blüten und schließen sie abends wieder, zum Beispiel das Gänseblümchen. Dahinter verbirgt sich ein Schutzmechanismus: Im Laufe der Evolution hat es sich für die Pflanzen bewährt, nachts – und auch bei Regen – ihre Blumenblätter geschlossen zu halten. Auf diese Weise sind die sensiblen Fortpflanzungsorgane wie Stempel und Staubblätter im Inneren der Blume gut geschützt. Während der Dunkelheit und auch bei schlechtem Wetter sind ohnehin so gut wie keine der Insekten unterwegs, die sonst zur Bestäubung der Blüten beitragen würden.

Bei Dunkelheit und Regen schließen sich die Blütenblätter.

ndlich Frühling ist?

20. MÄRZ

„WIE DAS WETTER AM FRÜHLINGS-ANFANG, SO IST ES DEN GANZEN SOMMER LANG."

An diesem Tag steht die Sonne exakt senkrecht über dem Erdäquator und markiert somit den Beginn der neuen Jahreszeit. Die Tage werden spürbar länger und wärmer, das merken auch die Pflanzen, die nach und nach ihre Köpfe aus der Erde stecken. Doch Vorsicht: Auch im Frühling kann es noch Schnee und Eis geben!

Was ist Heuschnupfen?

Nicht jeder kann sich unbeschwert auf den Frühling freuen, denn dann beginnt auch die Heuschnupfensaison. Dabei handelt es sich um eine allergische Reaktion auf Pflanzenpollen oder Hausstaubmilben. Die werden normalerweise in den Atemwegen herausgefiltert und bleiben in feinsten Härchen oder an den Schleimhäuten hängen. Dann hustet man oder putzt sich die Nase, und die Pollen werden ohne Probleme wieder aus dem Körper hinausbefördert. Bei einer Allergie aber reagiert das Immunsystem über. Dann läuft etwa die Nase, die Augen jucken oder es kommt zu Kopfschmerzen und starker Müdigkeit. Durch eine sogenannte Hyposensibilisierung können Allergiker an bestimmte Blütenpollen gewöhnt werden. Dies dauert zwar einige Zeit, in der Regel drei Jahre, aber am Ende ist in den meisten Fällen der Heuschnupfen verschwunden.

HEUSCHNUPFEN-QUÄLGEISTER

Birke Unter ihren Pollen leidet ein Drittel aller Allergiker.

Gräser Zusammen mit Roggen sind sie für die Hälfte der Allergien verantwortlich.

Haselnuss Als Frühblüher sendet sie schon zu Jahresanfang Pollen aus.

Kiefer Von allen Nadelbäumen löst sie die schlimmsten Allergien aus.

Sauerampfer Genauso wie Beifuß ein Kraut mit hohem Allergiepotenzial.

STECKBRIEF
BESONDERE NESTER

Kugelnest: Zaunkönig
Standort Bodennah zwischen Wurzeln umgestürzter Bäume, in der Stadt zwischen Balken und Mauersteinen Aussehen Kugelförmig mit seitlichem Eingang Material Außen Halme und Blätter, innen Moose und Federn Wissenswert Meistens baut das Männchen mehrere Nester und das Weibchen darf sich dann eins aussuchen.

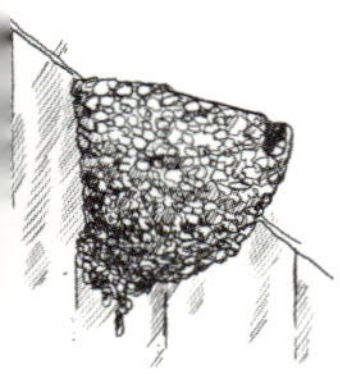

Lehmkorb: Mehlschwalbe
Standort An senkrechten Wänden unter Hausdächern, genauso an Felswänden Aussehen Halbkugelförmig, der Eingang ist möglichst weit oben Hauptbestandteile Außen Lehm, innen Moose, Gräser und Federn Wissenswert Der Zugvogel kommt häufig über Jahre hinweg an seinen Brutplatz zurück und bessert alte Nester gegebenenfalls wieder aus.

Schwimmendes Nest: Blässhuhn
Standort Auf stehenden Gewässern, selten direkt am Ufer Aussehen Schwimmt wie eine Insel auf dem Wasser Material Außen Äste, Zweige, Röhrichthalme, innen Gräser und Blätter Wissenswert Die Arbeit wird beim Blässhuhn aufgeteilt: Das Männchen bringt das Material heran, während das Weibchen daraus das Nest errichtet.

Warum bauen Vögel Nester?

Im Frühling sieht man häufig Vögel, die in ihrem Schnabel etwas transportieren – Halme und Gräser zum Beispiel. Sie sammeln Material, um daraus ein Nest zu bauen. Darin legen sie ihre Eier und ziehen später die daraus geschlüpften Jungvögel auf. Ein Nest zu bauen ist angeborenes Verhalten. Wenn sich ein Vogelpaar gefunden hat, möchte es instinktiv für Nachwuchs sorgen. Dafür sucht es im Revier des Männchens einen geeigneten Platz, wobei für den Bau bei den meisten Singvögeln allein das Weibchen zuständig ist. Junge, noch unerfahrene Vögel stellen sich mitunter recht ungeschickt dabei an. Sie lernen erst im Laufe der Zeit den Nestbau zu perfektionieren.

Ein Nest muss vielerlei Aufgaben erfüllen: Es muss gut getarnt und versteckt sein, so dass es von Fressfeinden nicht gefunden wird.

Auch muss es möglichst wind- und regengeschützt sein, damit es die Eier und später die Küken warm und trocken haben. Das Nest muss stabil sein, daher werden für den Unter- und Außenbereich oft Zweige verwendet, innen wird es dagegen weich mit Moosen, Tierhaaren oder Federn ausgekleidet. Und die runde Form hat schließlich den Vorteil, dass beim Brüten so wenig Körperwärme wie möglich verloren geht.

Warum nisten Störche auf Dächern?

Störche lieben offene, wasserreiche Landschaften, weil sie dort ein üppiges Nahrungsangebot vorfinden. Zum Nisten bevorzugen sie aber einen möglichst hohen Platz. Hoch oben können sie ihren Futterplatz wunderbar überblicken. Auch ist dort das Landen und Abheben mit ihrer Flügelspannweite von gut anderthalb Metern einfacher. Und nicht zuletzt ist der Nachwuchs vor Fressfeinden wie dem Marder geschützt. Natürlicherweise bauen Störche ihre großen Horste auf Felsen oder auch auf großen, allein stehenden Bäumen. Doch mit der Zeit haben Störche Hausdächer und Schornsteine als praktische Nistplätze entdeckt. Zu ihren Nestern kehren die Störche ein Leben lang zurück. Manche Hausbesitzer bieten ihnen Nisthilfen an, indem sie Wagenräder oder hölzerne Plattformen auf dem Dach anbringen. Denn der langbeinige Zugvogel ist bei vielen Menschen gerne gesehen, auch weil er auf den Feldern keinen Schaden anrichtet, sondern Frösche und Mäuse pickt. Leider wird der Bestand der Störche bei uns seit Jahrzehnten als gefährdet eingestuft: Die intensive Landwirtschaft, vor allem die zunehmenden Mais-Monokulturen, schränken ihren Lebensraum immer weiter ein.

WAS TUN, WENN EIN VOGEL AUS DEM NEST GEFALLEN IST?

⚠ **Einige Vogelarten kümmern** sich um ihren Nachwuchs, auch wenn dieser aus dem Nest gefallen oder bereits flügge ist. Findet man einen kleinen Vogel, sollte man ihn erst mit viel Abstand mindestens eine Stunde lang beobachten. Kommt kein Elterntier vorbei, kann man den Kleinen behutsam in einen Karton mit Luftlöchern setzen und beim Tierheim abgeben. Bei offensichtlichen Verletzungen ist ein sofortiger Tierarztbesuch sinnvoll.

Störche sind auf unseren Dächern gern gesehene Gäste.

Wie verwandelt sich die Raupe in den Schmetterling?

METAMORPHOSE

Von Metamorphose (griech. „Umgestaltung") spricht man, wenn sich ein Lebewesen über unterschiedliche Stadien zum fortpflanzungsfähigen Tier entwickelt. Nicht nur Schmetterlinge durchleben diese durch Hormone gesteuerte Verwandlung. Käfer entwickeln sich recht ähnlich: Aus einem Ei schlüpft eine Larve, die sich nach der Verpuppung zum erwachsenen Tier entfaltet. Bei Libellen und Heuschrecken ähnelt die Larve bereits dem erwachsenen Tier, muss aber mehrere Wachstumsstufen und

1 DER SCHMETTERLING

Der Schwalbenschwanz lebt durchschnittlich nur 18 Tage! Bevor er stirbt, verpaart er sich.

2 DAS EI

Zunächst legt das Weibchen zwischen 50 und 150 Eier an mehreren Wirtspflanzen ab, zum Beispiel am Wiesenkümmel. Die Eier sind anfangs gelblich und rund zwei Millimeter breit. Sie werden einzeln und möglichst versteckt an junge Triebe geklebt – damit die Raupe sofort etwas zu fressen findet.

3 DIE RAUPE

Nach rund einer Woche färbt sich das Ei dunkel und die Raupe frisst sich durch die mittlerweile durchsichtige Eihülle. Zu Beginn ist sie fünf Millimeter lang und sieht aus wie Vogelkot. Die Färbung ist eine gute Tarnung, um nicht von Vögeln gefressen zu werden. Die Raupe frisst und wächst – und häutet sich etwa alle zwei Tage, bis sie nach zwei bis drei Wochen ausgewachsen ist. Sie sucht einen geschützten Platz auf.

4 DIE PUPPE

Die Raupe befestigt sich an einem Ast in einem Busch, indem sie ein klebriges Polster zwischen ihrem Unterleib und dem Ast spinnt. Zusätzlich spinnt sie einen Gürtel um sich und den Ast. Nun beginnt die letzte Häutung: Die Haut wird abgeworfen und die grüne Puppe kommt zum Vorschein. Ein unangenehmer Geruch wird verströmt, um Feinde abzuhalten. Nach rund zwölf Stunden hat die Puppe ihre endgültige Form erreicht.

5 DAS SCHLÜPFEN

An einem warmen, sonnigen Tag bricht die Puppenhülle auf und der Schmetterling befreit sich daraus.

Häutungen durchmachen. Eine Verpuppung findet jedoch nicht statt. Auch Frösche und andere Amphibien durchleben eine Metamorphose. Ihr Larvenstadium ist die Kaulquappe. Diese atmet wie Fische durch Kiemen und lebt im Wasser. Nach und nach bilden sich Beine und eine Lunge aus. Der Frosch verändert mit seinem Aussehen auch seine Lebensweise und geht an Land.

STECKBRIEF SCHMETTERLINGE

Schmetterlinge gehören zu den Insekten. Rund 160.000 Arten leben auf der Erde – auf jedem Kontinent außer der Antarktis. Die drei hier vorgestellten können bei uns beobachtet werden.

Großer Kohlweißling

Spannweite 50 – 60 mm Flugzeit April bis Oktober Wissenswert Seinen Namen verdankt er seinem Lieblingsessen als Raupe: Kohl.

Silbergrüner Bläuling

Spannweite 30 – 35 mm Lebensraum Trockene und sonnige Hänge, die schwach bewachsen sind. Kalkhaltige Böden. Flugzeit Juni bis September Wissenswert Die Raupe wird häufig von Ameisen besucht, da sie eine zuckerhaltige Flüssigkeit absondert, die Ameisen gern fressen. Als Gegenleistung schützen die Ameisen die Raupe vor Feinden.

Tagpfauenauge

Spannweite 50 – 55 mm Flugzeit Juni bis Oktober Wissenswert Feinde halten die Flecken auf den Flügeln für die Augen eines größeren Tiers und fliehen. Durch die Klimaerwärmung schlüpfen die Tagpfauenaugen seit einiger Zeit nicht mehr nur im Sommer, sondern ein zweites Mal im Herbst. Die Falter überwintern.

IST JEDER REGEN GLEICH?

Je nach Intensität und Dauer unterscheiden die Meteorologen verschiedene Regenformen, zum Beispiel:

Platzregen Hier regnet es räumlich und zeitlich begrenzt nur über einem kleinen Gebiet.

Dauerregen Aus Nimbostratuswolken fällt er über mindestens sechs Stunden ununterbrochen übers Land.

Starkregen In kurzer Zeit fallen große Mengen Regen. Starkregen kommt in den Tropen, Subtropen und gemäßigten Breiten gleichermaßen vor. Er kann von wenigen Minuten bis zu einigen Stunden dauern.

Sprühregen Üblicherweise fallen hier viele kleine Tröpfchen aus Stratuswolken. Er kann über mehrere Stunden, manchmal sogar mehrere Tage anhalten.

Eisregen Unterkühlte Regentropfen (kälter als 0 °C) fallen in flüssigem Zustand aus den Wolken. Beim Auftreffen auf die Erde oder Gegenstände gefrieren sie sofort. Eisregen kann sehr gefährlich sein!

Was machen Insekten bei Regen?

Insekten können bei Regen nicht einfach einen Schirm aufspannen, wie wir es tun. Doch auch sie suchen einen Unterschlupf, um nicht nass zu werden, denn für viele Insekten würde dies den Tod bedeuten. Manche Tiere sind so klein, dass sie von den Regentropfen erschlagen werden könnten oder der Regen sie auf den Boden drücken würde und sie in einer Pfütze ertrinken könnten. Außerdem fliegt es sich schlecht, wenn die Flügel nass sind, Bienen und Fliegen würden zur leichten Beute ihrer Feinde. So suchen Schmetterlinge an der Unterseite von Blättern Schutz vor Regen; Bienen und Ameisen verkriechen sich in ihrem Bau und Käfer krabbeln ins Unterholz. Tiere merken den Regen viel früher als wir: Sie spüren den sich verändernden Luftdruck und haben genügend Zeit, sich in Sicherheit zu bringen.

Auch ihre Fressfeinde sind nicht dumm! Schwalben zum Beispiel greifen die Insekten auch in Bodennähe an – somit sind tieffliegende Schwalben für uns ein sicheres Zeichen, dass es bald regnen wird.

Wieso ist das Wetter im April so wechselhaft?

Im April sind schnelle Wetterumschwünge auf der gesamten Nordhalbkugel keine Seltenheit: Auf Sonnenschein folgt in kürzester Zeit Regen. Oft sogar Schnee und Graupel. Doch warum ist das so? Zurückzuführen ist dieses Wetterphänomen auf den Jahreszeitenwechsel: Die Sonne steht im Frühling von Tag zu Tag höher am Himmel und hat dabei immer mehr Kraft. Sie scheint auf die Land- und Meerregionen gleichermaßen, doch die Luftmassen über dem Land erwärmen sich schneller als die über dem Wasser. Dadurch entstehen Temperaturunterschiede zwischen den verschiedenen Regionen, die sich automatisch durch Winde ausgleichen: Warme Luft steigt nach oben, kühlt ab, zieht zum Meer, drückt dort die kalte Luft zum Land etc. Und dieses vermehrte Windaufkommen sorgt für die schnellen Wetterwechsel. Also lieber immer einen Regenschirm mitnehmen!

1. APRIL

„APRIL, APRIL, DER MACHT, WAS ER WILL."

Woher es kommt, dass wir Freunde und Familie an diesem Tag mit lustigen Scherzen in den „April schicken", weiß man nicht so genau: Die einen vermuten, dass dahinter der Aberglaube steht, dass der 1. April wie Freitag, der 13. ein Unglückstag ist, angeblich soll sogar der Teufel an diesem Tag Geburtstag haben! Andere vermuten, dass das unberechenbare Wetter als Erlaubnis diente. Wie auch immer: Lasst euch lustige Streiche einfallen und ruft hinterher laut: „April! April!"

STECKBRIEF
EIER LEGENDE TIERE

Rote Wegschnecke

Sie sucht nach der Paarung für ihren Nachwuchs eine geschützte Stelle und legt dann dort bis zu 400 Eier. Nach rund vier Wochen schlüpfen die kleinen Nacktschnecken. Erwachsen sind sie nach 90 Tagen.

Heuschrecke

Sie legt ihre rund 200 Eier im Herbst, die Eier überwintern und die Larven schlüpfen im folgenden Frühjahr. Die Jungschrecken müssen sich siebenmal häuten, bevor sie ausgewachsen sind!

Rotfeder

Zwischen April und Juli machen sie sich im Schwarm auf die Suche nach einem geeigneten Ort zum Laichen (die Eier von Fischen werden Laich genannt). An Wasserpflanzen nahe dem Ufer legen sie dann Unmengen von klebrigen Eiern ab – bis zu 200.000! Die kleinen Rotfedern schlüpfen schon nach drei bis zehn Tagen.

Mauereidechse

Drei bis zehn Eier legen die Weibchen zwischen Mai und Juli unter Steinen ab, in Mauerspalten oder auch am Ende eines unterirdischen Gangs, den sie dafür in die Erde graben. Nach rund zwei Monaten schlüpfen die 6 cm langen Baby-Echsen.

Warum verstecken wir Ostereier?

Fast überall auf der Welt werden zu Ostern Eier bunt gefärbt, verschenkt und auch versteckt. Eier gelten als Zeichen der Fruchtbarkeit und im christlichen Glauben steht das Ei für die Auferstehung Jesu Christi. Am Ostersonntag, dem Tag der Auferstehung, schenkte man sich aus Freude darüber hübsch gefärbte Eier. Um den Spaß für die Kinder zu erhöhen, wurden für sie die Eier versteckt. Doch was hat der Osterhase damit zu tun? Seit ca. 300 Jahren gibt es bei uns die Legende vom Osterhasen. Ebenso wie das Ei steht der Hase als Symbol für Fruchtbarkeit. Und nach langen Wintern kam er gerne in die Gärten, um dort nach Futter zu suchen – so wurde ihm wohl die Sache mit den Eiern angehängt. Bevor der Osterhase diesen Job übernahm, waren je nach Region Kuckuck, Storch, Hahn und sogar der Fuchs für das Ostereierverstecken zuständig.

Woran erkennt man frische Eier?

Um festzustellen, ob ein Ei ganz frisch ist oder schon etwas älter, braucht man nur ein Glas mit kaltem Wasser. Man legt das Ei hinein und beobachtet, was passiert. Geht das Ei unter und bleibt auf der Seite liegen, dann ist es mit Sicherheit frisch! Ist das Ei sieben bis zehn Tage alt, dann wird es mit dem stumpfen Ende leicht nach oben steigen. In diesem Ei hat sich dort schon eine Luftkammer gebildet, die das Ei nach oben treibt. Nach zwei bis drei Wochen ist die Luftkammer schon so groß, dass sie das Ei vollständig aufrichtet: Das Ei steht senkrecht im Wasser.

Tipp: Am besten immer nur frische Eier kaufen und diese im Kühlschrank aufbewahren und innerhalb von drei bis vier Wochen verarbeiten. Auch Eier, die zu Ostern ausgeblasen werden, sollten möglichst frisch sein.

Größenvergleich Eier

Kohlmeise 17 mm
Haussperling 20 mm
Amsel 30 mm
Huhn 70 mm
Gans 110 mm

WIE KOMMT DAS KÜKEN AUS DEM EI?

⚠ Wurde ein Ei von einem Hahn befruchtet, reift auf dem Eigelb aus der Ei- und der Samenzelle eine Keimscheibe heran. Erst wenn einige Eier gelegt wurden, beginnt das Huhn mit dem Brüten. Unter der Wärme des Federkleids wächst das Küken im Ei heran. Nach spätestens 21 Tagen durchstößt es mit einer Verhornung auf seinem Schnabel, dem Eizahn, die Eierschale und schlüpft hinaus.

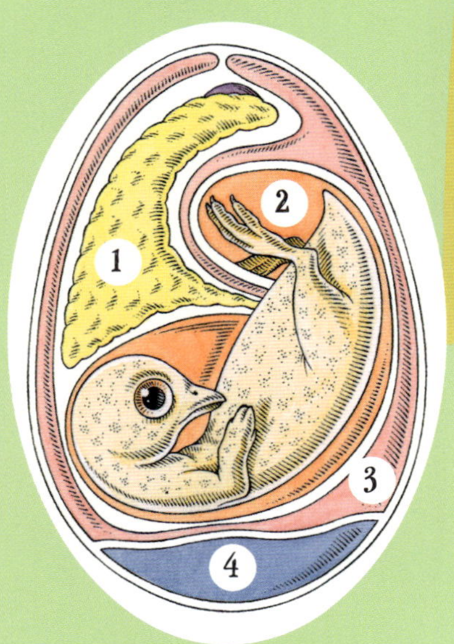

Hühnerei mit Embryo:
1) Hagelschnur 2) Dotter (Eigelb) 3) Eiklar (Eiweiß) 4) Luftkammer

Wie kriegt das Küken im Ei Luft?

Rund drei Wochen dauert es, bis sich ein Hühnerküken im befruchteten Ei entwickelt. Während dieser Zeit bekommt das Tier alle nötigen Nährstoffe aus dem Eidotter, mit dem es über die Nabelschnur verbunden ist. Am stumpfen Ende des Eis befindet sich zwischen Eierschale und Schalenhaut die sogenannte Luftkammer – ein kleiner Raum, der mit Luft gefüllt ist. Am 17. Bruttag durchpikst der kleine Vogel mit seinem Schnabel die Schalenhaut, schiebt seinen Kopf in die Luftkammer und beginnt mit der Lungenatmung. Die Luftmenge im Ei wird im Laufe der Zeit nicht weniger, sondern sogar mehr: Zwar verbraucht das Küken davon einen Teil, andererseits entsteht aber noch mehr Luft durch Verdunstungsprozesse im Ei. Außerdem ist die poröse Eierschale atmungsaktiv.

Warum ist die Eierschale hart?

Ein Ei muss eine Menge aushalten können: Beim Legen und Brüten wird es vom Muttervogel gequetscht und gedrückt - und dennoch geht es nicht kaputt. Die Schale schützt das Ei und sorgt dafür, dass im Inneren das Küken in Ruhe heranwachsen kann. Doch was macht die Schale so hart und stabil? Obwohl sie beim Hühnerei gerade einmal 0,4 Millimeter dünn ist ... Das liegt zum einen an dem besonderen Baustoff des Eis: Seine Schale besteht aus Kalziumkarbonat, einem von Natur aus sehr harten Material. Die Bausteine dafür nehmen die Tiere über die Nahrung auf. Legehennen streut man sogar extra Kalk ins Futter, damit die Tiere stabile Eier legen. Zum anderen stellt die Konstruktion des Eis ein physikalisches Meisterstück dar: Durch die spezielle gebogene Form wird etwaiger Druck automatisch aufs gesamte Ei verteilt und dadurch minimiert – einerlei, an welcher Stelle der Druck ausgeübt wird.

Ist in jedem Ei ein Küken

Keine Sorge: Im Frühstücksei ist kein Küken! Denn nur in Eiern, die von einem Hahn befruchtet werden, während sie im Körper des Huhns heranwachsen, können Küken entstehen. Und selbst dann müssen sie erst drei Wochen ausgebrütet werden, damit ein Küken sich darin entwickeln kann. Hühner legen aber auch ohne Hahn jeden Tag ein Ei. Die werden eingesammelt und dann verkauft. Ganz frisch!

WAS IST EIN WINDEI?

Vogeleier haben eine schützende Schale – normalerweise. Doch es gibt auch Eier, die ohne Schale gelegt werden. Solche sogenannten Windeier sind nur von der Schalenhaut umgeben, die sich sonst immer zwischen der Eierschale und dem Ei-Innenleben befindet. Diese dünne Haut bietet keinerlei Schutz, sie zerplatzt beim geringsten Druck. Generell sind Windeier äußerst selten; bei älteren oder kranken Hühnern kommt es mitunter vor, dass sie eins legen. Doch auch jungen, gesunden Hühnern kann das mal passieren. Nämlich dann, wenn die Tiere durch die Nahrung nicht genügend Kalk zu sich genommen haben.

Puh, endlich draußen!

Wie entstel

Welche Wolke ist das?

1 Cirrus (Federwolke):
Sie sehen aus, als ob ein expresionistischer Maler mit leichter Hand Striche, Haken oder Fäden in den Himmel gezeichnet hätte. Cirren treten in großer Höhe, etwa 8.000 bis 12.000 Meter, auf und bestehen aus Eiskristallen. „In Frauen und Cirren kann man sich irren", sagt ein Sprichwort – tatsächlich können Cirren auf verschiedene Wetter-Entwicklungen hindeuten, eine genaue Vorhersage ist schwierig.

2 Stratus (tiefe Schichtwolken):
Die Wolken, die auch als Hoch nebel bezeichnet werden, sind die tiefsten von allen und reichen oft bis zum Boden. Eine besondere Form ist nicht zu erkennen, einfach nur eine grau-weiße Suppe, die von Regentröpfchen gebildet wird. Was erwartet man von diesem Wolkentyp: nervigen Nieselregen und eine stabile Hochdrucklage.

3 Cirrostratus (hohe Schleierwolke):
Eigentlich hat man das Gefühl, einen wunderbaren Sonnentag zu genießen, doch irgendwie sieht man die Sonne wie durch einen Schleier hindurch. Schuld sind die Schleierwolken! Sie entstehen, wenn größere warme Luftmassen in die Höhe steigen, dabei abkühlen und zu Eiskristallen gefrieren. Wird der weiße Schleier dichter und die Sonne ist kaum noch zu sehen, steht eine Wetteränderung bevor.

4 Cumulus (Haufenwolke):
Die auch Schäfchen- oder Quellwolke genannte Formation besitzt eine flache Unterseite, aus der nach oben hin weiße Blumenkohlköpfe wachsen. Der Cumulus zieht immer „alleinstehend", also schön getrennt von den anderen am

n Regenbogen?

Um einen Regenbogen zu sehen, braucht man eine Regenfront vor sich, die Sonne im Rücken und etwas Glück! Was wir dann bewundern, ist das in all seinen Farben aufgespaltene Sonnenlicht. Licht ist nichts anderes als elektromagnetische Strahlung, die aus unterschiedlichen Wellenlängen besteht. Jeder Wellenlänge entspricht eine Farbe. Wenn man einen Lichtstrahl durch ein Prisma richtet, wird er gebrochen. Zum Vorschein kommen seine einzelnen Komponenten. Nichts anderes passiert bei einem Regenbogen. Die kugelförmigen Wassertropfen einer Regenwolke übernehmen die Funktion des Prismas. Die Tropfen brechen die Sonnenstrahlen, und das weiße Licht wird in seine Spektralfarben zerlegt. Auf Grund der runden Tropfenform addieren sich die vielen Reflexionen für den Betrachter zu einem kreisrunden Bogen, von dem wir aber nur einen Teil sehen können. Von außen nach innen sehen wir: Rot, Orange, Gelb, Grün, Hellblau, Dunkelblau und Violett.

Himmel entlang. Schäfchenwolken zeigen sich meist bei gutem Wetter. Wer die hübschen Wolken bereits am Morgen sieht, sollte sich auf Gewitter einstellen!

5 Stratocumulus
(Haufenschichtwolke):
Sie ähneln der Cumulus-Form, nur dass sie an der Unterseite zusammengewachsen und ihre Oberseiten stets abgeflacht sind. Von unten leuchten die Wolken meistens weißgrau. Zeigen Stratocumuli unruhige Wellenstrukturen oder verdichten sich sogar, können sie als Vorbote einer Schlechtwetterfront gedeutet werden.

6 Cumulonimbus
(Gewitterwolke):
Blitz, Hagel, Donner und manchmal sogar Tornados schießen aus dieser Wolke heraus. Die Gewitterwolke kann bis zu zehn Kilometer hoch werden. Unter und vor allem in den Gewitterwolken tobt der Wind mit bis zu 120 km/h, deshalb vermeiden es Piloten, durch sie hindurchzufliegen.

2

6

3

Warum ist das Gras morgens nass?

Das ist schon verblüffend: Die Morgensonne scheint, man guckt aus dem Fenster – und alles ist nass. Obwohl keine Wolke weit und breit zu sehen ist. Wo kommt die Feuchtigkeit her? Aus der Luft, in ihr befindet sich die sogenannte Luftfeuchtigkeit. Wenn abends die Sonne untergeht, kühlt die Luft automatisch ab – und kann dann nicht mehr so viel Feuchtigkeit speichern. Die Luft muss deshalb Feuchtigkeit im Laufe der Nacht durch Kondensierung abgeben. Diese ehemalige Luftfeuchtigkeit ist morgens in Form von zahlreichen Wassertropfen auf der Erde zu sehen und wird auch Morgentau genannt.

Stinken Stinktiere wirklich?

Jein. Das Stinktier selbst stinkt nicht. Allerdings können die in Nordamerika lebenden Stinktiere ein übel riechendes Sekret versprühen, wenn sie sich bedroht fühlen. Wenn einem ein freundlich gestimmtes Stinktier über den Weg läuft, muss man also nicht gleich das Weite suchen. Erst bei Gefahr wird das Tier zunächst die Zähne fletschen, wütend auf den Boden stampfen und den Schwanz aufstellen. Wenn sich der vermeintliche Angreifer dann immer noch nicht abschütteln lässt, wird es stinkig. Am After haben die Stinktiere zwei Drüsen von der Größe eines Hühnereis. In diesen Drüsen befindet sich das riechende Sekret, das die Tiere gezielt abschießen können – bis zu sechs Meter weit! Die Drüsen enthalten Sekret für etwa sechs Spritzer, aber gewöhnlich verzieht sich der Feind bereits nach einem einzigen. Es dauert dann etwa zehn Tage, bis die Stinktierdrüsen neues Sekret ausgebildet haben.
Es besteht aus hoch konzentrierten Schwefel-Wasserstoff-Verbindungen. Auf solche Verbindungen reagieren Menschen und Tiere schon bei geringen Konzentrationen sehr sensibel. Das Stinktier geht mit seinem Sekret also wirklich auf Nummer sicher.

Nicht ärgern – sonst werde ich stinkig!

STECKBRIEF
STINKENDE TIERE

Iltis
Auch Stinkmarder genannt. Kann ähnlich wie das Stinktier eine übel riechende Flüssigkeit versprühen, um sich vor Feinden zu schützen und sein Revier zu markieren.

Wildschwein
Der Keiler produziert in der Paarungszeit durch starkes Kauen eine schaumartige Substanz. Diesen Schaum streift er an Baumrinden und Sträuchern ab. Für uns Menschen riecht er ziemlich streng. Wildschweindamen finden ihn aber äußerst anziehend und wissen so, dass ein paarungsbereiter Keiler in der Nähe ist.

Grüne Stinkwanze
Um nicht von Vögeln gefressen zu werden, können die etwa einen Zentimeter großen Krabbler ein Sekret absondern, das stinkt und bitter schmeckt. Da möchte kein Vogel ein zweites Mal probieren!

Wiedehopf
Nesträubern kommt am Wiedehopfnest eine echte Stinkbombe entgegen. Fühlen sich die Küken bedroht, scheiden sie ein stinkendes Sekret aus, vermischen es mit ihrem Darminhalt und bespritzen damit den Eindringling.

Warum riechen Hunde, wenn sie nass sind?

Nach einem verregneten Spaziergang kann selbst der niedlichste Hund ganz schön müffeln. Das liegt am Talg auf der Hundehaut. Die Talgdrüsen fetten das Fell und die Hundehaut ein und schützen vor Bakterien und Nässe. Im Talg befinden sich Duftstoffe, die den typischen Körpergeruch ausmachen und in dem öligen Schutzfilm eingeschlossen sind. Allerdings sind sie wasserlöslich. Wenn der Hund nun nass wird, produziert er nicht nur zum Schutz mehr Talg, es werden auch die Duftstoffe freigesetzt. Das stinkt uns Menschen manchmal gewaltig, ist für den Hund aber ganz natürlich.

SOLL MAN TIERE WASCHEN?

⚠ Nein! Katzen, Kaninchen, Meerschweinen & Co gehören nicht in die Badewanne. Sie putzen sich ausreichend und gründlich selbst. Manche Hundebesitzer meinen, dass sie nach einem Matsch spaziergang ihren Liebling unbedingt in die Wanne stecken müssen, aber auch hier wäre Abtrocknen und gründliches Bürsten für den Hund besser, denn Seifen-schaum kann ihn krank machen.

Was ist eine Larve?

Viele Insekten und Amphibien schlüpfen nicht voll entwickelt aus dem Ei. Bevor sie ausgewachsen sind, durchleben sie in ihrer Entwicklung noch einen weiteren Lebensabschnitt – als Larve. Diese entspricht in ihrem Aussehen nicht dem ausgewachsenen Tier, meistens leben Larven auch ganz anders als die erwachsenen Tiere. So lebt die erwachsene Stechmücke etwa an Land und kann fliegen; die Stechmückenlarve entwickelt sich jedoch unter Wasser. Auch Kaulquappen, die Larven von Fröschen, leben erst unter Wasser und atmen mit Kiemen, bis sich ihre Lungen herausbilden. Alle Larven sind kleine Fressmaschinen. Innerhalb kürzester Zeit können sie enorm wachsen. Daher müssen sich Insektenlarven in der Regel auch einige Male häuten, sonst wird ihnen ihre Körperhülle zu eng. Ist eine Insektenlarve dann nach mehreren Häutungen ausgewachsen, schließt sie sich in der sogenannten „Puppe" ein. In der Puppe stellt die Larve das Fressen ein: Die Organe werden ausgebildet, die endgültige Körperform entwickelt sich und bei Insekten bilden sich Flügel. Nach einiger Zeit schlüpft dann aus der Puppe das geschlechtsreife Insekt.

Schmeißfliege
Größe 18 mm
Nahrung Eiweißhaltige organische Stoffe, Fleischreste, Kuhfladen
Lebensraum An Land
Dauer des Larvenstadiums
5 – 10 Tage

Frosch
Größe Je nach Art bis 18 cm
Nahrung Algen
Lebensraum im Wasser
Dauer des Larvenstadiums
3 Monate

Maikäfer
Größe 50 – 70 mm
Nahrung Pflanzenwurzeln
Lebensraum Unter der Erde
Dauer des Larvenstadiums
4 Jahre

Welche Larve gehört zu welchem Tier?

Die Larven verschiedener Tiere können sich in ihrer Gestalt und Entwicklung stark unterscheiden. Hier sieht man, welche Larve sich zu welchem Tier entwickelt.

Marienkäfer
Größe 6 – 8 mm
Nahrung Blattläuse
Lebensraum An Land
Dauer des Larvenstadiums
3 Monate

Kohlweißling
Größe Bis 40 mm
Nahrung Blätter und Pflanzenteile
Lebensraum An Land
Dauer des Larvenstadiums
Wenige Wochen bis mehrere Monate

Köcherfliege
Größe 10 – 45 mm
Nahrung Algen, zersetzte Pflanzenteile
Lebensraum Im Wasser
Dauer des Larvenstadiums
2 – 3 Jahre, manche Arten auch 5 Jahre

Libelle
Größe 4 – 6 mm
Nahrung Andere Insektenlarven und Kleinkrebse
Lebensraum Im Wasser
Dauer des Larvenstadiums
Je nach Art wenige Monate bis mehrere Jahre

Wie heißt die Frau vom Hirsch?

Es ist ein verbreiteter Irrglaube, dass die Frau vom Hirsch das Reh sei. Meistens bezeichnet man den männlichen Hirsch als Bullen und das Weibchen als Hirschkuh oder Hinde. Bei Rehen handelt es sich dagegen um eine eigene Art in der Familie der Hirsche. Die Annahme, dass Reh und Hirsch zusammengehören, geht übrigens auf den Zeichentrickfilm Bambi zurück. In dem Buch, auf dem der Film basiert, erzählt der Österreicher Felix Salten die Geschichte des kleinen Rehkitzes Bambi. Für den Walt-Disney-Film wurde aus dem Reh ein Hirsch, da es in Amerika schlicht keine Rehe gibt. In der deutschen Synchronfassung von 1942 wurde dann aus Bambis Mutter irrtümlicherweise wieder ein Reh gemacht, sein Vater jedoch weiterhin als Hirsch bezeichnet. Damit war die Verwirrung perfekt.

1 Kitz

Wie heißt das Kind vom Hirsch?

Ob Welpe oder Kalb – viele Tierkinder und ihre Eltern haben besondere Namen. Wer weiß, wie die Eltern dieser Tierkinder heißen?

2 Frischling

3 Lamm

4 Zicklein

5 Häschen

6 Ferkel

7 Welpe

8 Kätzchen

9 Fohlen

ELTERNPAARE

1 Vater: Bock
Mutter: Ricke
2 Vater: Keiler
Mutter: Bache
3 Vater: Bock
Mutter: Geiß / Zicke
4 Vater: Bock / Widder
Mutter: Aue / Zibbe
5 Vater: Rammler / Bock
Mutter: Häsin / Zibbe
6 Vater: Eber
Mutter: Sau
7 Vater: Rüde
Mutter: Wölfin / Fähe
8 Vater: Kater
Mutter: Katze / Kätzin
9 Vater: Hengst
Mutter: Stute

Kaum ist Linus geboren, steht er schon auf wackligen Beinen und will trinken. Nora darf dem Lämmchen die Flasche mit der ersten Muttermilch geben.

Die Böcke, die sonst den Ton angeben, haben während der Lammzeit im Stall nicht viel zu melden.

Das Mutterschaf beginnt sofort das Baby trocken zu lecken.

Ein Lamm kommt zur Welt

Zwischen Januar und März bringen die Schafe ihre Lämmer zur Welt – manche sogar zwei. Das Erste, was zu sehen ist, sind die Spitzen schwarzer Hufe. Nach und nach schieben sich die dazugehörigen Vorderläufe heraus, umhüllt von klarem Schleim. Bis schließlich ein kleines, schwarz-weiß gesprenkeltes Maul mit dem Kopf erscheint. Der Schäfer arbeitet als Geburtshelfer: Vorsichtig wischt er die Nasenlöcher frei und ergreift behutsam die Vorderläufe von dem Lamm, das das Mutterschaf Kimmi gerade im Stehen herauspresst. Keine halbe Minute später erscheinen der Rücken sowie die Hinterläufe, und schließlich flutscht der kleine Körper ins frische Stroh. Sofort dreht sich Kimmi leise blökend zu dem Neugeborenen um und beginnt es an Kopf und Hals trocken zu lecken. Es ist ein Bock; und er antwortet ihr mit einem hohen Meckern. Immer abwechselnd leckt Kimmi ihren Sohn trocken und stupst ihn mit den Vorderhufen an: Er soll aufstehen.

Der Schäfer holt eine große, vorgewärmte Flasche samt Sauger. Dort hinein melkt er aus den beiden Zitzen von Kimmis prall gefülltem Euter Milch, die gelb und sehr dickflüssig ist. Diese erste Milch nennt man Biestmilch, sie ist sehr fettreich und sehr wichtig für die Lämmer. Linus beginnt sofort gierig daran zu nuckeln und wedelt lebhaft mit

Das Lamm Ida ist schon ein paar Tage alt. Hier sieht man die Reste der Nabelschnur.

dem Schwanz. So nimmt Kimmi seinen Geruch auf. An dem wird sie ihn später erkennen. Das Lamm versucht aufzustehen: Erst geht sein Po hoch, dann streckt es die Vorderbeine. Mehrmals knicken die ein. Doch irgendwann steht es schließlich schwankend aufrecht und macht die ersten staksigen Schritte, bis die Beine erneut einknicken und das mühsame Aufrichten von vorne beginnt. Für die Lämmer ist es wichtig, früh laufen zu können, damit sie vor Feinden flüchten können.
Der Schäfer bringt die Lämmer bringt zusammen mit ihrer Mutter in eine vom übrigen Stall abgetrennte Box. Dort werden sie die nächsten drei Tage bleiben. Erst danach erkennt die Kleinfamilie sich gegenseitig am Geruch und ihren Stimmen.

LÄMMER

Bei der Geburt wiegt ein Lamm etwa vier Kilo – ungefähr so viel wie ein neugeborenes Baby. Doch Lämmer nehmen in den ersten Wochen schnell zu, nach einem Monat wiegen sie schon 15 Kilo, was etwa dem Gewicht eines vierjährigen Kindes entspricht. Nach vier Wochen sind ihre Vormägen richtig ausgebildet, nun können sie zusätzlich zur Milch festes Futter verdauen. Mit drei Monaten grasen sie auf der Weide und mit etwa einem Jahr können die weiblichen Tiere dann selbst Lämmer gebären.

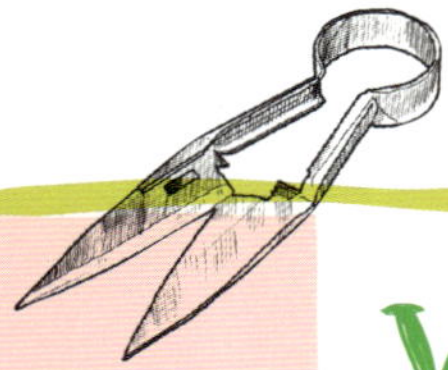

WOLLE

Meist Ende Mai, wenn nachts keine Frostgefahr mehr besteht, sowie vor dem Einstallen im Dezember geht es Schafen mit Schafschere oder elektrischem Rasierer an den Pelz. Die Schur verhindert, dass sich Parasiten im Fell festsetzen. Die Rohwolle wird gewaschen und zu einem Faden verdreht. Das Garn eignet sich je nach Qualität und Dicke zum Stricken, Häkeln oder Weben. Wolle herzustellen ist heute in Deutschland aber meist nur ein Hobby. Die Wolle für die weltweite Produktion liefern riesige Herden in Australien.

Was macht der Schäfer

Er kümmert sich um eine Schafherde, und die besteht häufig aus mehreren Hundert Tieren.

In den Alpen treiben Bauern Schafherden im Frühling zu saftigen Wiesen, wo die Tiere den Sommer über bleiben. Der Schäfer versorgt die kranken Tiere, er ist bei der Schafschur der „Frisör" seiner Herde, er verkauft ihre Wolle und ihr Fleisch und er zieht mit den Schafen weiter, von einem Weideplatz zum nächsten. Immer mit dabei ist sein Hund: Beim Weidewechsel prescht er zum Beispiel voran und sorgt dafür, dass die Tiere zusammenbleiben. Im Frühjahr, wenn die Jungen zur Welt kommen, hilft der Schäfer bei der Geburt der Lämmer. Dann ist er auch nachts im Einsatz.

Ein Schäfer ist bei Wind und Wetter draußen, er steht früh auf, arbeitet viel und verdient wenig. Trotzdem lieben viele ihren Beruf, weil sie so gern mit den Tieren zusammen sind. Schäfer gibt es übrigens schon seit rund 10.000 Jahren – der Beruf ist einer der ältesten der Welt.

Diese kleine Hexe hat sich zur Feier der Walpurgisnacht verkleidet.

Treffen sich auf dem Blocksberg wirklich Hexen?

Jein. „Blocksberg" ist nicht nur der Nachname einer kleinen Hexe, deren Abenteuer aus vielen Hörspielen bekannt sind, sondern so heißt auch ein Berg: der Brocken im Harz. Der Berg ist oft in gespenstischen Nebel gehüllt, und nicht nur deshalb ranken sich um ihn seit jeher Volksmythen. Im späten Mittelalter, zwischen dem 13. und dem 15. Jahrhundert, glaubten viele Menschen fest daran, dass sich zur Walpurgisnacht am 30. April alle Hexen auf dem Blocksberg versammeln würden. Einer Sage nach treffen sich in dieser Nacht die Hexen auf dem Gipfel, um auf ihrem Besen zu fliegen, zu zaubern, zu tanzen und sich mit dem Teufel zu vermählen. Auch heute verwandelt sich der Brocken (also der Blocksberg) jedes Jahr zur Walpurgisnacht in einen wahren Hexenkessel: Auf dem Gipfel wird in der letzten Aprilnacht ein großes Volksfest gefeiert, zu dem sich die Frauen als Hexen und die Männer als Teufel verkleiden. Musik wird gespielt, und es werden Feuerwerke gezündet.

WIESO FEIERN WIR WALPURGISNACHT?

⚠ Der Brauch ist viele Jahrhunderte alt. Die Kelten zündeten damals riesige Feuer an, um den Frühling zu begrüßen. Das Fest hieß allerdings zu der Zeit nicht Walpurgisnacht, sondern Beltane. In Walpurgisnacht wurde es später von der Kirche umbenannt. Die heilige Walpurga galt als Schutzpatronin gegen Geister. Noch heute zünden wir am Abend des 30. April an vielen Orten große Feuer an, um böse Geister zu vertreiben und den Frühling willkommen zu heißen.

Was ist der Hollerbusch?

Im Herbst, wenn die duftenden Holunderblüten schon lange abgefallen sind, birgt der Holunderbusch einen weiteren Schatz: die Holunderbeere. Sie schmeckt nicht nur köstlich als Suppe, mit Nelken, Zimt und Birnenspalten, sondern enthält auch eine Extraportion Vitamin C, B und A.
Jedes Kind kennt den Holunder- oder Fliederbusch, denn anspruchslos, wie er ist, wächst er fast überall. Von April bis Juni blüht der Holunder, seine Blüten haben einen charakteristischen, süßlichen Geruch. Holunderbüsche wachsen meistens wild, aber werden, zum Beispiel in der österreichischen Steiermark, auch kontrolliert angebaut. Die fast schwarzen Holunderbeeren färben sehr stark – das weiß jeder, der sie schon einmal selbst gepflückt hat – und haben in den letzten Jahren wieder größere Bedeutung als natürlicher Farbstoff, etwa für Süßigkeiten oder Joghurt, gewonnen.

REZEPT

Holunder-Sirup

Zutaten für ca. 800 ml
12 Blütendolden
800 g Zucker
600 ml Wasser
1 Bio-Zitrone
1 Mulltuch

1 Blütendolden nur ausschütteln, nicht waschen!

2 In einem Topf Zucker und Wasser auflösen und aufkochen. Zitronen vierteln und hinzugeben. Die Holunderblütendolden kopfüber hineingeben, Deckel aufsetzen.

3 Den Sirup vom Herd nehmen und zugedeckt etwa 15 Stunden ziehen lassen.

4 Durch ein Mulltuch gießen und den fertigen Sirup in eine zuvor mit kochendem Wasser ausgespülte, verschließbare Glasflasche füllen. Er hält sich etwa ein Jahr.

Warum heißt der Mai Wonnemonat?

Wir alle fühlen uns wohler und zufriedener, wenn die Tage heller und wärmer werden, die Vögel zwitschern und die Blumen blühen. Sagen wir deshalb zum Mai auch Wonnemonat? Nein, denn der Begriff „Wonnemonat" stammt vom althochdeutschen Wort „Wunnimanod" ab und bedeutet „Weidemonat". Das heißt, das Vieh durfte jetzt wieder raus auf die Wiesen und frisches Gras weiden. Der Mai wird aber auch „Blumenmond" genannt und das ist keine falsche Übersetzung! Denn jetzt haben die meisten Pflanzen ihre Hauptblütezeit. So zum Beispiel: Klatschmohn, Maiglöckchen, Margerite, Pfingstrose, Vergissmeinnicht, Ranunkel und Butterblumen – ach, der Mai ist einfach herrlich!

15. MAI

„VOR NACHTFROST DU NIE SICHER BIST, BIS SOPHIE VORÜBER IST."

Am 15. Mai ist der Namenstag von Sophie, der letzten der Eisheiligen. Weil es dann oft Kälteeinbrüche gibt, sollten empfindliche Pflanzen erst nach der „kalten Sophie" nach draußen gepflanzt werden.

GIBT ES NOCH MAIKÄFER?

Ja, nur nicht immer gleich viele, denn ein Maikäfer braucht ca. 4 Jahre , um sich von einem frisch geschlüpften Engerling in einen geschlechtsreifen Maikäfer zu verwandeln. Da die meisten Maikäfer den gleichen Rhythmus haben, gibt es alle vier Jahre sogenannte Maikäfer-Jahre, während es in den Jahren dazwischen relativ wenig Maikäfer gibt. Alle 30 bis 40 Jahre kriechen so viele Maikäfer aus der Erde, dass man von Epidemien spricht.

Welcher Bau

DIE ZWETSCHGE

Zwetschgen sind eine Unterart der Pflaume, wahrscheinlich stammen sie aus Kreuzungen der wilden Kirschpflaumen mit der bei uns heimischen Schlehe ab. Am weitesten verbreitet ist die Hauszwetschge, die auch in kälteren Gebieten zuverlässig Ertrag liefert. Die Blätter sind umgekehrt eiförmig, der Rand ist fein und stumpf gesägt, die Unterseite manchmal behaart. Die Blüten mit den gelben Staubbeuteln sitzen meist zu zweit beieinander.

DIE BIRNE

Natürlicherweise sind Birnen auf der Nordhalbkugel verbreitet, aber heute werden sie auch in Südamerika, Südafrika, Australien und Neuseeland angebaut. Sie brauchen kühle Winter, sind aber kälteempfindlicher als Äpfel, da sie früher blühen. Es gibt etwa 25 Birnenarten und heute über 1000 verschiedene Sorten, die oft nicht korrekt zu unterscheiden sind, da die Pflanzen sich immer wieder miteinander vermischen. Birnbäume werden 100 bis 150 Jahre alt.

DIE SÜSSKIRSCHE

Süßkirschen sind in ganz Europa, im Kaukasus und in Mittelasien heimisch. Die Kulturform wurde von den Römern nach Mitteleuropa gebracht. Die Wildform heißt Vogelkirsche. Auch ihre Früchte sind essbar, haben aber viel weniger Fruchtfleisch. Von der Kulturform gibt es zwei Sorten: die weiche Herzkirsche und die Knorpelkirsche. Die roten Nektardrüsen an den Blattstielen unterscheiden die Süßkirsche von anderen Obstbäumen.

t das denn?

DER APFEL

Apfelbäume sind heute überall verbreitet, wo es im Winter kalt genug ist, denn sie blühen im Frühjahr nur, wenn sie eine Kälteperiode durchgemacht haben. Allein in Deutschland gibt es heute mehr als tausend Sorten. Ein unbeschnittener Apfelbaum hat eine ausladende Krone, im Anbau herrschen kleine, kompakte Formen vor. Die Rinde junger Apfelbäume ist glatt und grau, später wird sie bräunlich. Apfelbäume können 100 Jahre alt werden.

DIE MIRABELLE

Mirabellen werden in Europa, Nordafrika und im Kaukasus angebaut. Sie lieben warme und geschützte Standorte. Wie die Zwetschge ist die Mirabelle eine Unterart der Pflaume. Es gibt mehrere Sorten, darunter auch welche mit roten oder besonders großen Früchten. Mirabellenbäume sind klein und haben aufrecht wachsende Zweige. Die Blätter sind umgekehrt eiförmig. Ihre Unterseite sowie die jungen Zweige sind samtig behaart. Mirabellen können 50 Jahre alt werden.

DIE SAUERKIRSCHE

Sauerkirschen sind fast auf der gesamten Nordhalbkugel verbreitet, denn sie ertragen Frost und Kälte besser als Süßkirschen. Man unterscheidet Süßweichseln oder Morellen und Glaskirschen oder Amarellen, die helleres Fruchtfleisch besitzen. Im Gegensatz zur Süßkirsche sind die Blüten der Sauerkirsche selbstbefruchtend, auch ein einzeln stehender Baum trägt also Früchte.

Welche Tiere leben am Teich?

1 KLEINER WASSERFROSCH

Körperlänge 4,5 – 7,5 cm
Nahrung Wasserflöhe, Insekten, Würmer, Schnecken
Wissenswert Ab April legt das Weibchen 500 bis 3000 Eier in Form von Laichbällen zwischen Wasserpflanzen ab. Nach zwei bis drei Monaten werden aus den Kaulquappen kleine Frösche.

2 RINGELNATTER

Körperlänge 80 – 120 cm
Nahrung Am liebsten Frösche, auch Molche, Kaulquappen, Fische, selten Mäuse und Schnecken
Wissenswert Kann gut schwimmen und bis zu 20 Minuten lang tauchen. Ihre Beute verschluckt sie direkt – in ihren Zähnen hat sie kein Gift, dafür aber im Speichel. Für Menschen ist sie ungefährlich.

3 GELBRANDKÄFER

Körperlänge 30 – 35 mm
Nahrung Kaulquappen, Insektenlarven, Würmer, Fische, Frösche, Molche, Aas Wissenswert Kann fliegen, schwimmen und tauchen und ist genau wie seine Larve sehr gefräßig. Die Larve verspeist während ihrer Entwicklung zum Käfer bis zu 900 Kaulquappen.

4 SCHLAMMSCHNECKE

Gehäuselänge Rund 5 cm
Nahrung Pflanzen, verwesende Pflanzenteile, Algen, gelegentlich Aas Wissenswert Kann den Körper nicht vollständig in ihr Gehäuse ziehen. Sie gehört zur Familie der Lungenschnecken und muss zum Luftholen an die Wasseroberfläche kommen.

5 WASSERSPITZMAUS

Körperlänge 7 – 8 cm,
Schwanzlänge 5 – 7 cm
Nahrung Insekten, Larven, Schnecken, Würmer
Wissenswert Kann dank der Schwimmborsten an den Füßen und am Schwanz prima tauchen.

6 WASSERLÄUFER

Körperlänge 8 – 20 mm
Nahrung Insekten Wissenswert Durch die weite Beinstellung wird das Gewicht bestmöglich verteilt und von der Oberflächenspannung des Wassers getragen. Haben wasserabweisende Härchen am ganzen Körper.

7 TEICHMOLCH

Körperlänge 9,5 – 11 cm
Nahrung Insekten, Würmer
Wissenswert Überwintert in einem Versteck an Land. Seine Farbe ist dann bräunlich und dem Männchen fehlt der Rückenkamm (die Weibchen haben keinen).

8 LIBELLE

Flügelspannweite 2 –11 cm
Nahrung Insekten, selten sogar

Libellen der eigenen Art
Wissenswert Haben zwei Flügelpaare , die sie unabhängig voneinander bewegen können. Dadurch gelingt es ihnen, in der Luft stehen zu bleiben oder auch rasant die Richtung zu wechseln. Einige der rund 75 Libellenarten sind sogar in der Lage, rückwärts zu fliegen.

9 MODER-LIESCHEN

Körperlänge 6 – 8 cm
Nahrung Insekten, Wasserflöhe, Algen Wissenswert Der Name leitet sich von „mutterlos" ab: Vögel verschleppen den Laich, deshalb tauchen die Fische dann „plötzlich" ohne Elterntiere in Gewässern auf.

10 STOCKENTE

Körperlänge 51 – 62 cm
Nahrung Wasserpflanzen, Blätter, Gräser, Schnecken
Wissenswert Das Weibchen brütet nicht nur am Boden, sondern auch auf Bäumen oder höheren Gebäuden, oft mehrere 100 Meter vom Gewässer entfernt.

KNUTSCHEN FISCHE EIGENTLICH?

Es sieht zumindest so aus, wenn sich zwei gegenüberstehen, die Mäuler ausstrecken und sich ihre Lippen berühren. Aber mit dem, was wir unter liebevollem Küssen verstehen, hat das „Maulzerren", wie es Fischbiologen nennen, nichts zu tun. Ganz im Gegenteil! Man kann dieses tierische Verhalten eher als Drohgebärde verstehen. So sind es auch meistens die Männchen, die sich während der Balz und der Partnersuche Kopf an Kopf gegenüberstehen. Ihre Absichten sind klar: den Gegner einschüchtern und wegdrängen. Zeigt einer der beiden Kontrahenten seine Flanke, gibt er auf, und der Sieger steht fest.

Bauen Fische Nester?

Es mag sich seltsam anhören, aber es gibt tatsächlich einige Fischarten, die wie Vögel Nistplätze bauen. Der Dreistachlige Stichling zum Beispiel fängt im späten Frühling mit den Vorbereitungen an. Das Männchen fächert mit seiner Schwanzflosse eine flache Mulde im seichten Uferbereich. Dann beginnt das Schmücken: Pflanzenteile werden in die Mulde gelegt und mit einem Sekret befestigt. Ist das Nest fertig, wird ein fruchtbares Weibchen angelockt. Es legt die Eier ins Nest, verschwindet, und das Männchen kümmert sich um die Nachkommen. Auch in der Gruppe der Buntbarsche gibt es wahre Baumeister. Einige von ihnen graben bis zu drei Meter breite Krater in den Sand, um die Zukünftige zu beeindrucken. Und Fadenfische, tropische Süßwasser fische, konstruieren Nester aus speichelumschlossenen Luftblasen. Ihr Laich wird dann regelrecht auf Schaum gebettet. Neben diesen Nestbauern gibt es unter den Fischen auch noch Frei-, Boden- und Substratlaicher sowie Maulbrüter.

Was ist Laich?

Im Frühjahr findet man überall im Teich seltsamen Glibber. Dabei handelt es sich um die Eier von Fischen und Amphibien, die ihre Brut ins Wasser legen. Diese Eier werden Laich genannt. Die Eier sind ähnlich aufgebaut wie ein Hühnerei, nur dass hier die harte Schale fehlt. Die schwarze Keimzelle, aus der sich der Embryo entwickelt, ist von klarer Gallertmasse umgeben, die alle wichtigen Nährstoffe enthält. Schon das Aussehen des Laichs verrät, welches Tier hier wohl bald das Licht der Welt erblickt: Handelt es sich um Gallertklumpen mit gut sichtbaren Eiern, war wohl ein Frosch am Werk. Sind es hübsche Schnüre, könnte es das Werk einer Erdkröte sein. Sind die Eier jedoch sehr klein, durchsichtig und überall zwischen den Pflanzen verteilt, könnte es sich um Fischlaich handeln. Bei den Fischen unterscheidet man Herbst-, Winter-, Frühjahrs- und Sommerlaicher. Die Weibchen werden bei der Laichprozedur übrigens Rogner genannt, die Männchen heißen Milchner. Befinden sich die Eier noch im Körper des Fisches, spricht man nicht von Laich, sondern von Rogen. Dazu gehört auch der Kaviar, der Rogen des Störs, der gesalzen auch als teure Delikatesse gehandelt wird.

STECKBRIEF
FISCH UND IHRE BRUT

Flussbarbe

Typ Freilaicher **Größe** 25 – 75 cm
Vorkommen Europa
Verhalten Von Mai bis Juli ziehen die nachtaktiven Süßwasserfische flussaufwärts und geben ihre Eier an flachen, kiesigen Stellen ab.

Anemonenfisch

Typ Substratlaicher
Größe Bis 8 cm
Vorkommen Südostasien
Verhalten Anemonenfische leben in Symbiose mit Anemonen. Die Eier werden an Steinen nahe der eigenen Anemone befestigt. Das Männchen fächert dem Laich sauerstoffreiches Wasser zu und hält das Gelege sauber.

Brunnenbauer

Typ Maulbrüter **Größe** Bis 12 cm
Vorkommen Tropischer Atlantik und Indopazifik
Verhalten Die Männchen tragen die Brut in ihrem Maul und legen sie nur zum Fressen und Ausbessern der Wohnröhren ab.

Weinroter Kampffisch

Typ Nestbauer
Größe Bis 7 cm
Vorkommen Sumatra und Malaysia
Verhalten Das Männchen errichtet unter Blättern und Ästen Schaumnester. Die Eier werden im freien Wasser aufgesaugt und dann ins Nest gespuckt.

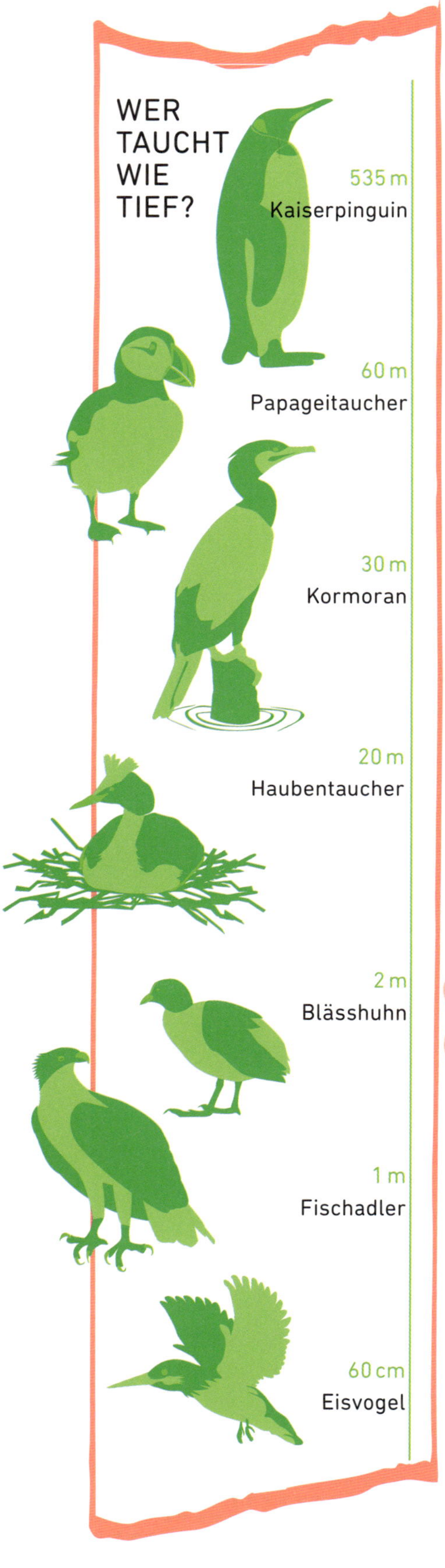

Warum können Haubentaucher so gut tauchen?

Haubentaucher können bis zu eine Minute lang unter Wasser bleiben! Ihr Körperbau ist fürs Tauchen perfekt: Der Hals ist lang, der Schnabel spitz; außerdem haben sie keinen aufgerichteten Schwanz wie Enten. Wenn ein Haubentaucher sich streckt und die Flügel anlegt, ist er deshalb ganz schmal und kann wie ein Pfeil durchs Wasser schießen. Zudem hat der Haubentaucher keine Schwimmhäute zwischen den Zehen, sondern Schwimmlappen. Diese werden bei der Vorwärtsbewegung eingeklappt, damit sie nicht bremsen.

Was fressen Haubentaucher?

Haubentaucher fangen bis zu 15 Zentimeter große Fische aus dem See. Diese werden mit dem Kopf zuerst verschlungen – in Schuppenrichtung, damit sie besser rutschen. Manche Angler fürchten, dass die Vögel ihnen die Fische wegschnappen. Früher wurden sie deshalb oft vertrieben und gejagt. Tatsächlich verspeist ein ausgewachsener Haubentaucher rund 200 Gramm Nahrung am Tag. Das ist für den einzelnen Vogel zwar viel, für einen ganzen See aber wenig. Neben Fischen stehen auch Frösche, Insekten, Larven oder Kleinkrebse auf dem Speiseplan, und in Küstengewässern wird auch mal eine Garnele verputzt.

Die „Pinguinpose“: Brust an Brust steigen die Haubentaucher bei der Balz aus dem Wasser, die Gräser sind ein Brautgeschenk.

Warum tragen Haubentaucher eine Haube?

Zwischen den verschiedenen Enten auf dem See kann man die Haubentaucher gut an ihrem spitzen Schnabel, dem weißen Hals und vor allem an den langen, rostroten und schwarzen Federn rund um den Kopf erkennen. Diesen auffälligen Kopfschmuck tragen sie nur mit ihrem Prachtkleid im Frühling, wenn Balzzeit ist. Die Haubentaucher führen im Wasser einen regelrechten Balztanz auf. Männchen und Weibchen neigen ihre Köpfe nach links und rechts oder schütteln sich. Ihre Kopffedern stellen sie dabei auf. Mit dieser Haube machen sie sich für ihr Gegenüber besonders hübsch. Außerdem machen sie sich gegenseitig Geschenke und bringen Nistmaterial, wie kleine Stöckchen oder Schilfhalme. Im Winter, in der Zeit nach der Paarung, trägt der Haubentaucher dann ein weniger prächtiges, weiß-graues Federkleid mit deutlich kürzeren Kopffedern. Trotzdem gibt der auffällige Federhut dem Tier seinen Namen.

STECKBRIEF
HAUBENTAUCHER

Verbreitung Ganz Europa, außer Island und Skandinavien
Körperlänge 50 cm (etwa wie eine Ente) Gewicht 1100 g
Brutzeit März bis Juni Eier 3 – 5
Brutdauer 28 Tage
Alter 15 Jahre Feinde Möwen, Hecht, Seeadler, Fuchs, Mensch
Besonderheit Die Küken können nicht vom ersten Tag an tauchen. Sie fahren auf dem Rücken der Eltern spazieren, werden dort gefüttert und tauchen bei Gefahr unter den Flügeldecken eingeklemmt mit ab.

Wie machen Grillen Geräusche?

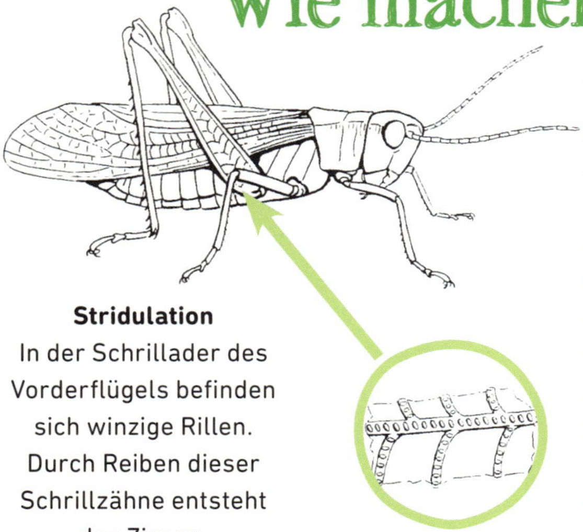

Stridulation
In der Schrillader des Vorderflügels befinden sich winzige Rillen. Durch Reiben dieser Schrillzähne entsteht das Zirpen.

Wenn man an einem warmen, trockenen Sommertag an einer Wiese vorbeigeht, hört man das typische Zirpen der Grillen. Obwohl das Insekt nur etwa 20 bis 26 Millimeter lang ist, kann es diese gewaltigen Geräusche erzeugen. Mitunter klingt es so melodisch, dass man sogar vom Gesang der Tiere spricht, doch die Laute werden nicht mit den Stimmbändern, sondern mit dem sogenannten Stridulationsorgan produziert.

Während des Zirpens bewegt die Grille ihre Flügel, damit die Geräusche möglichst weit zu hören sind. So signalisieren die männlichen Tiere den Weibchen, dass sie auf Partnersuche sind, gleichzeitig zeigen sie anderen Männchen, wo sich ihr Revier befindet.

HEUSCHRECKE

Als Heuschrecken bezeichnet man zwei Gruppen von Insekten, die Langfühler- und die Kurzfühlerschrecken. Bei Ersteren sind die Fühler meistens länger als der Körper. Dazu gehören Grille und Heupferd. Bei den Kurzfühlerschrecken sind die Fühler höchstens halb so lang wie der Kopf. Zu ihnen zählen Grashüpfer und Wanderheuschrecke. Fast alle Heuschrecken machen Geräusche. Einige reiben, wie die Grille, ihre Flügel aneinander, andere benutzen zum Zirpen ihre Hinterbeine.

Warum quaken Frösche abends so laut?

Wenn die Sonne untergeht, beginnt das große Quakkonzert der Frösche. So machen die Männchen während der Balz- und Paarungszeit auf sich aufmerksam. Dabei hilft ihnen die sogenannte Schallblase: Der Frosch atmet tief ein und die Luft gelangt zunächst in die Lunge. Dann schließt das Tier die Nasenlöcher und presst die Luft über die Mundhöhle in die Schallblase – vorbei an den Stimmbändern, die durch Schwingen den Ton erzeugen. Von der Schallblase drückt der Frosch die Luft zurück zur Lunge wieder an den Stimmbändern vorbei zur Schallblase. So schiebt das Tier die Luft hin und her und kann endlos quaken!

DAS 1 X 1 DES ENTENFÜTTERNS

⚠ Werfen Sie das Futter nicht ins Wasser, sondern füttern Sie die Tiere an Land. So bleibt das Wasser sauber.

⚠ Geben Sie den Tieren nur kleine Stückchen zu fressen – wir wollen ja nicht, dass die Enten daran ersticken.

⚠ Besser als Brot sind Haferflocken und Obst

⚠ Auch Tiere sollten kein verschimmeltes Futter fressen!

Darf man Enten füttern?

Entenfüttern macht Spaß, keine Frage, und schon die Allerkleinsten freuen sich, wenn das Federvieh sich laut schnatternd über die mitgebrachten Brotkrumen hermacht. Würden die Tiere eigentlich verhungern, wenn wir sie nicht füttern? Besonders im Winter, wenn die Seen zugefroren sind? Keine Sorge, die Tiere würden auch alleine zurechtkommen.
Sie kommen auch nicht unbedingt angewatschelt, weil sie hungrig sind, sondern weil sie sich daran gewöhnt haben, dass aus knisternden Tüten Brotstückchen fallen.

893 Flüsse gibt es in Deutschland, die mindestens 10 Kilometer lang sind. Am meisten Wasser führt der Rhein bei Emmerich: circa 2330 Tonnen pro Sekunde.

Was ist ein Kanal?

Flüsse bilden natürliche Wasserwege für Schiffe. Sandbänke und unterschiedlich starke Strömungen sind aber tückisch und ihr stark gewundener Verlauf gibt den Schiffen umständliche Wege vor. Einfacher und sicherer zu befahren sind Kanäle: künstlich geschaffene, gleichmäßig gebaute Wasserläufe. Schon vor mehr als 2000 Jahren hat man Schifffahrtskanäle gegraben und mit Steinen befestigt. Heute werden sie mit großen Maschinen und mit Hilfe von Folien und Beton gebaut. Manchmal nutzt man dabei auch ein vorhandenes Flussbett, begradigt die Ufer und gleicht Höhenunterschiede so aus, dass das Wasser möglichst wenig Eigenströmung hat. Ähnlich wie Autobahnen bilden Kanäle ein großes Netzwerk, das den Warentransport erleichtert. Sie kürzen kurvige Wasserwege ab, verbinden Städte mit Flüssen oder zwei Gewässer miteinander, wie etwa der Nord-Ostsee-Kanal in Norddeutschland. Er ist mit rund 100 Schiffen pro Tag der meistbefahrene Kanal weltweit.

Wie funktioniert eine Schleuse?

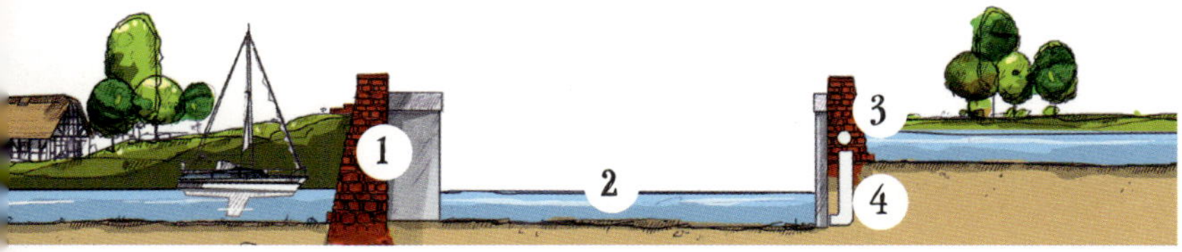

Das Schleusentor (1) öffnet sich und das Schiff fährt in die Schleusenkammer (2) ein. Das zweite Schleusentor (3) bleibt geschlossen. Die Schieber (4) für den Wasserzulauf sind dicht.

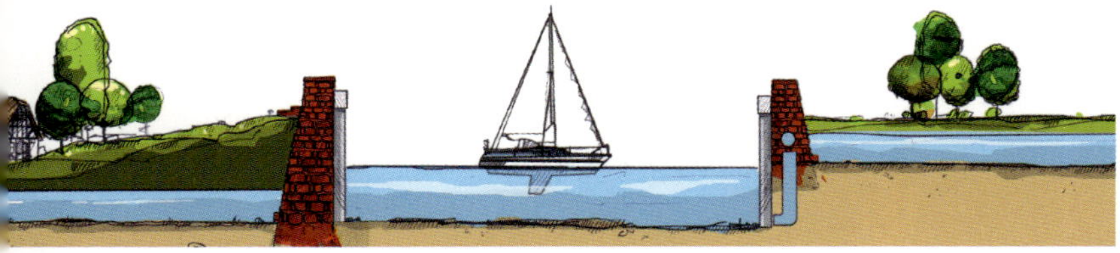

Das Schleusentor schließt sich hinter dem Schiff. Der Wasserspiegel in der Schleusenkammer wird nun gehoben, indem man Wasser aus dem oberen Kanalabschnitt durch einen Schieber im Schleusentor oder in den Kammerwänden zulaufen lässt (4).

Wenn der Wasserspiegel in der Schleusenkammer das Niveau des oberen Kanalabschnitts erreicht hat, öffnet sich das Schleusentor (3) und das Schiff kann aus der Schleuse in den oberen Kanal einfahren. Käme nun ein Schiff aus der anderen Richtung, liefe der Vorgang ganz genauso ab, nur müsste man dann das Wasser aus der Schleusenkammer in den unteren Kanalabschnitt ablaufen lassen, damit sich der Wasserspiegel auf das untere Niveau senkt.

Eine Schleuse dient als eine Art Aufzug im Wasser. Sie kann ein Schiff in eine höher oder tiefer gelegene „Etage" heben oder absenken. Dies ist zum Beispiel dann nötig, wenn ein Kanal und ein Fluss mit unterschiedlichen Wasserständen aufeinandertreffen. Oft werden Wasserwege aber auch absichtlich mit Schleusen in unterschiedliche Abschnitte unterteilt, damit das Wasser nicht mit starker Strömung hinabfließt, sondern auf gleichem Wasserstand gehalten wird. Denn ruhiges Fahrwasser ist für Schiffe sicherer. Zwischen den Abschnitten entstehen dann allerdings „Stufen", die die Schiffe mit Hilfe von Schleusen überwinden müssen. Dazu werden durch große, wasserdichte Tore Kammern im Kanal oder Fluss gebaut, in die das Schiff einfahren kann. Durch Schieber in den Toren wird nun Wasser ein- oder abgelassen. Wenn das Schiff in der Kammer auf den Wasserstand des nächsten Flussabschnittes gehoben oder gesenkt wurde, wird das Tor geöffnet und das Schiff kann sicher weiterfahren.

STECKBRIEF
WER WOHNT IM HOTEL?

Gehörnte Mauerbiene

Mit Abstand häufigster Gast im Insektenhotel. Für sie sind die Bohrlöcher mit einem Durchmesser von mehr als sechs Millimetern reserviert.

Hahnenfuß-Scherenbiene

Diese Bienenart tapeziert die Wände der Niströhre mit Pflanzenwolle, die sie mit Hilfe einer Haarbürste an der Unterseite des Hinterleibes zum Nest transportiert.

Florfliege

Sie überwintert im Hotel und ist ein gern gesehener Gast, denn jede ihrer Larven vertilgt im Laufe ihrer dreiwöchigen Entwicklung rund 500 Blattläuse.

Marienkäfer

Sie sind erst im Herbst Hotelgäste. Während der warmen Monate sind sie auf der Jagd nach Blattläusen. Der Siebenpunkt vertilgt im Laufe seines Lebens gut 4000 von ihnen.

Trauermantel

Mit fast acht Zentimetern Spannweite ist er der stattlichste Winter-Hotelgast unter den Schmetterlingen. Der Bestand ist in den letzten Jahren stark zurückgegangen.

Ein Hotel für Krabbeltiere

In einem Insektenhotel finden viele Insekten das ganze Jahr über ein Zuhause, in dem sie ihre Brut aufziehen oder überwintern können. Das ist wichtig, denn mit den wachsenden Städten verschwinden locker aufgeschichtete Steinhaufen und andere Schlupflöcher in der Natur zunehmend. Die Lebensweise der Insektenhotel-Bewohner ist so unterschiedlich wie ihre Bedeutung für die Blumen im Garten. Spannende Beobachtungen sind also garantiert.

Standort Insekten brauchen zur Entwicklung Wärme. Daher ist ein geschützter, sonniger Platz am besten geeignet. Die Vorderseite sollte nach Süden zeigen und freien Anflug bieten. Zum Schutz gegen Regen ausreichend Platz für ein überstehendes Dach einplanen.

Größe Ideal ist eine Höhe von etwa 2 m und eine Breite von 1 m. Mindestens sollte es eine Breite und eine Höhe von 40 cm haben.

1 Rahmen bauen Wer viel Platz hat, nimmt zwei Pfosten als Fundament, die er gegenüberstehend im Erdreich eingräbt. Alternativ kann man einen rechteckigen Rahmen mit einer Mindesttiefe von 15 cm bauen. Den Rahmen auf Ziegelsteine stellen, damit die Insekten keine nassen Füße bekommen.

2 Etagen einziehen Zwischen den Pfosten drei Querbalken befestigen. Entweder nimmt man dafür Winkel oder sägt in die Pfosten Vertiefungen, auf denen die Querbalken aufliegen. Wer einen Rahmen gebaut hat, kann entweder einfach ein Holzbrett schräg in die Diagonale legen – das bietet sich besonders bei kleinen Hotels an – oder mit Winkeln ein oder zwei Querbretter innen am Rahmen befestigen.

3 Zimmer abteilen Mit senkrecht eingeschobenen Brettchen, die der Tiefe des Rahmens entsprechen (bei der Pfosten-Lösung können sie länger sein), Etagen in unterschiedlich große Kammern gliedern. Die Brettchen entweder mit kleinen Winkeln fixieren oder in die Querhölzer Vertiefungen sägen, in die man sie hineinstellt.

4 Das Dach Zwei dreieckige Platten mit der Spitze nach oben am Rahmen bzw. an den Pfosten befestigen. Mit einem Bohrer durch Giebelplatte und Pfosten ein 10 mm weites Loch bohren. Anschließend von außen eine oder zwei 10 mm lange Schlossschrauben durchstecken, innen Unterlegscheibe und Mutter aufstecken und festziehen. Sind beide Giebel stabil befestigt, die Bretter für das Dach quer von Giebel zu Giebel legen und annageln. Dachpappe macht die Konstruktion regensicher.

5 Die Einrichtung Um möglichst vielen Insekten eine Unterkunft anzubieten, gilt es, unterschiedliche Materialien zusammenzutragen und zu bearbeiten.
Holz: Äste (Nadelholz ist weniger geeignet) auf die Tiefe des Rahmens zurechtsägen. In Holzstücke oder Äste in unregelmäßiger Anordnung mit einem Mindestabstand von zwei Zentimetern zueinander kleine und größere Löcher bohren (zwischen 1 und 8 mm). Den Bohrer so tief wie möglich eindringen lassen, da viele Bewohner mehrere Nestzellen hintereinander anlegen und zum Schutz vor Parasiten meist die vorderste Zelle leer lassen. Achtung: Nicht durchbohren!
Lehm: Aus gekauftem Töpferton oder gesammeltem Lehm mit den Händen ziegelsteinartige Klumpen formen und mit unterschiedlich dicken Stöckchen viele tiefe Löcher hineinstechen. Danach die Tonklumpen in der Sonne oder im Backofen (langsam!) trocknen.
Schilf- und echte Strohhalme (kein Plastik) sowie markhaltige Zweigstücke vom Holunder: So auf die Tiefe des Rahmens zurechtschneiden, dass sie die Querbalken etwas überragen, auf denen sie später liegen sollen. Dann bündeln und locker zu mehreren dicken Päckchen zusammenschüren.
Auch morsches Holz, verlassene Schneckengehäuse, Pappröhrchen und -hülsen mit unterschiedlichem Durchmesser (Naturfachhandel) und Kiefernzapfen eignen sich als Einrichtungsgegenstände. Alles in bunter Reihenfolge – die Löcher bzw. Schnittkanten zeigen nach vorn – dicht an dicht in die verschiedenen Abteile legen.

Ideales Insektenhotel mit Dach: Größe etwa 1 m breit und 2 m hoch

Wie sieht ein Ameisenhügel von innen aus?

Der Mittelpunkt
Waldameisen wählen meist einen alten Baumstumpf als Platz für ihren Ameisenhügel aus. Er verleiht dem ganzen Konstrukt oberhalb und mit seinen Wurzeln auch unter der Erde Stabilität. Tief im Inneren des Holzes – und damit bestens geschützt – befindet sich die Kammer der Königin. Sie ist größer als die anderen Ameisen und produziert von März bis September Eier, um die sich die Arbeiterinnen kümmern.

Unter der Erde
So hoch sich ein Hügel auftürmt, so tief breitet sich auch der Ameisenbau unter der Erde aus. Hier findet man diverse Gänge und Kammern, in denen Eier und Larven gelagert und umsorgt werden. In den kalten Monaten werden keine Eier gelegt, womit auch die Brutpflege entfällt. Im Herbst zieht sich der gesamte Ameisenstaat zur Winterstarre in den unterirdischen Bereich zurück – dieser wird durch den Hügel darüber bestens vor Frost geschützt. Tief unter der Erde und etwas abseits befindet sich der Friedhof der Ameisen, dort werden die toten Tiere abgelegt.

Der Innenbereich
In den unteren Etagen werden hauptsächlich Sand und Erde verbaut – Material, das beim Ausbau der unterirdischen Räumlichkeiten nach oben getragen wird. Außerdem werden für den Innenbereich eher grobe Pflanzenteile wie Zweige und Blätter herangeschleppt. Neben zahlreichen Gängen befinden sich im Innenbereich mehrere Kammern, in denen die verpuppten Larven aufbewahrt und gepflegt werden. Aus den Puppen entwickeln sich die Ameisen.

Die Kuppel
Der obere Bereich des Ameisenhügels ist recht stabil, weil er innen mit kleinen verzweigten Ästen verstärkt ist. Die Kuppel kann bis zu zwei Meter hoch, der Hügel insgesamt bis zu fünf Meter breit sein. In kühlen Regionen sind die Kuppeln besonders groß, weil dadurch mehr Oberfläche von der Sonne bestrahlt wird. Ameisen mögen Wärme: Zwischen April und Oktober liegen die Temperaturen im Hügel bei 25 bis 29 °C.

Die Wärme entsteht durch Sonneneinstrahlung, das natürliche Vermodern des Nistmaterials und durch die Insekten selbst.

Die Außenschicht
Die äußere Schicht besteht aus Tannennadeln und anderen feinen Pflanzenteilen. Durch die Anordnung der einzelnen Elemente und durch die stets rundliche Form des gesamten Hügels dringt kein Regen ins Innere, sondern fließt außen vorbei. Kleine Mengen von Baumharz werden in die Außenschicht mit eingebaut, weil Harz eine natürliche desinfizierende Wirkung hat und somit den Hügel von schädlichen Bakterien und Pilzen frei hält. In der Außenschicht befinden sich mehrere Eingänge, die mit Pflanzenmaterial abgedeckt sind und nur bei Bedarf geöffnet werden: zum Durchgehen, aber auch, um die Wärme und Luftzufuhr zu regulieren.

1

DER AMEISENSTAAT

In einem Ameisenstaat können mehrere Millionen Tieren leben – und jedes einzelne weiß, was es zu tun hat: Die ältesten Tiere (1) besorgen das Futter. Junge Waldameisen (2) kümmern sich um den Nachwuchs. Erwachsene Ameisen sind für Arbeiten am und im Bau zuständig. In jedem Staat gibt es mindestens eine Königin (3). Nur sie wird von Männchen befruchtet, die anschließend sterben.

DIE SYRINX – DER STIMMAPPARAT DER VÖGEL

⚠ Vögel erzeugen ihre Töne nicht mit Hilfe von Stimmbänder wie wir Menschen. Dort, wo sich der Atemweg in die beiden Lungenflügel teilt, befindet sich stattdessen die Syrinx. In ihrem Bereich ist die knorpelige Luftröhre von dünnen Häutchen unterbrochen. Werden diese Membranen durch Luftstrom in Schwingung versetzt, entstehen Töne. Mit Muskelkraft können die Vögel die Spannung der Membranen und damit auch ihre Laute verändern. Syrinx war übrigens eine griechische Nymphe, die sich in Schilfrohr verwandelte, aus dem der Gott Pan dann seine Flöte schnitzte.

Wann zwitschert welcher Vogel?

Generell singen Vögel verstärkt im Frühling, und fast ausschließlich sind nur die Männchen zu hören: Mit ihrem Gesang möchten sie die Weibchen auf sich aufmerksam machen und ihnen imponieren. Parallel sollen ihre Rufe anderen Männchen signalisieren, dass das Revier bereits besetzt ist. Im Laufe der Evolution hat es sich für die verschiedenen Vogelarten bewährt, nicht gemeinsam, sondern nacheinander zu singen. Denn so müssen die Tiere nicht so laut singen, um sich gegen die anderen durchzusetzen, und das spart Energie. Auf diese Weise hat jede Vogelart ihr Zeitfenster für sich entdeckt. Der Helligkeitsgrad der Morgendämmerung wirkt dabei wie ein artspezifischer Weckreiz. Mitunter erfolgt dieser immer früher. Forscher vermuten, dass einige Arten, die auch in den Städten nisten, ihre Gesangszeiten vorverlegen, um weniger gegen den Straßenlärm ansingen zu müssen.

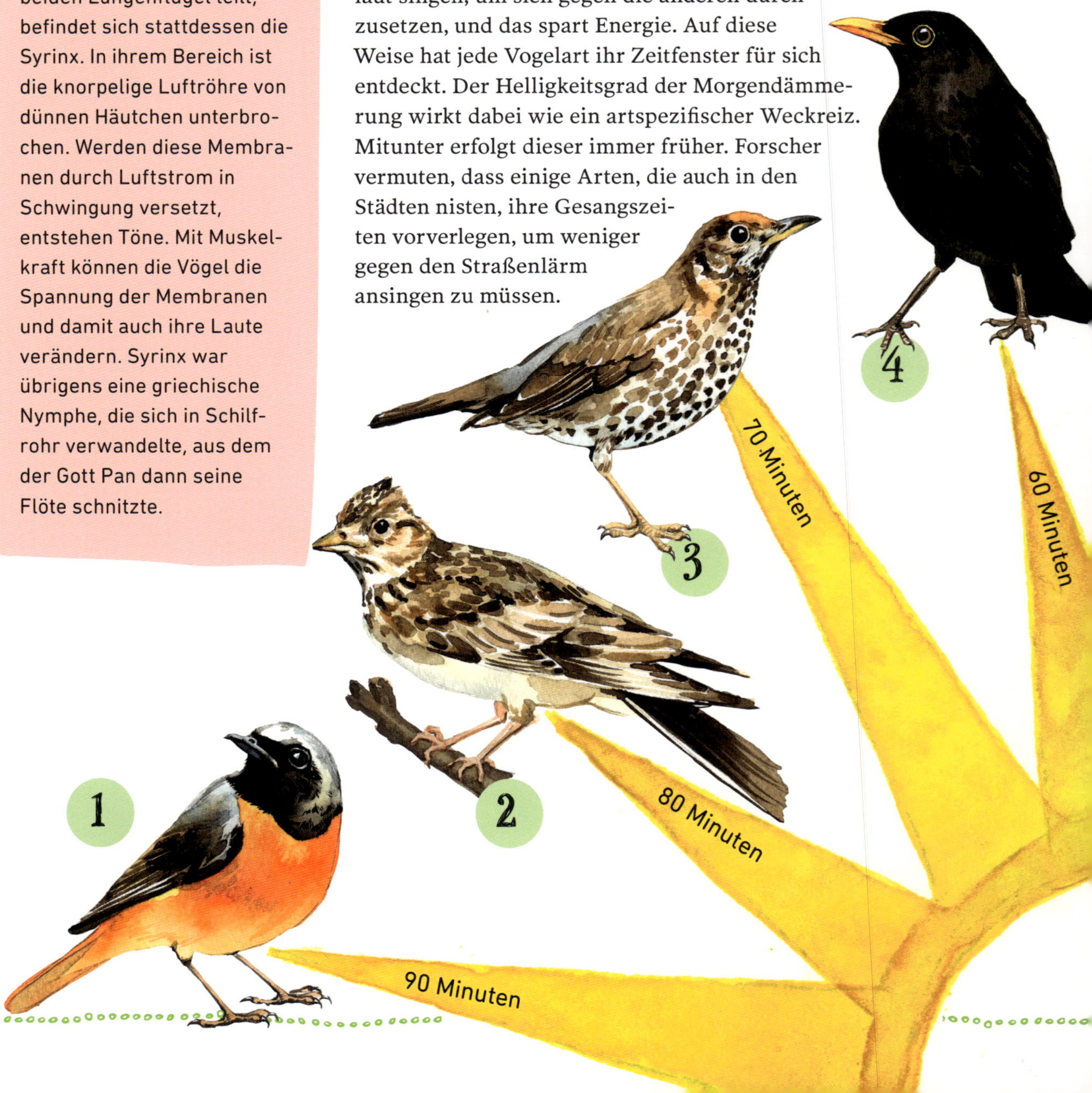

1 Gartenrotschwanz

Er gehört zu den ersten Vögeln am Morgen und fängt schon 90 Minuten vor Sonnenaufgang an zu singen. Meist sitzt das Männchen dafür hoch oben auf einem Baum. Sein Ruf klingt wie „Di-Dada".

2 Feldlerche

Auch sie ist ein früher Vogel und beginnt etwa 80 Minuten vor Sonnenaufgang. Ihr Ruf klingt wie „Trrr-Lit".

3 Singdrossel

Sie beginnt etwa 70 Minuten vor Sonnenaufgang und ihr Ruf klingt wie „Zipp-Zipp-Zipp". Auch in den Abendstunden ist die Singdrossel zu hören.

4 Amsel

Ihr Gesang beginnt eine Stunde vor Sonnenaufgang. Er klingt wie „Dixdixdix-Srieh". Die Amsel singt allerdings nicht nur in den Morgenstunden, sondern auch abends. Dabei sitzt sie gern erhöht auf Dachfirsten oder Hausantennen und ahmt nicht selten auch fremde Gesänge nach.

5 Zaunkönig

Kurz nach der Amsel, etwa 55 Minuten vor Sonnenaufgang, ist auch das „Zrrrt" des Zaunkönigs zu vernehmen. Nur rund neun Gramm wiegt der kleine Vogel, sein Gesang ist aber bis zu 500 Meter weit zu hören. Er gehört zu den lautesten Singvögeln Europas.

6 Blaumeise

Die Blaumeise legt etwa eine Dreiviertelstunde vor Sonnenaufgang los. Ihr „Til-Til" wirkt wie ein langes Trillern. Sie ist ständig in Bewegung, am liebsten in Gegenden mit alten Baumbeständen.

7 Zilpzalp

Er heißt genau so, wie er singt: „Zilp-Zalp". Das wiederholt er mehrmals, weshalb der Gesang recht monoton, aber auch leicht wiederzuerkennen ist. Der Zilpzalp startet eine halbe Stunde vor Sonnenaufgang. Er gehört zu den häufigsten Vogelarten in Europa.

8 Star

Der Star ist ein Spätaufsteher: Sein Ruf ertönt erst 15 Minuten vor Sonnenaufgang. Er klingt wie „Stoärbett-bett-Räh."

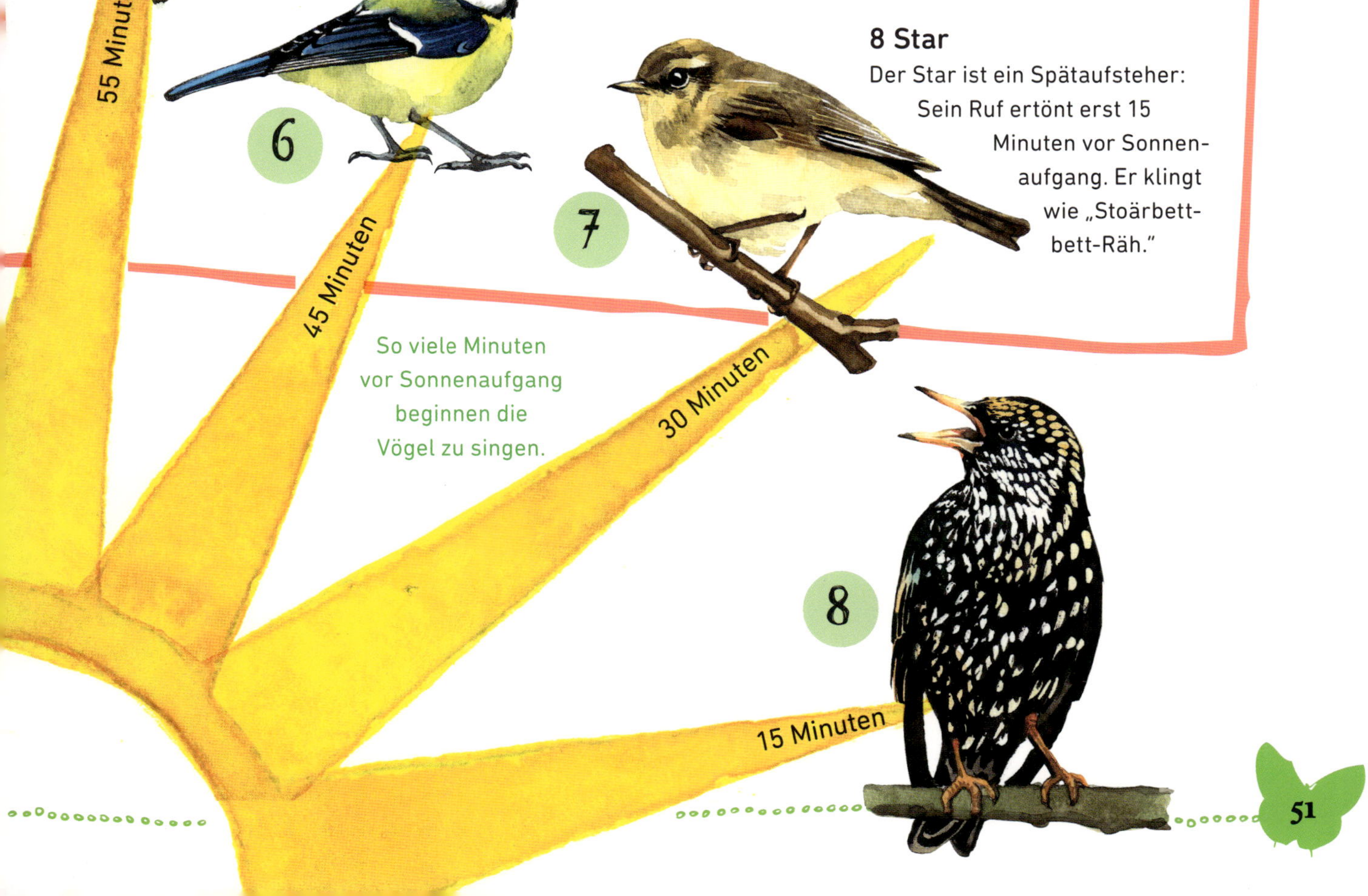

So viele Minuten vor Sonnenaufgang beginnen die Vögel zu singen.

AMPEL BEPFLANZEN

1) X-förmige Löcher in eine Bast-Ampel schneiden
2) den Boden mit Blähton füllen
3) Petunien-Wurzeln leicht von Erde befreien und vorsichtig durch die Löcher stecken, mit etwas Erde auffüllen und festdrücken
4) Erdbeerpflanzen einsetzen, mit Erde auffüllen, angießen – fertig

Unser Balkon

Auch der kleinste Balkon kann bei guter Planung ein richtiges Draußen-Zimmer werden! Zunächst muss geklärt werden, was die einzelnen Familienmitglieder sich wünschen: schicke Möbel, schöne Pflanzen, eine Ecke zum Lesen, Platz für Spielzeug und vielleicht sogar einen Sandkasten ...

Was gibt unser Balkon her? Die Lage des Balkons bestimmt die Pflanzenauswahl. Zeigt er nach Norden oder Nordosten, scheiden Pflanzen mit einem hohen Sonnenbedarf aus. Menschen, die mit einem Südbalkon gesegnet sind, müssen mehr gießen und überlegen, ob der Schatten des Sonnenschirms ausreicht. Jetzt geht´s ab zum nächsten Bau- oder Blumenmarkt. Tipp: Auf alle Fälle eine Einkaufsliste schreiben! Die Auswahl ist nämlich verführerisch.

Bis zu den Ellbogen in der Blumenerde. Nun heißt es die Balkonkästen vorbereiten und Pflanzen einsetzen: Erde, Pflanzkelle, Balkonkästen, Kübel und Pflanzen stehen bereit. Das Wichtigste ist, Staunässe zu vermeiden. Dazu müssen die Kästen und Kübel genug Abflusslöcher haben (im Zweifelsfall selber welche nachbohren). Leicht gewölbte Tonscherben über den Löchern verhindern, dass diese sich mit Erde zusetzen, Blähton sorgt dafür, dass die Pflanzen keine nassen Füße bekommen. Eine Lage Erde darauf, dann die Pflanzen hineinsetzen, alles gut mit Erde bedecken und vorsichtig angießen.

Ein eigener Balkonkasten! Schön ist es, wenn Kinder nicht nur mithelfen, sondern ihren eigenen Balkonkasten bekommen, um den sie sich natürlich auch kümmern! Nicht nur Blumen, sondern auch Tomaten, Waldmeister und Schnittlauch gedeihen gut in Kästen und Töpfen. Das Highlight aber ist sicher eine fleischfressende Pflanze. Die muss regelmäßig mit Fliegen oder Ohrenkneifern gefüttert werden.

TEAMPLAYER ODER EINZELGÄNGER?

Die meisten einjährigen Pflanzen können, da sie nicht breit wurzeln, in relativ engem Abstand in den Balkonkasten gepflanzt werden. Man kann getrost Tomaten neben Geranien und Pflücksalat neben Ziertabak pflanzen, vorausgesetzt, die Standort-Ansprüche der Pflanzen stimmen überein. Platziert man Schatten- neben Sonnenpflanzen, geht im schlimmsten Fall die Hälfte der Pflanzen im Balkonkasten ein.
Tipp: am Rand des Kastens hängende, in der Mitte eher aufrechte Blumen pflanzen, so ergibt sich ein harmonischeres Gesamtbild.

Was spielen wir jetzt?

DIABOLO

Das Diabolospiel ist so einfach wie genial. Man braucht das Diabolo – zwei Halbschalen, die an der runden Seite mit einer Achse aus Metall oder Holz verbunden sind – und ein Seil, das an den Enden Haltestäbe hat: los geht´s! Der Spieler setzt die Achse des Diabolos auf das Seil und bewegt dann abwechselnd den Stab in der linken und in der rechten Hand nach oben und nach unten. Das Diabolo wird auf diese Weise in Rotation um seine Längsachse versetzt und stabilisiert. Wer sein Diabolo unter Kontrolle hat, kann sich an erste Tricks wagen: Der einfachste ist, das Diabolo hochzuwerfen und wieder aufzufangen.

Die ersten Diabolos gab es in China. Sie waren aus Bambus und man konnte ihnen sogar Töne entlocken.

Uns ist so langweilig! Was können wir spielen? Tolle Antworten wissen darauf meistens die Großeltern, denn die kennen viele Spiele, die man mit wenig Mitteln und Aufwand spielen kann. Gummitwist, Springseil, Himmel und Hölle oder Ballspiele sind jetzt im Frühling herrliche Draußenspiele. Zum Beispiel Kibbel-Kabbel! Dafür wird ein Stock mit zwei angespitzten Enden auf den Boden gelegt. Das ist der Kibbel. Schlägt man mit dem zweiten Stock, dem Kabbel, auf das spitze Ende des Kibbel, fliegt der in die Luft. Dort muss er nun mit möglichst vielen Schlägen gehalten werden, bis man ihn so weit wie möglich wegschlagen kann. Die Anzahl der Schläge wird mit der Anzahl der geflogenen Meter (am besten in Schritten messen) multipliziert. Wer hat gewonnen?

HINKEPOT

Zeichnet mit Kreide ein Spielfeld aus sieben Feldern, die wie ein Kreuz angeordnet und der Reihe nach nummeriert sind, auf. Der erste Spieler wirft einen Stein in das Feld mit der Zahl 1. Nun springt er auf einem Bein los, wobei er das Feld mit dem Stein überspringt. Er hüpft nacheinander auf die Felder 2 bis 7. Im Kasten Nummer 7 kann er sich kurz ausruhen, wozu er das zweite Bein abstellen darf. Danach hüpft er von 7 abwärtszählend bis 2 zurück. Dort hält er an, hebt den Stein auf und hüpft aus dem Spielfeld. Nun muss er den Stein auf den Kasten 2 werfen und später diesen beim Springen auslassen. So geht das Spiel weiter bis zum Kasten 7. Wer mit dem Stein nicht den entsprechenden Kasten trifft, hinfällt oder auf eine der aufgezeichneten Linien tritt, scheidet aus. Dann ist der nächste Spieler dran. Sind alle gehüpft und ausgeschieden, ist der erste Spieler wieder an der Reihe. Er darf dort weitermachen, wo er ausgeschieden ist.

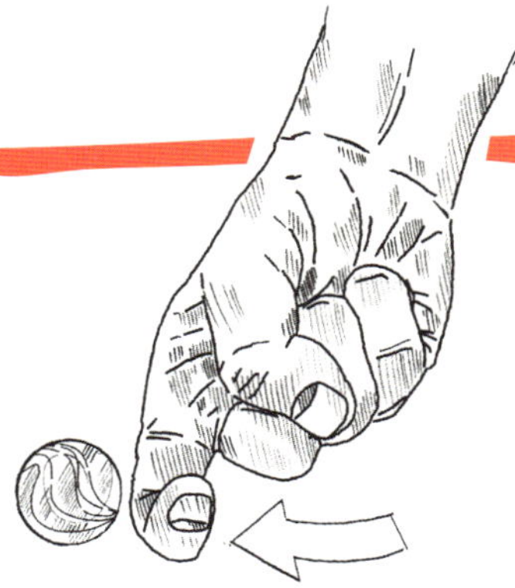

MURMEL SPIEL

Als Erstes wird ein Loch gegraben – groß genug, dass alle Murmeln der Mitspieler hineinpassen. Nun beginnt der erste Spieler aus etwa fünf bis zehn Meter Entfernung seine Murmel so dicht wie möglich an das Loch zu werfen. Wenn alle Kinder ihre Murmel am Loch platziert haben, schaut man nach, wessen Murmel dem Loch am nächsten liegt. Nun gilt es, alle Murmeln der Reihe nach im Loch zu versenken. Dazu krümmt man den Zeigefinger und stößt die Murmel mit dem mittleren Fingerrücken an. Der bislang beste Spieler (der seine Murmel am dichtesten am Loch platziert hat) beginnt und versucht Murmel für Murmel in das Loch zu putten. Für jede Murmel gibt es nur einen Versuch. Missglückt er, ist der Nächste dran.

Hinkepot leitet sich vom niederdeutschen Wort „pot" = „Pfote, Fuß" ab und wird deshalb nur mit einem t geschrieben.

Beim Murmelspiel gewinnt derjenige, der es schafft, die letzte Murmel im Loch zu versenken.

SOMMER

Blauer Himmel, Sonnenstrahlen auf der Haut, jauchzende Kinder im Schwimmbad, es riecht nach Sonnencreme und frisch gemähtem Gras. Der Sommer ist da. Und dann endlich: Ferien! Ob wir an den Strand fahren, in die Berge oder etwas anderes unternehmen, jetzt ist die beste Zeit, draußen ausgedehnte Entdeckungstouren zu unternehmen, Schätze zu suchen und in Abenteuer jeder Art aufzubrechen. Die hellen Sommertage fließen vorbei – im Freien können wir sie in vollen Zügen genießen.

Warum ist der Himmel blau?

Die Strahlung der Sonne ist so stark, dass wir automatisch blinzeln, um den Lichteinfall zu verringern.

Auf dem Weg zur Erde muss das Licht der Sonne die Atmosphäre durchqueren. Dabei trifft es auf Sauerstoff- und Stickstoffmoleküle. Diese lenken die Lichtwellen ab, man nennt diesen Vorgang auch Lichtstreuung. Dabei spielen die unterschiedlichen Wellenlängen des Lichts eine wichtige Rolle. Das Licht der Sonne besteht aus vielen verschiedenen Farben – den Spektralfarben, wie man sie in einem Regenbogen sehr schön sehen kann. Rotes Licht ist langwellig. Es lässt sich von den Luftmolekülen kaum ablenken und kommt fast ungehindert zu uns durch. Blaues Licht dagegen ist kurzwellig und wird in der Atmosphäre so stark gestreut, dass uns der Himmel blau erscheint! Das Blau des Himmels leuchtet umso stärker, je sauberer und trockener die Luft ist. Wenn nämlich Partikel oder Wassertröpfchen vorhanden sind, dann wird auch das langwellige Licht stärker gestreut. Im Sommer, wenn viele Dunst- und Staubpartikel herumschwirren, erscheint uns der Himmel deshalb oft trübe.

WARUM DARF MAN NICHT DIREKT IN DIE SONNE GUCKEN?

⚠ Hornhaut und Linse können nur einen kleinen Teil der Sonnenstrahlen absorbieren. Die restliche Strahlung erreicht fast ungehindert die Netzhaut und trifft auf den Gelben Fleck, der für das scharfe Sehen verantwortlich ist. Dort kann die Netzhaut gefährlich geschädigt werden. Deshalb sollte man bei Kindern auf einen guten Sonnenschutz achten, denn ihre Linsen sind noch klar und weisen keine absorbierenden Trübungen auf.

Wie macht man aus Sonne Energie?

Auf den Dächern vieler deutscher Haushalte sieht man sie: glänzende, flache Paneele, die in Richtung Sonne ausgerichtet sind. Für die meisten sind es einfach Solarzellen, doch die Energie der Sonnenstrahlen kann auf zwei völlig unterschiedliche Weisen genutzt werden: Sonnenkollektoren absorbieren das Sonnenlicht und setzen es in Wärme um. Mit der gespeicherten Energie kann zum Beispiel Trinkwasser erwärmt werden. Hierbei wird nahezu das gesamte Spektrum der Sonnenstrahlung umgewandelt. Diese Form der Sonnenlichtnutzung nennt man Solarthermie. Solarzellen erzeugen dagegen mit Hilfe von Photovoltaik-Anlagen in einem chemisch-physikalischen Prozess direkt elektrischen Strom.

21. JUNI

„SOMMERANFANG" DER LÄNGSTE TAG DES JAHRES

Wenn die Sonne senkrecht über dem Wendekreis steht und die Tage am längsten sind, beginnt astronomisch gesehen der Sommer. Von nun an werden die Tage wieder kürzer und die Nächte länger. In Deutschland feiert man diesen Tag oft mit Sonnenwendfeuern und in Schweden wird der Sommer mit Midsommerfesten begrüßt.

LICHTSTREUUNG

Die im Sonnenlicht enthaltenen Spektralfarben (im Bild als Auswahl nur Rot, Grün und Blau) addieren sich zu Weiß. In der Atmosphäre treffen die Strahlen auf Luftmoleküle – natürlich nicht nur eines, sondern unzählig viele. Weil das kurzwellige blaue Licht auf dem Weg zur Erde am stärksten gestreut und aus dem Spektrum herausgefiltert wird, erscheint uns der Sonnenschein gelb.

Sommersprossen wirken nett, frech und fröhlich.

Woher kommen Sommersprossen?

Pipi Langstrumpf hält sie für wichtige Gesichtspunkte, das Sams hat sie in Blau und die erfüllen sogar Wünsche. Besonders Menschen mit heller und empfindlicher Haut neigen zu Sommersprossen. Die Punkte bestehen aus Melanin, ein Stoff, den fast alle Menschen in der Haut haben und der für unsere Sommerbräune sorgt. Menschen mit Sommersprossen haben wenig Melanin. Die braune Farbe verteilt sich nicht gleichmäßig in ihrer Haut, deswegen haben sie nur braune Punkte. Sommersprossen entstehen am häufigsten im Gesicht, aber auch an Schultern und Oberarmen kommen sie vor. Im Herbst und Winter, wenn die Sonne nicht so stark scheint, verblassen Sommersprossen wieder. Sommersprossen haben keinen Zweck und sind völlig ungefährlich.

Warum wird die Haut in der Sonne braun?

Im Grunde ist das ein Schutzmechanismus der Haut, eine Verteidigung gegen die aggressive Sonnenstrahlung. Die UV-Strahlen der Sonne regen bestimmte Zellen, die sogenannten Melanocyten, zur Bildung des Farbpigments Melanin an. Weil dieses bräunlich gefärbt ist, werden wir braun (und nicht grün oder blau!). Farbpigmente sind von der Natur entwickelt worden, um die Zellen selbst und auch die darunterliegende Hautschicht zu schützen. Je nach Hauttyp können die Zellen schneller oder langsamer Melanin produzieren. Von ihrer Leistungsfähigkeit hängt somit auch ab, wie lange der Mensch sich ohne zusätzlichen Sonnenschutz der Sonne aussetzen darf. Bei Personen, die unter Albinismus leiden, ist die Pigmentbildung gestört und sie besitzen keinerlei Eigenschutz vor der Sonne.

Warum brennt die Sonne auf der Haut?

Ohne die Kraft der Sonne wäre unser Planet grau, kalt und leblos. Sonnenstrahlen sind ein Lebenselixier, auch für uns Menschen. Sie sind verantwortlich für die Bildung von Vitamin D in unserem Körper, wirken antidepressiv und fördern die Heilung von Hautkrankheiten. Woraus besteht eigentlich ein Sonnenstrahl?

- aus 50 Prozent sichtbarem Licht, das für Helligkeit und Farbe sorgt
- aus 44 Prozent Infrarotstrahlen, die als Wärme auf unserer Haut wahrgenommen werden
- aus 6 Prozent ultravioletten Strahlen, die nicht sichtbar oder spürbar sind. Man unterscheidet UV-A-, UV-B- und UV-C-Strahlen. Letztere werden von der Ozonschicht aufgehalten. UV-A und UV-B sind hauptverantwortlich für vorzeitige Hautalterung und Hautkrebs. Bis zu einem gewissen Grad kann sich unsere Haut durch die Produktion von Melanin selbst schützen. Um die Schutzzeit unserer Haut zu verlängern, müssen wir Sonnenschutz auftragen, sonst verbrennt die Sonne unsere Haut. Und das ist sehr schmerzhaft.

WAS HILFT BEI SONNENBRAND?

⚠ Sollte es trotz aller Vorsichtsmaßnahmen doch einmal zu einem Sonnenbrand kommen, dann lautet die erste Regel: raus aus der Sonne! Der gerötete Bereich sollte mit Kleidung geschützt werden – je dichter der Stoff gewebt ist, desto mehr Strahlung absorbiert er. Um den Schmerz zu lindern, hilft Kühlen. Von innen und außen, das heißt, der Patient sollte viel Wasser trinken, und die verbrannten Stellen können mit Après-Cremes oder Quarkumschlägen behandelt werden. Sind Blasen auf der Haut zu sehen, konsultiert man besser einen Arzt.

Warum ist im Sommer alles grün?

Weil dann in unseren Breiten die Sonne so viel scheint, und Pflanzen brauchen Sonnenlicht, um durch Photosynthese Nährstoffe für ihr Wachstum zu gewinnen. Eine wichtige Rolle spielt dabei der grüne Farbstoff Chlorophyll, der in Chloroplasten in den Blattzellen eingelagert ist. Er kann Lichtenergie in chemische Energie umwandeln. Mit Hilfe dieser Energie wird Wasser, das die Pflanze über ihre Wurzeln aufnimmt, in die Bestandteile Wasserstoff und Sauerstoff aufgespalten. Den Sauerstoff gibt die Pflanze als Abfallprodukt an die Luft wieder ab. Den Wasserstoff verwendet sie weiter. Zusammen mit Kohlendioxid, das ihre Blätter aus der Luft aufnehmen, stellt sie daraus Kohlenhydratketten her, einfach gesagt: Zucker. Daraus produziert sie neue Blattzellen. Aber warum sind Pflanzen grün und nicht blau? Die Farben im Lichtspektrum haben unterschiedliche Wellenlängen. Gegenstände erscheinen uns immer in der Farbe, die sie reflektieren. Bei der Photosynthese werden Rot und Blau vom Chlorophyll verschluckt, Grün wird zurückgeworfen.

QUERSCHNITT EINES BLATTES

1) Epidermis (Außenhaut)
2) Palisadengewebe enthält die meisten Chloroplasten
3) Leitbündel (Blattader) sorgen für
4) Antransport von Wasser und Mineralien und
5) Abtransport von Photosyntheseprodukten
6) Schließzellen mit Spaltöffnung, über die Luftaustausch stattfindet

Warum haben Vögel Federn und kein Fell?

Federn haben mit Fell viel gemeinsam: Vögel können sich damit tarnen oder schmücken, vor Kälte schützen und sogar wie mit Schnurrhaaren tasten. Wie Haare wachsen Federn aus verhornten Hautzellen und benutzen denselben Baustoff, das Eiweiß Keratin. Hätten Vögel jedoch Fell, könnten sie nicht fliegen. Mit Hilfe der großen Schwungfedern an den Flügeln schwingen Vögel sich in die Luft. Federn liegen so dicht und glatt aneinander, dass sie besonders windschnittig sind, und jede kann einzeln mit Muskelkraft bewegt werden. Studien belegen, wie effizient Vogelfedern sind: Klebt man sie auf eine Flugzeugtragfläche, sinkt der Energieverbrauch.

GEHEN LÖWENZAHNFLECKEN WIEDER RAUS?

⚠ Der latexhaltige Saft, der aus dem Löwenzahnstängel quillt, sieht milchig weiß aus. Doch an der Luft oxidiert er und wird klebrig. Die braunen Flecken gehen aus Kleidung mit Gallseife raus, solange sie frisch sind. Von der Haut kann man den Saft mit Seife abschrubben – oder warten, bis die Färbung nach einigen Tagen von allein verschwindet.

Warum singen Vögel?

Der Gesang der Vögel ist der Sprache der Menschen sehr ähnlich: Sie geben Informationen weiter. Innerhalb von Vogelschwärmen gibt es ganz bestimmte Rufe, etwa um zu sagen, wo es langgeht, oder um sich bei schlechter Sicht nicht zu verlieren. Kleinere Vögel warnen sich auch gegenseitig, wenn ein Greifvogel im Anflug ist. Meist reihen sie hierfür nur wenige Töne aneinander, die nicht besonders musikalisch klingen. Wenn Vögel ganze Lieder anstimmen, wollen sie mit ihrem Gesang beeindrucken – entweder um einen Partner anzulocken oder um ihr Revier zu verteidigen. Am schönsten singen in der Welt der Vögel deshalb die Männchen. Während die Ruflaute angeboren sind, müssen die Vogelküken das für ihre Art typische Lied erst erlernen. Dass sie manchmal auch einfach nur aus Freude singen, wird inzwischen auch von der Wissenschaft nicht mehr bestritten.

Warum haben Blumen so schöne Blüten?

Weil auffallend bunte und duftende Blüten signalisieren: Hier gibt es Nektar und Pollen! So locken Blumen Insekten an. Wenn die Tiere dann in die Blüte tauchen, bleibt der Blütenstaub an ihren Körpern hängen. Die Insekten fliegen zur nächsten Blüte und mit ihnen die in den Pollen enthaltenen männlichen Samenzellen. Sie bleiben am Blütenstempel kleben und gelangen von dort zum weiblichen Fruchtknoten. So haben beide Seiten Vorteile: Die Insekten bekommen von den Blumen Nahrung und helfen ihnen dafür bei der Fortpflanzung. Einige Insekten haben an den Beinen extra klettenartige Haken oder kleine Stacheln, damit möglichst viele Pollen daran hängen bleiben. Und viele Blüten sind so geformt, dass nur ganz bestimmte Insekten an ihren Nektar gelangen können.

WELCHE FARBEN ZIEHEN BESONDERS VIELE INSEKTEN AN?

⚠ Outdoor-Artikel in Gelb und Orange sollte man lieber nicht anziehen: Die sehen zwar sommerlich aus, aber damit macht man den Blüten Konkurrenz und lockt Insekten an. Die sind zwar oft harmlos, können aber nerven. Besonders Rapsglanzkäfer an der Ostsee stürzen sich auf alles, was gelb ist – sogar auf Vanilleeis! Für draußen besser geeignet sind Naturtöne sowie dunkles Rot oder Blau.

Können Sonnenblumen ihre Köpfe drehen?

Ja! Wenn die Sonne im Laufe des Tages über den Himmel „wandert“, folgen Sonnenblumen mit ihren Köpfen der Bewegung des Lichts. Nach dem Sonnenuntergang drehen die Pflanzen ihre Köpfe sogar wieder Richtung Osten, damit sie den Sonnenaufgang am nächsten Morgen nicht verpassen. Wie machen sie das bloß? Damit sich die Köpfe drehen können, wächst immer nur der Teil vom Blumenstiel, der sich gerade im Schatten befindet – und so neigen sich die Köpfe automatisch immer wieder zum Licht. In der Nacht wächst dann das letzte Stück des Stiels nach, so dass die Blumen morgens wieder Richtung Osten zeigen. Durch diese seltene Eigenschaft können Sonnenblumen zehn bis 15 Prozent mehr Sonnenlicht aufnehmen und damit Energie speichern als Pflanzen, die sich nicht bewegen.

Ein paar Zahlen zur Sonnenblume

90 – 150 Tage braucht eine Sonnenblume, um ausgewachsen zu sein.

100 – 350 Zentimeter wird eine Sonnenblume je nach Art und Sorte hoch.

40 Zentimeter kann der Durchmesser des Blütenkorbs einer Sonnenblume betragen.

2 Meter tief können die Wurzeln einer Sonnenblume in die Erde dringen.

2.000 Kerne entwickeln sich durchschnittlich in dem Blütenkorb einer Sonnenblume.

67 Sonnenblumen-Arten gibt es weltweit. Nur zwei von ihnen werden bei uns als Kulturpflanze genutzt.

STECKBRIEF
WIESENAPOTHEKE

Ringelblume
Familie Korbblütler
Heilwirkung Schmerzlindernd und entzündungshemmend. Häufig Bestandteil von Wundsalben. Blütenblätter können direkt auf Schürfwunden gelegt werden.

Echte Kamille
Familie Korbblütler
Heilwirkung Vielfältig, die Blüten nehmen zum Beispiel bei Sonnenbrand die Schmerzen und fördern die Wundheilung.

Gewöhnlicher Beinwell
Familie Raublattgewächse
Heilwirkung Beinwell wurde früher auch bei Knochenbrüchen eingesetzt. Bei Blutergüssen und Muskelkater sorgen die Wurzeln als Umschlag für Linderung.

Spitzwegerich
Familie Wegerichgewächse
Heilwirkung Zerriebene Blätter wirken antibakteriell und reizmildernd, zum Beispiel nach Insektenstichen. Im Mittelalter auch bei Schlangenbissen angewendet.

Wilde Malve
Familie Malvengewächse
Heilwirkung Gehört zu den ältesten Heilpflanzen. Wirkt hautberuhigend und entzündungshemmend. Bei Blasen an den Füßen helfen die zerriebenen Blätter und Blütenblätter.

Zurückbleiben, bitte!
Mit dem ausgestreckten Bein warnt die Hummel, dass sie gleich angreift.

Hummeln stechen nicht, sie beißen ...

Falsch Hummeln stechen! Die weibliche Hummel verfügt über einen Wehrstachel. Den setzt sie aber nur ein, wenn sie sich in Lebensgefahr befindet oder ihr Nest verteidigen muss. Bevor es zum Stich kommt, zeigt die eher friedfertige Hummel zwei Drohstufen: Zuerst hebt sie eins ihrer mittleren Beine und streckt es dem (vermeintlichen) Angreifer entgegen. Zeigt dies keine Wirkung, legt sich das Insekt auf den Rücken, streckt den Stachel in die Höhe und fängt an zu brummen. Nur wer diese deutliche Warnung ignoriert, den sticht die Hummel im nächsten Moment. Ihr Stich ist vergleichbar mit dem einer Biene. Er ist zwar recht schmerzhaft, aber nur für Allergiker gefährlich.

Warum sterben die Bienen nach dem Stich …

Friedfertiges Süßmaul: Bienen lieben Nektar, keine Süßigkeiten oder Kuchen, und sie stechen nur, wenn sie sich bedroht fühlen.

Weil sie ihren Stachel beim Stechen verlieren. Der Bienenstachel besitzt an der Spitze winzige Widerhaken. Entfernt sich die Biene nach dem Stich wieder, bleibt der Stachel stecken und reißt samt Giftblase ab. Und diese pumpt weiter Gift in die Haut des Angreifers. Parallel werden spezielle Duftstoffe frei, die weitere Bienen anlocken. Auf diese Weise wird gewährleistet, dass sich ein Bienenvolk als Gemeinschaft selbst gegen größere Gefahren wehren und seine Honigvorräte verteidigen kann. Nach dem Stich sterben Bienen an ihrer Verletzung: einige unmittelbar, andere erst nach ein paar Tagen, weil sich die Wunde entzündet hat. Das alles passiert übrigens nur, wenn Bienen uns oder einem anderen Säugetier in die Haut stechen. Aus der vergleichsweise weichen Vogelhaut oder aus dem Chitinpanzer von Insekten können Bienen ihren Stachel problemlos wieder herausziehen.

… und Wespen nicht?

Weil Wespen ihren Stachel beim Stechen behalten. Der Wehrstachel von Wespen hat im Vergleich zum Bienenstachel eine glattere Oberfläche und ist nur mit wenigen Widerhaken versehen – und damit bleibt die Wespe nicht hängen. Im Gegenteil: Dank ihrer stärker ausgebildeten Muskulatur am Hinterleib ist das Insekt in der Lage, seinen Stachel aus sämtlichen Oberflächen wieder zu befreien. Ähnlich geht es Hornissen und Hummeln: Auch sie bleiben mit ihrem eher glatten Stachel nicht stecken und müssen deshalb nach einem Stich nicht sterben.

WAS HILFT BEI INSEKTENSTICHEN?

⚠ Zum Glück gibt es bessere Mittel gegen Juckreiz, als zu kratzen:

1) **Insektensalben** enthalten Antihistamine, bei stärkeren allergischen Reaktionen haben sich Salben mit dem geringen Zusatz von Hydrocortison bewährt.

2) **Mosquit** ist ein thermo-elektrisches Gerät, das durch punktuelle Wärmeeinwirkung die Eiweißverbindungen des Gifts zerlegt.

3) **Ein heißer Löffel** wirkt ähnlich.

4) **Zwiebel,** mit der Schnittfläche sofort auf dem Stich verrieben, wirkt entzündungshemmend.

5) **Eis** fühlt sich bei einer heißen Schwellung angenehm an, sollte aber nicht zu lange auf der Haut bleiben.

6) **Lavendelöl** soll den Juckreiz lindern.

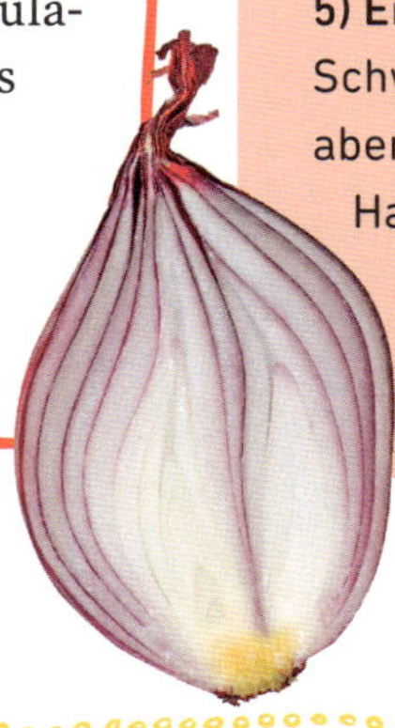

Leben Eintagsfliegen wirklich nur einen Tag?

Jein, denn es gibt viele verschiedene Arten, deren Lebensdauer variiert. Sicher ist, dass das Leben der Eintagsfliege endet, sobald sie ihre Lebensaufgabe – die Fortpflanzung – erfüllt hat. Das kann nach einigen Minuten oder nach mehreren Tagen sein. Aber älter als eine Woche wird keine Eintagsfliege. Die Larven der Fliegen leben im Wasser und steigen nach ihrer letzten Häutung oft zu Tausenden über dem Wasser auf und paaren sich. Bevor sie sterben, legen die Weibchen ihre Eier ins Wasser ab und ein neuer Lebenszyklus beginnt.

Wie weit springen Grashüpfer?

Bis zu zwei Meter. Klingt nicht rekordverdächtig? Ist es aber, wenn man die Sprungweite zu ihrer Körpergröße von circa zwei Zentimetern ins Verhältnis setzt. Das wäre so, als könnte ein 1,20 Meter großes Kind 120 Meter weit springen – also weiter als von einem Tor zum nächsten auf dem Fußballplatz. Und das aus dem Stand! So betrachtet landet der Grashüpfer hinter dem Floh auf Platz zwei der Weitspringer in der hiesigen Tierwelt. Ihre enorme Sprungleistung verdanken sie dem hintersten ihrer drei Beinpaare, den Sprungbeinen, die besonders im Schenkel kräftig und groß sind. So können sie auf der Suche nach Nahrung größere Distanzen überwinden und auch effektiv flüchten.

Warum hinterlassen Schnecken Schleimspuren?

Wie schnell ist eine Schnecke?

Wenn etwas ziemlich langsam vorangeht, dann sagen wir: „Das geht ja wie im Schneckentempo!“ Doch wie schnell ist das? Dies hängt von der jeweiligen Schneckenart ab. Die bei uns lebenden Landschnecken, wie die Bernsteinschnecke, kommen pro Minute gerade mal zwei Zentimeter voran. Ihre bekannte Cousine, die Weinbergschnecke, schafft in der gleichen Zeit immerhin schon 7,2 cm! Wasserschnecken, wie die in der Nordsee lebende Wellhornschnecke, kommen viel schneller voran – sie legen in einer Minute schon mal bis zu 16 cm Wegstrecke zurück. Doch im Vergleich zu anderen Tieren geht es bei allen Schnecken wirklich im Schneckentempo vorwärts.

Zugegeben, er ist ziemlich eklig, der Schneckenschleim. Doch für Schnecken ist er lebenswichtig. Landschnecken brauchen einen feuchten Schleimmantel, um sich vor dem Austrocknen zu schützen. Und sie brauchen einen Schleimteppich unter ihrer „Kriechsohle“, um überhaupt auf dem Trockenen vorwärtszukommen. Zum Kriechen wird die Sohle nämlich in eine Wellenbewegung versetzt – wodurch eine Wasserschnecke schon wie ein Luftkissenboot davonschweben würde. Die Landschnecke hat es schwerer: Sie muss über Staub, Kieselsteine und piksende Dornen hinweg erst ein Stück vom Hinterteil anheben und ein paar Millimeter weiter vorne absetzen, dann nach und nach den Rest ihres Körpers. Deshalb sondert die Schnecke aus einer Drüse unter ihren Lippen vorne am Kopf ein Sekret ab, das Unebenheiten ausgleicht und die Schnecke vor Verletzungen schützt. Um sich die Arbeit zu erleichtern, kriechen Schnecken auch gern in fremden Schleimspuren.

WENN SCHNECKEN AN SCHNECKEN SCHLECKEN, MERKEN SCHNECKEN ZU IHREM SCHRECKEN, DASS SCHNECKEN NICHT SCHMECKEN.

Welche Unkräuter kann man essen?

LÖWENZAHN

Außer dem Stängel und der weißen Pusteblume kann man alles vom Löwenzahn essen – gebraten sogar die dunkelbraune Wurzel. Der Milchsaft im Stängel ist schwach giftig. Da ein wenig davon auch in den Blättern zu finden ist, sollte man nicht die ausgewachsenen, sondern möglichst junge Blätter dicht am Boden pflücken, Am besten sammelt man sie morgens, kurz nachdem ihre Blüten sich geöffnet haben.

GIERSCH

Er treibt Gärtner in den Wahnsinn, weil seine quer durchs Erdreich laufenden Wurzeln beim Jäten brechen und neu austreiben. Die beste Methode, dem wuchernden Giersch beizukommen: ihn einfach ernten! Seine Blätter schmecken nach Petersilie und lassen sich roh im Salat oder sonst genau wie Spinat verarbeiten. Giersch hat noch mehr Qualitäten: Als Heilpflanze hilft er gegen Gicht, daher sein Spitzname „Zipperleinskraut".

BRENNNESSEL

Als Heilkraut wirkt die Brennnessel harntreibend und blutreinigend, in der Küche punktet sie mit Mineralstoffen und Vitaminen. Blätter und Stängel sind mit winzigen Nesselhärchen bedeckt. Wer sich traut, greift den Stängel von unten und packt fest zu, um sich nicht zu verbrennen. Mit Handschuh zu pflücken geht natürlich auch. Und: Keine Angst, nach dem Abkochen wirkt das Nesselgift nicht mehr!

Wiesen-Löwenzahn gehört zu den Korbblütlern. Löwenzahn treibt von April bis Oktober immer wieder neue Blüten aus.

Giersch breitet sich an schattigen Orten unter Bäumen und Hecken schnell aus. Gesammelt wird ab April.

Auch bei der Brennnessel sollte man am besten die jungen Blätter pflücken. Sie sind zarter.

Warum brennt die Brennnessel?

Das kennt bestimmt jeder – man spaziert durch eine Wiese und schwuppdiwupp haben sie einen erwischt: die Brennnesseln. Die Haut bekommt kleine Pusteln und tut ziemlich weh. Aber was ist nur passiert? An den Stängeln und Blättern der Brennnessel sitzen viele kleine Härchen. Sie sind mit einer brennenden Flüssigkeit gefüllt. Stößt man an die Brennnessel, brechen die Spitzen der Härchen ab und der brennende Saft wird auf die Haut gespritzt. Autsch! Doch mit Hilfe dieser Härchen schützt die Brennnesselpflanze sich davor, gefressen zu werden. Allerdings gibt es Tiere, denen der Brennesselsaft nichts anhaben kann, zum Beispiel das Tagpfauenauge. Diese Schmetterlingsart nutzt ihre Immunität und legt ihre Eier an die Unterseite der Pflanze. So sind die Eier vor Fressfeinden geschützt. Wenn die Raupen schlüpfen, ernähren sie sich von der Pflanze. Ganz schön schlau! Und was hilft gegen das Brennen auf der Haut? Kühlen, kühlen, kühlen – der Schmerz geht nach einiger Zeit von selbst wieder weg.

24. JUNI

„VOR JOHANNI BITT UM REGEN, HERNACH KOMMT ER UNGELEGEN."

Der Johannistag ist ein sogenannter Lostag, an dem sich nach altem Bauernglauben das Wetter für die nächsten Monate entscheidet. Am Abend von St. Johanni wird traditionell ein Feuer entzündet, das böse Geister abwehren soll. Johannisbeere und -kraut sind nach diesem Lostag benannt, weil sie zu diesem Termin reif werden.

REZEPT

Brennnessel-Chips

Zutaten für 4 Personen
2 Handvoll Brennnessel-Blätter
½ TL Salz
½ TL Paprika edelsüß
½ TL Kurkuma
5 EL Sonnenblumenöl

1 Gewürze mischen.

2 So viel Öl in einer Pfanne erhitzen, dass der Boden bedeckt ist und die Blätter darin schwimmen können. Die Gewürzmischung nach Geschmack ins Öl rühren.

3 Die Brennnessel-Blätter einzeln hineinlegen und nebeneinander ausbacken. Das Öl soll so heiß sein, dass es an den Brennnesselrändern brutzelt, aber nicht so heiß, dass die Blätter sich braun verfärben.

4 Wenn die Blätter knusprig sind, aus der Pfanne nehmen und auf einem Küchentuch gut abtropfen lassen.

STECKBRIEF SANDTYPEN

Weißer Sand

Besteht aus dem Kalziumkarbonat zermahlener Korallenskelette. Zu finden auf allen Inseln, die von einem Korallenriff umgeben sind.

Schwarzer Sand

Fein gemahlener Basalt vulkanischen Ursprungs gibt hier den Ton an. Dominiert zum Beispiel auf Santorin oder Lanzarote.

Grüner Sand

Die außergewöhnliche Farbe entsteht durch grüne Kristalle, zu finden auf Hawaii.

Rosa Sand

Entsteht dank der Beimischung von roten Korallen und Muscheln. Zu sehen ist er auf Kreta oder in der Karibik.

Quietschender Sand

Ein Phänomen, das auftritt, wenn das Sediment vor allem aus Quarzverbindungen besteht und frei von Kalk ist. Sind die Körner zwischen 0,15 und 0,5 Millimetern groß, sehr glatt geschliffen und durch den Wind gut geschichtet, dann quietscht es unter den Füßen. Zu erleben zum Beispiel in Ostaustralien am Whiteheaven Beach.

SO BAUT MAN DEN KLASSIKER

Die quadratische Ritterburg: Angefangen wird immer mit den Eckpfeilern. Hierzu den Sand in den Eimer füllen, kräftig festdrücken und mit der Kelle die obere Fläche glattziehen. Jetzt vorsichtig den Eimer nach oben anheben, und ein perfekter Turm aus Sand ist entstanden.

Wenn die vier Türme stehen, werden die Mauern gebaut. Die Kuhfladen-Technik ist hier am geeignetsten. Sehr feuchten, cremigen Sand nehmen und mit den Händen einen Wall von Turm zu Turm errichten. Mit Hilfe der Kelle wird aus diesem unförmigen Wall eine Mauer.

Jetzt geht es an den Feinschliff: Zinnen, Wege, Torbögen, Durchgänge und andere Details einbauen, so dass die Burg möglichst echt aussieht. Zum Schluss wird sie verziert: mit Stöckchen, Federn, Muscheln ...

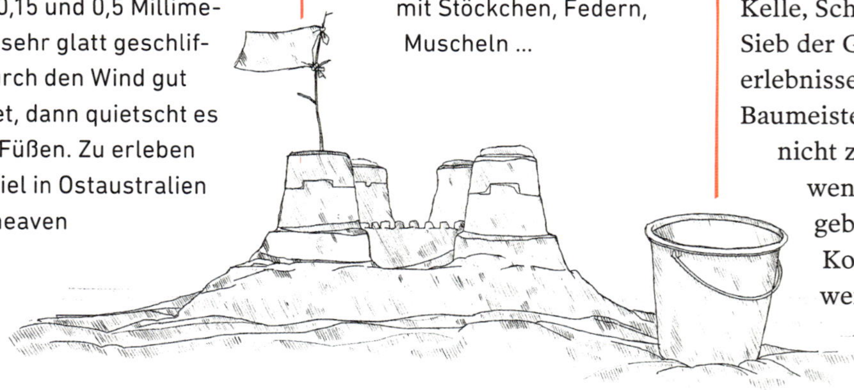

Um eine besonders schöne Sandburg zu bauen, braucht man zunächst einmal das richtige Werkzeug: Für eine klassische Sandburg sind Eimer, Kelle, Schaufel, Förmchen und Sieb der Grundstock für Erfolgserlebnisse am Strand. Sandburg-Baumeister sollten außerdem nicht zu viel und nicht zu wenig Wasser zum Sand geben. Die richtige Konsistenz ist erreicht, wenn sich eine aus dem Sand geformte

ne Burg aus Sand?

27.
JUNI

„IST DER **SIEBENSCHLÄFER** NASS, REGNET'S OHNE UNTERLASS"

Am 27. Juni, dem Siebenschläfertag, zeigt sich laut Bauernregel, wie das Wetter der nächsten sieben Wochen wird. Der Tag ist nach einer kirchlichen Legende, nicht nach dem mausähnlichen Siebenschläfer (Foto) benannt. Das Nagetier hält sieben Monate Winterschlaf, im Sommer ist es aktiv, allerdings nur nachts.

apfelgroße Kugel von der einen zur anderen Hand werfen lässt und dabei kaum Risse bekommt. Auch Künstler bauen mit Sand: Seit den 1990er-Jahren gibt es weltweit immer mehr Sandfestivals und ein wachsendes Interesse an der Kunstform des „Carving". Die Experten sehen sich allerdings eher als Bildhauer, die mit komprimiertem Sand in größeren Maßstäben arbeiten. Burgen werden auch errichtet, zählen aber nicht zur wahren Leidenschaft des Bildhauers.

Wie kommt der Sand an den Strand?

Hitze, Frost, Wind und Regen nagen am Gestein, und irgendwann nach Millionen von Jahren wird es zermahlen. Sandkörner entstehen und werden von Regen und Flüssen ins Meer gespült. Dort tragen die Wellen sie Richtung Land. Schlussendlich wird der Sand einfach angeschwemmt. Den Sandeintrag von Flüssen ins Meer kann man übrigens gut sehen, wenn man sich ein Flussdelta aus der Luft anschaut. Wer dafür nicht mal eben ins Flugzeug steigen kann, benutzt einfach Google Earth! Die Strände an unseren Küsten sind übrigens rund 400.000 Jahre alt: Sie entstanden in der letzten Eiszeit.

MEERES-ZAHLEN

71 Prozent der Erdoberfläche sind von Meeren bedeckt.

5.267 Meter geht das Mittelmeer im Calypsotief hinunter.

52 Meter ist die Ostsee im Durchschnitt tief.

Im gesamten Meerwasser stecken:

26.000 Millionen Tonnen Natriumchlorid

5,3 Millionen Tonnen Gold

2,6 Millionen Tonnen Silber

92 Tonnen Radium

Nur wirklich geübte Schwimmer sollten im Meer schwimmen.

Darf ich überall schwimmen?

Wenn eine rote Flagge am DLRG-Hochsitz gehisst wurde, herrscht absolutes Badeverbot! Grund könnte eine gefährliche Unterströmung sein, eine sogenannte Rippströmung. Man sieht sie nicht und meist erkennt man die kraftvolle Wasserbewegung erst, wenn sie einen schon erfasst hat und hinaus aufs Meer zieht. Aber wie entsteht diese gefährliche Strömung? Es müssen einige Faktoren zusammenwirken: Wellen, auflandiger Wind, ein flach abfallender Strand mit Buhnen, großen Steinen oder Sandbänken. Treibt der Wind das Wasser an die Küste, wird es von diesen Hindernissen abgelenkt. Die Kraft der antreffenden Wassermassen staut sich, vereinigt sich und sucht sich einen anderen Weg zurück ins offene Meer. Es fließt also direkt von der Küste weg, oft mit einer Geschwindigkeit von mehr als zehn Stundenkilometern! Die Unterströmung kann über 100 Meter lang sein und selbst Badenden im Flachwasser die Beine wegreißen.

Vor dem Schwimmen muss man sich unbedingt vergewissern, dass das Baden hier auch erlaubt ist!

Wieso verschwindet die Nordsee?

Alle sechs Stunden scheint die Nordsee zu verschwinden (Ebbe) und nach weiteren sechs Stunden ist sie wieder da (Flut). Wie kommt das? Taktgeber beim ständigen Wechsel zwischen Ebbe und Flut ist der Mond. Er wirkt wie ein Magnet und zieht auf der ihm zugewandten Erdseite einen Flutberg hinter sich her. Und weil der Mond auf seiner Laufbahn weiter wandert, wandert auch der Flutberg mit ihm mit. Auf der mondabgewandten Seite würde man eigentlich eine Ebbe vermuten, aber da die Natur nicht immer logisch ist, findet man hier einen zweiten Flutberg. Dieser wird durch die Fliehkraft verursacht. Sie entsteht, weil die Erde sich um sich selbst dreht.

WAS TUN, WENN MICH DIE STRÖMUNG ERFASST HAT?

⚠ **Wenn man in eine Strömung geraten ist,** sollte man nicht gegen sie anschwimmen, das kostet nur unnötig Kraft. Besser: Parallel zum Strand schwimmen, bis der Druck nachlässt. Manchmal kann man Rippströmungen an gewissen Merkmalen erkennen: Achten Sie zum Beispiel auf aufgewühltes oder andersfarbiges Wasser in einem begrenzten Bereich. Generell ist es ratsam, ausreichend Abstand zu Buhnen, Molen, Sandbänken oder Halbinseln einzuhalten.

Warum schmeckt das Meerwasser so salzig?

Natriumchlorid, aus dem auch unser Speisesalz besteht, verleiht dem Meerwasser seinen unverwechselbaren Geschmack. Im Durchschnitt enthält jeder Liter Meerwasser zwei gehäufte Teelöffel Salz. In allen Weltmeeren zusammen entspricht das ungefähr 26.000 Millionen Tonnen! Aber nicht überall im Meer ist es gleich salzig. Die Nordsee weist im nördlichen Bereich 35 Promille auf, die nordöstliche Ostsee dagegen nur drei Promille. Damit ist die Ostsee das größte Brackwassermeer der Welt! Brackwasser hat einen Salzgehalt von weniger als zehn Promille. Und woher kommt das Salz? Vom Regen! Er spült Mineralien und Salze aus dem Gestein. Flüsse und Wasserläufe übernehmen den Weitertransport ins Meer.

STECKBRIEF
DIESE FISCHE SIEHT MAN IN NORD- UND OSTSEE

Flunder Wird maximal 50 Zentimeter lang; gut zu erkennen an den Knochenhöckern entlang der Seitenlinie vom Kopf zur Schwanzflosse; können sich mit Schollen paaren

Seezunge Rechtsäugiger Plattfisch; wird bis zu 70 Zentimeter lang; kann 26 Jahre alt werden; leicht zu erkennen an dem lang gestreckten, ovalen Körper; wird zur Dämmerung aktiv

Scholle Charakteristisch sind die rötlichen bis gelblichen Punkte; rechtsäugig; kann 70 Zentimeter lang und bis zu 45 Jahre alt werden

Hering Maximal 43 Zentimeter; langer Schwarmfisch mit silberfarbenem Körper; war das wichtigste Handelsgut der Hanse

Dreistachliger Stichling Elf Zentimeter lang und schuppenlos; baut zur Laichzeit kleine Nester; das Aufziehen der Jungen übernimmt das Männchen

Petermännchen (nur Nordsee) Lebt auf dem Boden, meist so im Sand eingegraben, dass nur die Augen herausschauen; giftige Stacheln auf dem Rücken und an der Seite; etwa 40 Zentimeter lang

Können Fische das Meerwasser trinken?

Ja, aber nur Fische, die im Salzwasser leben. Denn würden sie nicht trinken, würden sie im Meerwasser verdursten. Komisch, oder? Der Grund dafür ist das sogenannte osmotische Gesetz. Es besagt, dass zwei salzhaltige Flüssigkeiten, die von einer halbdurchlässigen Wand, in diesem Fall die Fischhaut, getrennt werden, ihren Salzgehalt auszugleichen versuchen, so dass auf beiden Seiten der Wand der Salzgehalt identisch ist. Dabei fließt die weniger salzhaltige Flüssigkeit in Richtung der salzhaltigeren. Für den Fisch bedeutet das: Er ist innen zwar schon salzig, aber das Meerwasser um ihn herum ist viel salziger, deshalb verliert er unablässig Wasser ans Meer. Er muss also ständig trinken, um das verlorene Wasser wieder aufzunehmen. Süßwasserfische trinken nicht!

KÖNNEN FISCHE AUCH HÖREN?

⚠ Zwar haben Fische keine Ohren, die man von außen sieht, aber sie haben ein Hörorgan im Kopf, den sogenannten Ohrstein, mit dem sie Geräusche wahrnehmen. Den größten Teil der Schallwellen nehmen Fische jedoch mit ihrer Körperoberfläche auf. Da Wasser Schallwellen viel besser leitet als Luft, ist auch ein leises Geräusch unter Wasser weit zu hören. Bootsmotoren oder Wasserkraftwerke sind für die Fische ohrenbetäubender Lärm.

Sind Fische wirklich stumm?

Nein. Ganz im Gegenteil! Sie können zwar nicht sprechen wie wir, aber es gibt mehrere Tausend Fischarten, die Laute erzeugen können. Sie grunzen, fauchen, knurren, quietschen und manche von ihnen furzen sogar. Kein Witz, Heringe pressen Luft aus der Schwimmblase in ihren Analtrakt und produzieren so unanständige Töne am laufenden Band! Manche von ihnen können den Ton sogar acht Sekunden lang halten! Fische nutzen diese Laute aber meistens nur, um wirklich Wichtiges mitzuteilen. Sie warnen vor Gefahren, versuchen Weibchen zu bezirzen, Konkurrenten abzuschrecken oder melden, wenn sie Beute entdeckt haben. Fische reden immer nur mit ihren Artgenossen.

Wie atmen Fische unter Wasser?

Auch wenn Fische nicht an der Luft, sondern im Wasser leben, brauchen sie Sauerstoff zum Überleben, wie wir Menschen und die meisten Tiere auch. Aber im Gegensatz zu uns atmen Fische nicht mit einer Lunge, sondern mit den Kiemen. Dieses Organ ermöglicht es ihnen, Sauerstoff aus dem Wasser aufzunehmen. Um zu verstehen, wie dieser Vorgang abläuft, muss man sich eine Kieme genauer anschauen. Zuerst fällt die scharlachrote Färbung auf. Daran erkennt man übrigens auch richtig frischen Fisch! Die Farbe kommt daher, dass die Blutgefäße in den Kiemenblättchen sehr dicht unter der Haut liegen und durchscheinen. Die Blättchen sitzen dicht an dicht an den Kiemenbögen und dienen der Oberflächenvergrößerung. In ihnen findet der Gasaustausch statt. Sauerstoffarmes Blut fließt durch ein solches Blatt und wird mit Sauerstoff aus dem umfließenden Meerwasser angereichert. Dabei gibt das Blut gleichzeitig Kohlendioxid an das Meerwasser ab.

KIEMENATMUNG

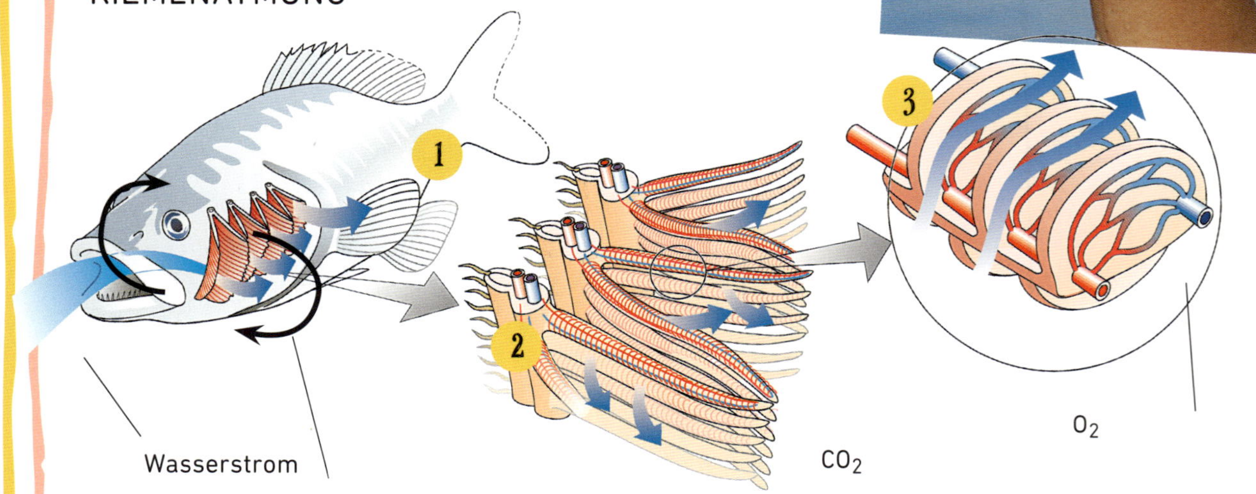

Sauerstoffreiches Wasser gelangt über den Mund zu den Kiemenbögen (1). An ihnen sitzen die Kiemenblättchen (2), in denen dicht unter der Haut Blutgefäße verlaufen. Der Querschnitt eines Kiemenblättchens (3) macht den Gasaustausch deutlich: Sauerstoff (O_2) gelangt aus dem Wasser ins O_2-arme Blut (rot gefärbt), das O_2-reiche Blut (blau gefärbt) gibt Kohlendioxid (CO_2) an das vorbeiströmende Wasser ab.

Wieso laufen Krabben immer seitwärts?

Unter dem Körper einer Strandkrabbe wimmelt es nur so von Beinen und Scheren. Vier Paar Beine sind zum Laufen da, ein Paar ist umgebaut zu Scheren. Dank ihnen hat der Krebs sein Essbesteck quasi immer am Panzer! Eine Schere ist etwas länger und dünner ausgebildet als die andere und dient dazu, Nahrung zu packen. Deshalb nennt man sie auch Greifschere.

Die zweite Schere – die Knackschere – ist dicker, mit ihr kann der Krebs harte Muschelschalen aufbrechen. Verliert die Krabbe eine Schere, wächst diese nach. Diesen Vorgang nennt man Autonomie. Wenn Krebse schnell sein wollen, müssen sie seitlich laufen, weil ihre Beine sehr dicht beieinanderliegen und ihre Gelenke eine Vor- und Rückwärtsbewegung kaum zulassen. Wer mal eine tote Krabbe in die Hand nimmt und versucht die Beinchen zu bewegen, wird merken: Nach vorne und hinten geht es kaum, zur Seite allerdings sehr gut! Deshalb nennt man die Strandkrabbe in Friesland „Dwarslöper“, also Querläufer.

Warum sind Plattfische eigentlich platt?

Flundern, Seezungen, Schollen und Steinbutte werden nicht platt geboren. Wenn die Jungfische schlüpfen, sehen sie aus wie ganz normale Fische. Erst im Laufe ihrer Entwicklung nehmen sie eine flache Körperform an. Die Fischbabys legen sich auf eine Seite und gehen zum Bodenleben über. Dabei wandert das eine Auge dann auf die andere Seite des Körpers. Dicht am Grund sparen sie Energie bei der Fortbewegung und sind zudem gut geschützt. Entweder buddeln sie sich bei Gefahr schnell im Sand ein oder sie nehmen die Farbe ihrer Umgebung an. Je nachdem, auf welcher Körperseite die Plattfische liegen, kann man zwischen rechts- und linksäugig unterscheiden. Schollen sind zum Beispiel immer rechtsäugig und liegen auf ihrer linken Seite, Steinbutte immer linksäugig und liegen immer auf der rechten Seite.

Warum sind Quallen so glibbrig?

WAS TUN, WENN EINE FEUERQUALLE MEIN KIND VERBRANNT HAT?

⚠ Nie reiben oder kratzen! Das beste Mittel, um die verbliebenen Nesselkapseln daran zu hindern, sich zu öffnen, ist eine Spülung mit Essig oder Meerwasser. Süßwasser ist absolut ungeeignet, da es dazu führt, dass noch weitere Nesselkapseln platzen! Nach dem Spülen sollte die Wunde so schnell wie möglich mit leichter Wärme behandelt werden. Eine Hydrocortisonsalbe (2 %) hilft dann bei normalen Vernesselungen.

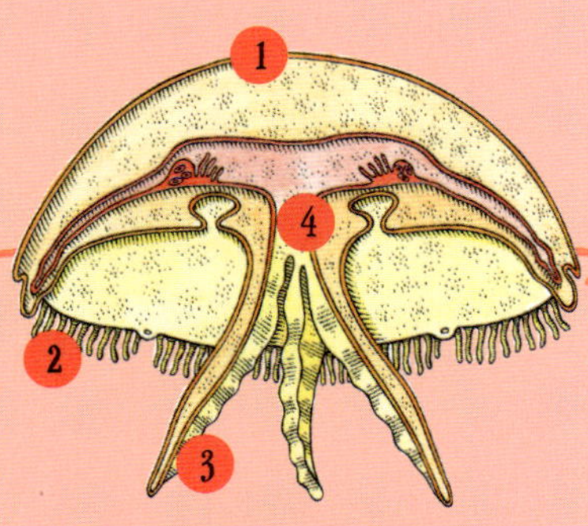

Die Ohrenqualle
1) Mesogloea
2) Tentakel
3) Mundarme
4) Mundöffnung

„Ihhh, ist das glibschig!“ damit ist sicher nicht Mamas eingecremter Rücken gemeint, sondern die vielen angeschwemmten Ohrenquallen, die man im Sommer an den Ostseestränden findet. Klar, dass solche Tiere nicht gerade viele Sympathiepunkte sammeln. Und dann tun manche von ihnen auch noch richtig weh, wie zum Beispiel die Feuerqualle. Doch Quallen sind völlig unterschätzte Meerestiere: Sie bewohnten die Meere schon vor 600 Millionen Jahren – lange bevor es Dinosaurier gab. Ihr Erfolgsrezept? Ihr Bauplan! Die filigranen Wesen bestehen zu 99 Prozent aus Wasser. Zwischen der äußeren und inneren Hautschicht befindet sich das, was die Tiere so glibbrig macht: die Mesogloea. Diese Gallertmasse dient als Stützschicht, sie ersetzt das fehlende Skelett und fungiert als Auftriebshilfe. Manche Quallen verfügen über Superkräfte: Streicht man sie durch ein Sieb, wachsen die Einzelteile wieder zusammen – das Tier ist quasi unsterblich!

Was sind das für Haufen auf dem Sand?

Überall auf dem Wattboden sieht man sie, kleine spaghettiförmige Haufen. Nein, hier war kein Hund, keine Katze und auch kein Wattwanderer am Werk. Der unscheinbare Ringelwurm Arenicola marina erschafft diese kleinen marinen Bauwerke. Der Wattwurm wird bis zu 40 Zentimeter lang und lebt in einer U-förmigen Röhre, die er selbst baut. Dieser Tunnel besitzt zwei Öffnungen (in der Grafik mit A und B bezeichnet). Durch die erste Öffnung (A) bezieht der Wurm seine Nahrung. Er frisst den Sand des Wattenmeeres, der durch diesen Trichter einrieselt, und filtert winzige organische Partikel heraus. Das andere Ende seines Zuhauses (B) nutzt er als stilles Örtchen. Alle halbe Stunde etwa lässt er sich hier blicken und erledigt sein Geschäft. Doch anders als bei üblichen Haufen dieser Art hinterlässt der Wattwurm nichts weiter als gereinigten Sand. 25 Kilogramm filtert ein einzelner Wurm in einem Jahr! Und davon profitieren viele andere Tiere im Watt.

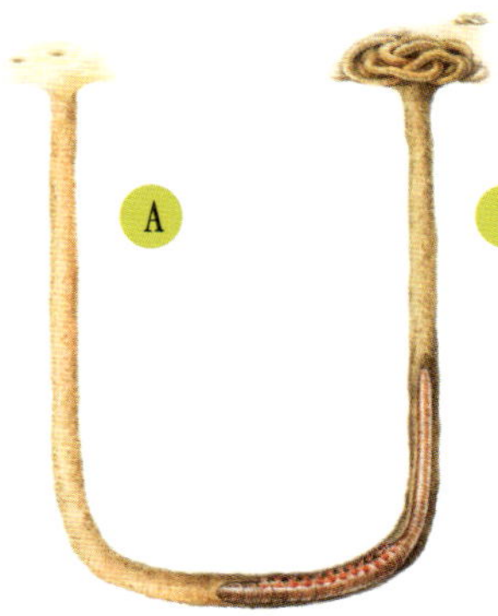

Lebensraum Watt

1. Bäumchenröhrenwurm
2. Sandklaffmuschel
3. Wattwurm
4. Herzseeigel
5. Antennenkrebs
6. Schillernder Seeringelwurm
7. Herzmuschel
8. Schwertmuschel
9. Tellmuschel
10. Kotpillenwurm

STECKBRIEF
MUSCHELN AN DER NORD- UND OSTSEE

Große Pfeffermuschel

Aussehen Ovale, zarte Schale; weiß bis dunkelgrau gefärbt
Größe 6 cm **Lebensweise** Lebt in 15 cm Tiefe und saugt mit langem Sipho Bodenoberfläche ab
Wissenswert Typischer Bewohner des deutschen Schlickwatts

Sandklaffmuschel

Aussehen Ausgeblichene Schale
Größe 15 cm
Lebensweise Lebt in 30 cm Tiefe und hält ihren Sipho ins Wasser
Wissenswert Stammt aus Nordamerika und wurde von Wikingern eingeschleppt

Gemeinse Herzmuschel

Aussehen Bauchiges, gefurchtes, dickschaliges Gehäuse; weißlichgelb bis dunkelbraun
Größe 3 bis 4 cm
Lebensweise Lebt im Flachwasser
Wissenswert Wird sie freigespült, gräbt sie sich in wenigen Minuten wieder ein.

Amerikanische Scheidemuschel

Aussehen Lang gestreckt, rötliche oder graue Schale
Größe 17 cm
Lebensweise Aufrecht im Sand eingegraben
Wissenwert Wurde aus Amerika in die Deutsche Bucht eingeschleppt.

Woher kommen die Löcher in den Muscheln?

Jeder hat schon mal an Nord- und Ostseestränden Muschelhälften mit einem Loch gefunden und sich gefragt, woher sie stammen. Keine Zauberhand, sondern eine Schnecke hat diese praktischen Löcher gebohrt, durch die man so prima eine Schnur fädeln kann. Man kann sich Muscheln oder Schnecken schwer als gefährliche Raubtiere vorstellen, aber manche von ihnen greifen sogar Artgenossen an! In unseren Gefilden sind es meist Vertreter der Mondschnecken, die sich über Miesmuscheln und Co hermachen. Hat eine Mondschnecke ein Opfer gefunden, bohrt sie es mit ihrer Raspelzunge an – das kann schon mal acht Stunden dauern! Dann produziert sie mit der Bohrdrüse Säure, die die Kalkschale des Opfers auflöst, und bohrt weiter. Ist das Werk vollbracht, verflüssigt sie die Innereien der Muschel und schlürft sie aus. Zurück bleibt eine Muschelschale mit Loch – die vielleicht als letzte Ruhestätte den Hals eines Kindes findet.

So ernähren sich Muscheln

Muscheln sind der perfekte Wasserfilter, denn sie atmen nicht nur mit ihren Kiemen, sondern ernähren sich auch über dieses Organ. Das eingestrudelte Wasser gelangt zu den Kiemen, wird dort gefiltert und tritt wieder aus. Das aufgefangene Plankton wird dann zur Mundöffnung transportiert. Die Grafik zeigt diesen Prozess am Beispiel einer Miesmuschel.

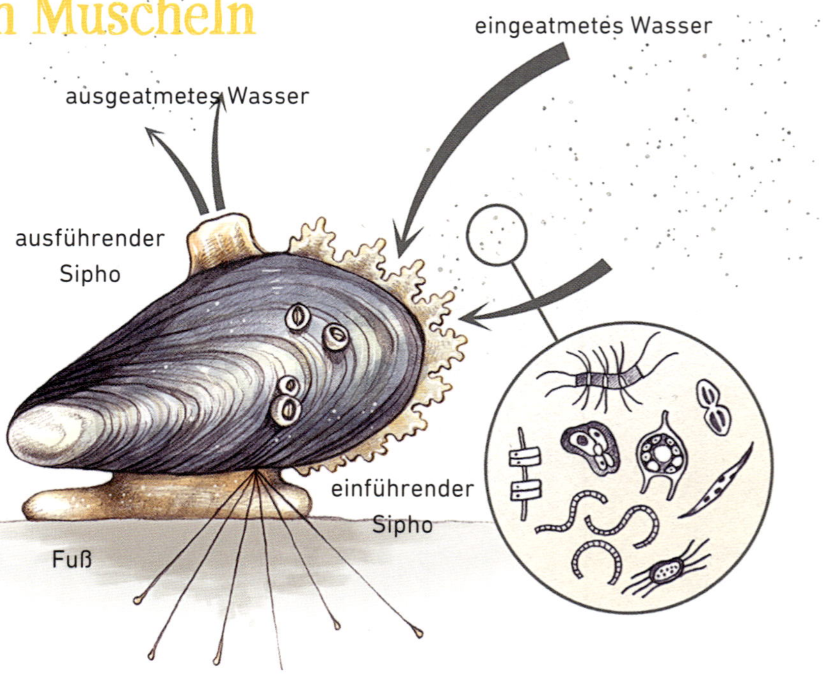

Kann man in Muscheln das Meer rauschen hören?

In dieser Frage stecken gleich zwei Fehler: Zum einen sind es keine Muscheln, die das vermeintliche Meeresrauschen speichern, sondern Schnecken, und zum anderen hört man kein Meeresrauschen, sondern einfach nur die abgeschwächten Umgebungsgeräusche. Aber fangen wir von vorne an. Muscheln und Schnecken gehören beide zu den Weichtieren, unterscheiden sich optisch aber sehr voneinander. Muscheln haben zwei Schalenhälften, Schnecken nur ein Gehäuse, das meist gedreht und bauchig ist. Die leeren Schneckenhäuser bilden einen perfekten Hohlkörper. Halten wir ihn ans Ohr, nehmen wir ein Rauschen wahr. Das hat nichts mit dem Meer zu tun, auch wenn es eine sehr romantische Vorstellung ist, sondern mit verschiedenen Umweltgeräuschen, die unser Gehirn als Meeresrauschen interpretiert. In der Schnecke sammeln sich Luftdruckschwankungen, die den Resonanzkörper zum Schwingen bringen. Unser Ohr nimmt dann einfach nur den Mix aus allen Vibrationen wahr.
Ebenfalls falsch ist die Vermutung, dass man in der „Muschel" sein eigenes Blut rauschen höre. Denn hält man statt des Ohrs ein Mikrofon an die Schale, kann man das Rauschen sogar aufnehmen – und in einem Mikro strömt garantiert kein Blut!

IST IN JEDER MUSCHEL EINE PERLE?

⚠ Nein, aber die meisten Muscheln sind in der Lage, Perlen zu bilden. Dringt ein Fremdkörper, zum Beispiel eine Milbe, ein Wurm oder ein anderer Schmarotzer, in die Muschel ein, wird dieser in der Regel von der Muschel sofort wieder abgestoßen. Manchmal wird er aber auch „eingesperrt". Dabei umschließt die Muschel den Eindringling mit ihrem Mantelgewebe, das rund um den Fremdkörper Perlmutt absondert: Es bildet sich eine Perle. In der Perlenzucht werden bewusst Fremdkörper in die Muscheln gesetzt, um so die Perlenbildung anzukurbeln.

Welche Tiere leben im Gezeitentümpel?

1 VIOLETTER SEESTERN

Körperlänge 40 cm **Lebenserwartung** Sechs bis sieben Jahre **Nahrung** Muscheln, Schnecken, Schwämme, Fische **Besonderheit** Kann einen abgerissenen Arm ersetzen. Da sich in jedem Arm alle lebenswichtigen Organe befinden, bildet der abgerissene Arm manchmal auch einen neuen Seestern. **Wissenswert** Bewegt sich mit den Füßchen auf der Unterseite der Arme und kann damit Muschelschalen auseinanderdrücken.

2 VIOLETTE FADENSCHNECKE

Körperlänge 4 cm **Nahrung** Nesseltiere wie Quallen und Korallen **Besonderheit** Atmen über die Rückenanhängsel. Außerdem dienen die Anhängsel der Abwehr, da sie mit Nesselkapseln vollgepackt sind. **Wissenswert** Mit den Fühlern nehmen die Tiere Strömungsveränderungen und chemische Bestandteile des Wassers wahr.

3 STEINSEEIGEL

Körperlänge 3 bis 7 cm **Nahrung** Algen **Besonderheit** Mit seinem Gebiss kann er Höhlen in weichen Kalkstein fräsen, in denen er sich tagsüber aufhält. **Wissenswert** Um sich zu tarnen, bringt der Seeigel Schalenbruchstücke oder Seegras mit Hilfe seiner Füßchen, die zwischen den Stacheln sitzen, auf die Oberseite des Körpers.

4 GEMEINER KRAKE

Körperlänge Kopf 25 cm, Fangarme bis zu einem Meter **Nahrung** Krabben, Muscheln, Schnecken. **Besonderheit** Können sich durch engste Öffnungen quetschen, weil sie keine äußere Schale und keine Knochen haben. Um in den Fluttümpel zu gelangen, „schreiten" sie mit ihren acht Armen über den Fels. **Wissenswert** Halten ihre Beute mit den Saugnäpfen fest und knacken mit dem schnabelartigen Kiefer auch dickste Panzer und Schalen.

5 GROSSER EINSIEDLERKREBS

Körperlänge 12 cm **Nahrung** Algen. **Besonderheit** Schützen ihr weiches, ungepanzertes Hinterteil mit einem leeren Schneckenhaus. Da das Haus nicht mitwachsen kann, muss der Krebs regelmäßig umziehen. **Wissenswert** Jeder Krebs pflegt eine Seeanemone auf seinem Schneckenhaus. Sie schützt ihn. Beim Umzug nimmt der Krebs die Anemone mit den Scheren ab und pflanzt sie auf das neue Häuschen.

6 MIESMUSCHEL

Körperlänge 5 bis 10 cm **Nahrung** Plankton **Besonderheit** Bei Trockenheit schließt sie die Schalenhälften, reduziert den Herzschlag und speichert in ihrem Inneren Meerwasser. **Wissenswert** Miesmuscheln sind die Klärwerke der Meere: Jede Muschel filtriert ca. 10 bis 20 Liter Seewasser pro Tag. Produziert Byssusfäden, auch Muschelseide genannt, in einer am Fuß sitzenden Drüse. Hält sich damit am Fels fest. Um sich fortzubewegen, legt die Muschel den Faden wie einen Anker aus und verkürzt ihn dann wieder.

7 PFERDE-AKTINIE

Körperlänge 6 cm **Nahrung** Fische, Krebse und Weichtiere. **Besonderheit** Kann sich zusammenziehen und eine schützende Schleimschicht produzieren, die sie vor Austrocknung bewahrt.

8 FEUERWURM

Körperlänge 30 cm **Nahrung** Hartkorallen, Weichkorallen, Nesseltiere und Krustenanemonen, aber auch Aas, Seeigel und Seesterne **Besonderheit** Die Berührung mit den weißen

Borsten verursacht schmerzhafte Entzündungen.

9 WACHSROSE

Körperlänge Bis zu 20 cm **Nahrung** Kleine Fische, Krebs- und Weichtiere **Besonderheit** In den Tentakelspitzen leben winzige Algen, die das Nesseltier mit Nährstoffen versorgen. **Wissenswert** Fängt ihre Beute mit den Fangarmen und einem Nesselgift.

10 PFAUEN-SCHLEIMFISCH

Körperlänge 12 cm **Nahrung** Algen **Besonderheit** Dunkelblau geränderter Augenfleck **Wissenswert** Kann dank der Schleimschicht, außerhalb des Wassers für kurze Zeit überleben.

Wo kommen die Wellen her?

Die meisten Wellen werden draußen auf dem Meer vom Wind geformt. Luft streicht über das Wasser, allerdings nicht gleichmäßig, sondern turbulent – es entstehen Täler und Berge. Angeschoben durch den Wind laufen die Wellen in Windrichtung voran, bis sie an der Küste ausrollen oder spektakulär brechen. Die höchsten vom Wind produzierten Wellen erreichen 30 Meter Höhe – sie heißen Kaventsmänner. Wellen, die durch Seebeben, Vulkanausbrüche oder Hangrutschungen entstehen, nennt man Tsunamis. Auf offener See sind sie kaum spürbar. An der Küste können sie sich jedoch zu gigantischen Wasserwänden auftürmen und verheerende Schäden anrichten.

Wie tief ist das Meer?

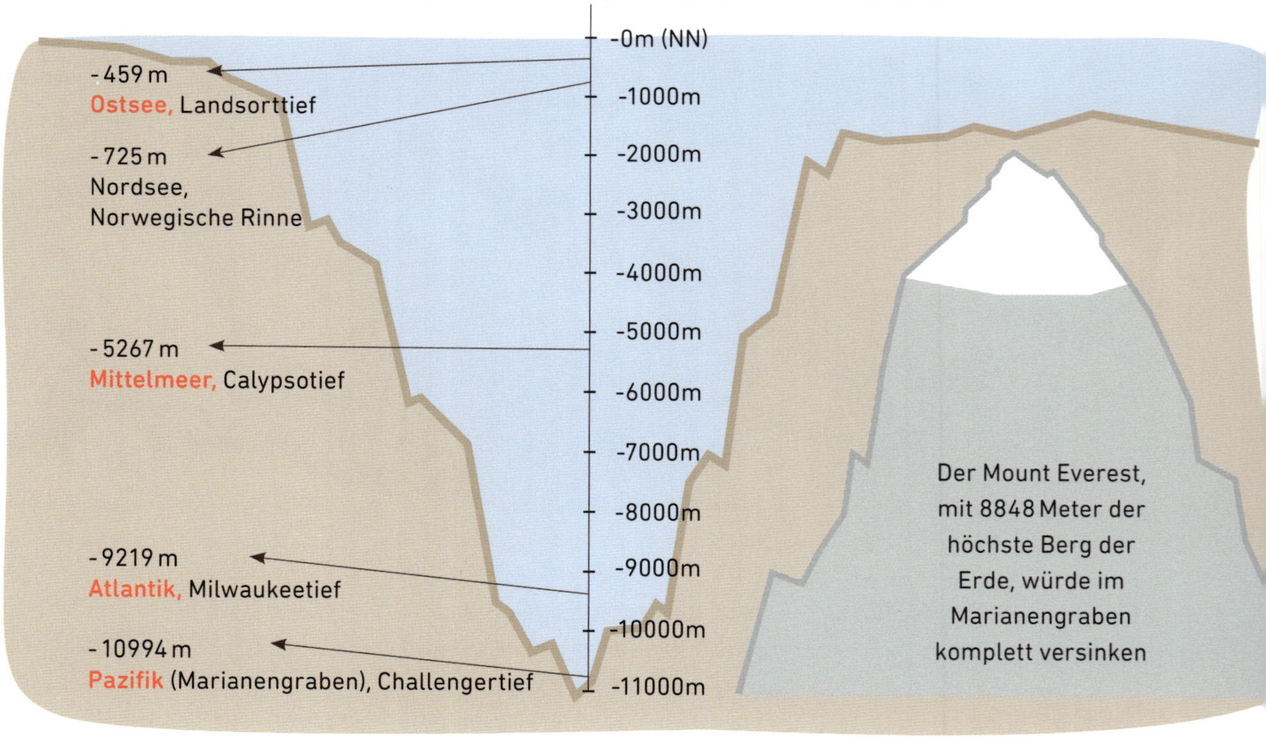

Am 23. Januar im Jahr 1960 tauchten Jacques Piccard und Don Walsh als erste Menschen zum tiefsten Punkt der Welt: dem Challenger-Tief. Es liegt im Pazifischen Ozean zwischen Japan und Neuguinea und liegt 10.994 Meter unterhalb der Wasseroberfläche. Also in fast elf Kilometern Tiefe! Da können unsere Nord- und Ostsee nicht mithalten. Der tiefste Punkt in der Nordsee befindet sich in der Norwegischen Rinne und liegt bei 725 Metern. Als flache Badewanne könnte man dagegen die Ostsee bezeichnen: Sie schafft es auf gerade einmal 459 Meter!

WIE SCHNELL IST EIN SEEHUND ?

Im wasserdichten Fell sitzen mehr als 50.000 Haare pro Quadratzentimeter. Seehunde tauchen bis zu 45 Minuten lang und schaffen Tiefen von einigen Hundert Metern. Beim Tauchen verlangsamt sich ihr Herzschlag von 150 Schlägen auf bis zu zehn Schläge pro Minute. Seehunde besitzen fast doppelt so viel Blut je Kilogramm Körpergewicht wie ein Mensch. Im Wasser erreichen Seehunde Geschwindig-keiten von 30 bis 40 Kilometern pro Stunde. Ein ausgewachsener Seehund benötigt täglich zwischen sechs und zehn Kilogramm Nahrung.

Haben Seehunde keine Ohren?

Das könnte man meinen. Aber natürlich besitzen Seehunde Ohren, nur sind sie äußerlich nicht zu erkennen! Die Meeressäuger haben sich dem Leben im Meer angepasst. Ihre Arme und Beine sind zu Flossen umgebildet, ihr Körper hat eine Stromlinienform angenommen, und zwischen ihren Zehen haben sich Schwimmhäute gebildet. Damit die Torpedoform ihrer Körper nicht gestört wird, entwickelten sich auch die äußerlichen Gehörorgane zurück. Nur kleine Löcher seitlich am Kopf sind ihnen geblieben. Seehunde besitzen trotzdem einen exzellenten Hörsinn, er ist bis zu zehnmal besser als beim Menschen!

Was ist ein Heuler?

Heuler sind junge Seehunde, die in der Säugezeit, also in den ersten vier bis fünf Wochen, dauerhaft von der Mutter getrennt sind. Die Gründe hierfür sind vielfältig: Ein Seehundjungtier schwimmt gleich mit der Mutter mit, hat aber noch nicht viel Kraft. Deshalb trägt die Mutter es öfters auf dem Rücken. Bei Sturm können beide voneinander getrennt werden. Die Mutter kann aber auch sterben oder krank werden. Leider gibt es auch menschengemachte Heuler: Wattwanderer, Flugzeuge oder Schiffe nähern sich den Sandbänken während der Säugezeit und stören die sehr scheuen Mütter. Diese verlassen dann schlagartig ihre Jungen. Für den Laien ist es schwer zu beurteilen, ob ein Jungtier von der Mutter verlassen wurde oder nicht. Deshalb sollte man immer Abstand zu den Tieren halten und sie auf keinen Fall anfassen. Vielleicht ist die Mutter ja noch in der Nähe. Am besten ruft man die Polizei oder die Seehundstation an, die kümmern sich dann bei Bedarf um das Tier.

In der Nordsee gibt es keine Haie.

Falsch! Es gibt Haie in der Nordsee, sogar einige ziemlich große, aber gerade die sind total harmlos! Zum Beispiel der Riesenhai, der zehn Meter lang wird und etwa so viel wiegt wie vier Autos zusammen. Der graue Koloss ernährt sich vom winzigen Plankton im Meer. Häufiger als auf den Riesenhai trifft man in der Nordsee auf Hundshai und Kleingefleckten Katzenhai. Die beiden werden nur maximal einen Meter lang und leben bevorzugt am Boden, wo sie auf Krebse, Muscheln und Seesterne Jagd machen. Größer werden Fuchshaie mit über fünf Metern und Heringshaie mit bis zu drei Metern. Beide kommen in der Nordsee, der Heringshai auch in der Ostsee vor. Doch auch von diesen beiden Knorpelfischen geht keine Gefahr aus: Der Fuchshai führt uns Menschen nicht auf seiner Speiseliste und der Heringshai ist stark vom Aussterben bedroht.

Warum hat der Haifisch so viele Zähne?

Sicherlich nicht, um uns Angst einzujagen, sondern um zu überleben. Damit ihm kein Fisch entwischt, ist der Jäger auf seine Zähne angewiesen. Außerdem besitzt ein Hai keine Arme oder Hände, mit denen er die Beute festhalten kann, und muss deshalb mit ganz viel Kraft zubeißen können. Ein zahnloser Hai würde kläglich verhungern! Damit dies nicht passiert, hat die Evolution sich einen ganz besonderen Trick einfallen lassen: Seine Zähne wachsen stetig nach! So kann ein Hai im Laufe seines Lebens bis zu 40.000 Zähne „abnutzen"! Aber wie macht er das? Schaut man einem Weißen Hai tief in den Rachen, fällt einem auf, dass es nicht wie bei uns nur eine Zahnreihe gibt, sondern mehrere. Bricht nun ein Zahn in der vordersten Reihe ab, rückt ein neuer aus den hinteren „Rängen" nach. Eine Grundvoraussetzung für dieses Revolvergebiss ist, dass die Zähne bei den Knorpelfischen nicht wie bei uns im Kiefer, sondern nur in der Haut verankert sind.

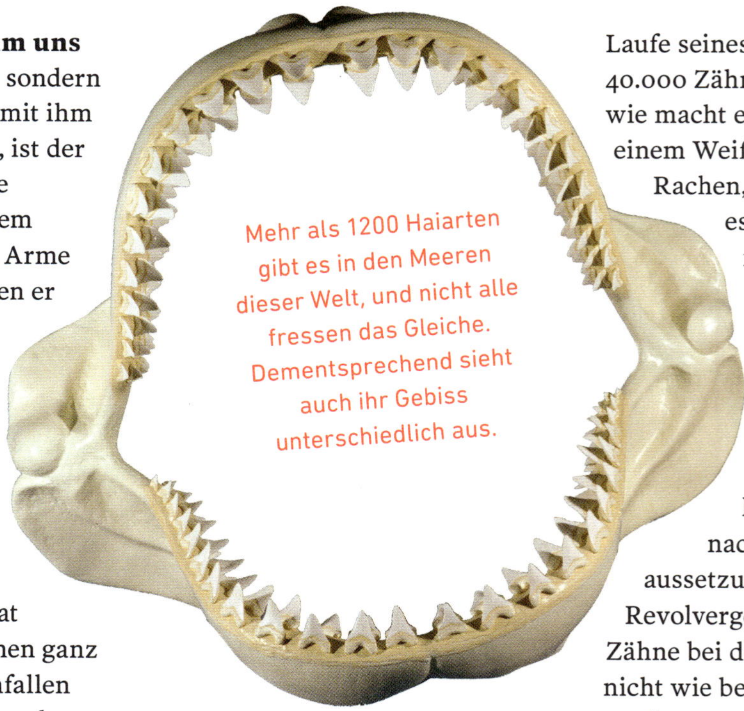

Seedahlien leben im kalten Wasser.

Bei uns wachsen keine Korallen.

Falsch! Es gibt auch in der Nord- und Ostsee Korallen, aber keine Steinkorallen, die maßgeblich für den Bau der tropischen Riffe verantwortlich sind. Diese Baumeister schufen riesige Formationen wie das Great Barrier Reef vor Australien, das zu den größten der Welt zählt. Die Polypen dieser Korallen scheiden ein Kalkskelett ab, das die Tiere in die Höhe wachsen lässt. Solch gigantische Bauwerke schaffen sie allerdings nicht ohne fremde Hilfe: Mikroskopisch kleine Algen leben in ihnen und helfen bei der Produktion von Kalk. Und genau diese Einzeller mögen kaltes Wasser gar nicht! Ihre Toleranzgrenze reicht von 29 bis 20 Grad Celsius. Deshalb wird es trotz Klimaerwärmung wohl niemals Riffe in der Nord- und Ostsee geben. Aber wunderschöne Korallen wie die Seedahlien, -nelken oder -federn gibt es trotzdem. Sie produzieren keinen Kalk und sind deshalb viel weicher und geschmeidiger. Etwas weiter nördlich, vor Norwegen, gedeihen Kaltwasserkorallen. Kaltwasserkorallen wachsen in Tiefen, wo kein Licht mehr hinkommt, und ernähren sich von Plankton.

POLYPEN EINER STEINKORALLE

1) Tentakel (Fangarme)
2) Schlund
3) Gastralraum (Magen)
4) Kalksäule
5) Kalkplatte
6) winzige Algen

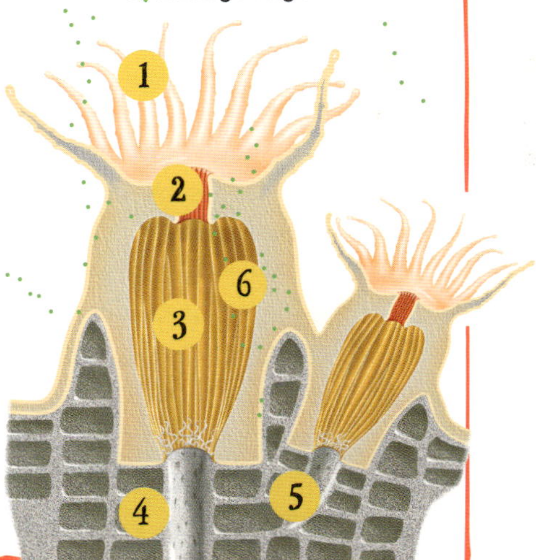

1

Was bedeutet Seemannsgarn spinnen?

„Aus der Tiefe des Ozeans tauchte ein riesiges Seemonster mit acht Fangarmen auf. Seine mit rasiermesserscharfen Zähnen bestückten Arme packten mich und zogen mich fast über die Reling", so ähnlich könnten die Gespräche der Seeleute beim sogenannten „Schiemannsgarn spinnen" geklungen haben. Dieses Umwickeln von Trossen und Leinen mit dem Garn aus alten Tauen war eine langweilige und öde Arbeit an Bord, die bei schönem Wetter ausgeführt wurde. Es gehörte einfach dazu, sich abenteuerliche und ausgeschmückte Erlebnisse zu erzählen. Wahrheit und Fantasie vermischten sich, und irgendwann erlangte der Ausdruck „Schiemannsgarn spinnen" eine andere Bedeutung – nämlich sich Geschichten zu erzählen, sogenanntes Seemannsgarn, bei dem man nie genau weiß, ob man gerade auf den Arm genommen wird oder nicht.

1) Klabautermann

Auf dem Klüverbaum eines Segelschiffes sitzt ein Männchen. In der rechten Hand hält es eine Pfeife, in der linken einen Hammer. So stellten sich Matrosen ihren unsichtbaren Klabautermann vor, den guten Schiffsgeist, der jede Fahrt begleitete. Sein Name stammt vom Niederdeutschen klabastern, poltern, und verrät auch schon, woran die Besatzung ihn erkannte: am Rumpeln, nachts im Laderaum, wenn er die verrutschte Fracht sicherte, oder am Klopfen, wenn er mit seinem Hammer die Wände nach undichten Stellen absuchte. Trotz seiner guten Absichten war er den meisten an Bord unheimlich: Zeigte er sich der Crew, drohte großes Unheil.

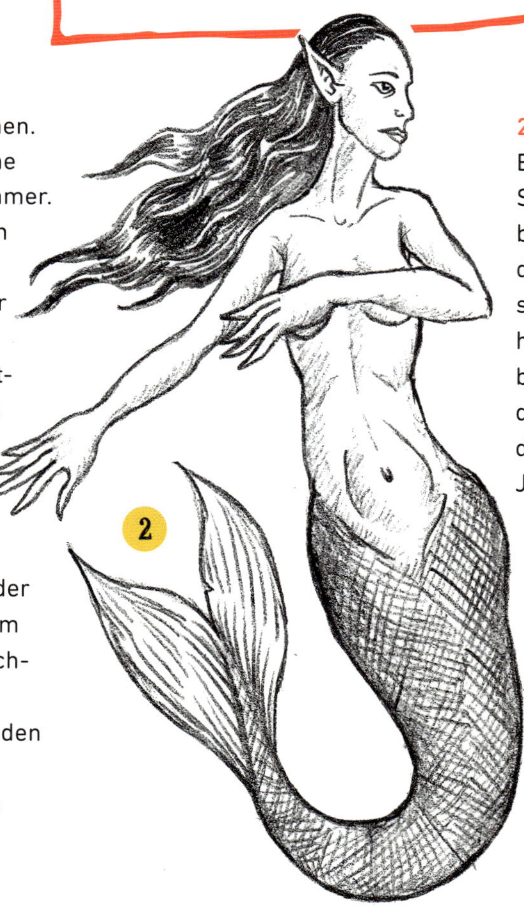

2

2) Meerjungfrauen & Nixen

Begegnet uns zufällig auf der Straße eine schöne Frau mit blasser Haut und einem tropfenden Rocksaum sehen, könnte es sich vielleicht um eine Nixe handeln. Wenn sie dann auch noch barfuß unterwegs ist, haben wir das Fabelwesen entlarvt! Das dachte man zumindest im 19. Jahrhundert. Nixen sollen den Menschen Gefahr, Schaden und häufig auch den Tod gebracht haben. Meerjungfrauen dagegen hegten keine solch bösen Absichten. Der Legende nach handelt es sich bei ihnen um verdammte Frauen, die nur durch die Liebe eines Burschen von ihrem Schicksal erlöst werden.

3) Wassermänner

Das männliche Pendant zur Nixe ist der Wassermann. Er ist von eher bösem Charakter, kann aber auch freundlich sein. Es gibt viele verschiedene Arten von Wassermännern: Der Nöck zum Beispiel lebt in Flüssen und Seen und soll für das Verschwinden von jungen Mädchen verantwortlich sein.

4) Geisterschiff

Wie von Geisterhand geführt, treiben Schiffe mit zerschlissenen Segeln auf den Meeren. Von der Crew fehlt jede Spur. Sie bilden die Bühne vieler gruseliger Spukgeschichten und galten als Unglücksbringer. Am Verschwinden der Crew waren jedoch keine Geister schuld, sondern Krankheiten wie die Pest. Diese Schiffe wurden von den Meeresströmungen gesteuert. Das erklärt auch, warum gewisse Geisterschiffe immer zur gleichen Zeit an bestimmten Orten auftauchten. Zu den bekanntesten Geisterschiffen zählten die Mary Celeste und der Fliegende Holländer.

5) Seeschlange

Ein aalartiger Körper mit großem Kopf und riesigem Maul. So beschrieben Seefahrer ein gefürchtetes Ungeheuer, die Seeschlange. Tatsächlich wurden solche „Schlangen“ immer wieder angespült, nur handelt es sich nicht um ein Reptil, sondern um einen Riemenfisch. Der Tiefsee-Bewohner wird zwölf Meter lang und jagt kleinere Fische, keine Segelboote! Erst vor wenigen Jahren konnte ein U-Boot ein Exemplar zum ersten Mal in seiner natürlichen Umgebung filmen – eine wissenschaftliche Sensation!

6) Riesenkrake

Sein unstillbarer Appetit auf Schiffsbesatzungen ist erfunden, aber es gibt tatsächlich riesengroße Kraken. Der Kopffüßer Architeuthis besitzt Augen so groß wie Wasserbälle und bis zu 14 Meter lange Arme mit tellergroßen Saugnäpfen. Er gehört zu den Kalmaren, die im Gegensatz zu den achtarmigen Kraken zehn Greifer besitzen. Tief unten im Meer lebt er und liefert sich dort Kämpfe mit einem anderen Giganten – dem Pottwal!

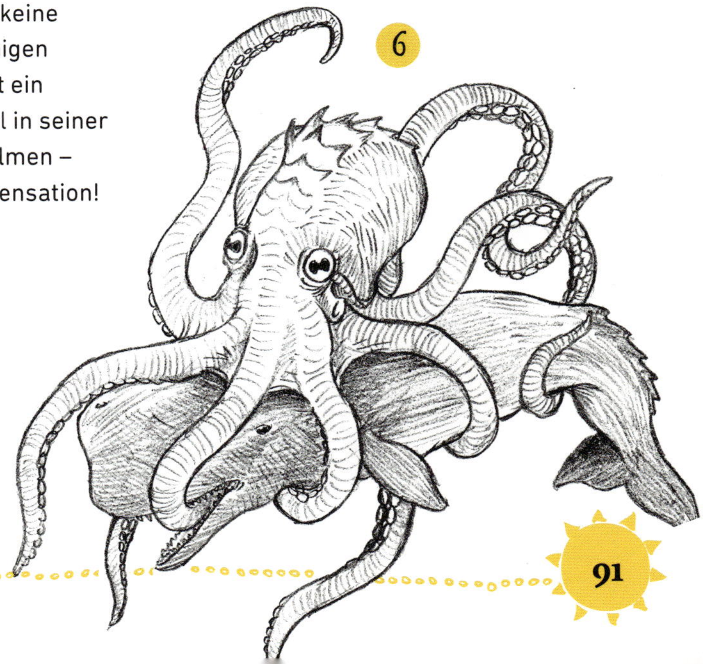

Warum funkeln nachts am Himmel die Sterne?

Sterne sind wie die Sonne große Gaskugeln, die leuchten, weil sie brennen. Dabei erscheinen viele Sterne nur als schwache oder winzige Lichtpunkte am Himmel, weil sie weiter weg sind als die Sonne. Ihr Lichtschein ist nicht gleichmäßig, sie funkeln. Dafür ist unsere Erdatmosphäre verantwortlich. Dort geht es nämlich ganz schön turbulent zu. Über der Erdoberfläche bilden sich kleine Luftblasen und es vermischen sich Luftschichten verschiedener Temperaturen. Es entstehen Verwirbelungen, die das Sternenlicht auf seinem langen Weg durchs All immer wieder ablenken. Im Weltraum, also oberhalb der Erdatmosphäre, leuchten die Sterne ganz gleichmäßig, da das Licht dort nicht durch die Luft abgelenkt werden kann. Wenn man ganz genau hinschaut, kann man aber auch von der Erde aus Himmelskörper entdecken, die nicht funkeln. Dabei handelt es sich dann um einen unserer Nachbarplaneten.

WIESO HABEN STERNE EINEN SCHWEIF?

⚠ In der Regel haben Sterne keinen Schweif, bisher wurde nur ein einziger Stern mit Schweif entdeckt. Bei Himmelskörpern mit Schweif handelt es sich in der Regel um Kometen oder Meteore. Kometen sind große Brocken aus Eis, Gas und Staub, die um die Sonne kreisen. Manchmal kommt ein Komet der Sonne ziemlich nahe, so dass das Gas verdampft und zusammen mit winzigen Staubteilchen eine Wolke bildet, die wiederum das Sonnenlicht reflektiert. Oft sind die Kometen dann für mehrere Wochen mit ihrem Schweif am Himmel zu sehen.

Sternschnuppen sind Kometen-Staubteilchen, die in die Erdatmosphäre eindringen. Sie erzeugen einen glühenden Streifen am Nachhimmel.

Warum fällt der Mond nicht auf die Erde?

Die Erde zieht den Mond mit ihrer Anziehungskraft an. Würde man den Mond in seiner Umkreisung der Erde stoppen, so würde er kurz stillstehen und dann tatsächlich immer schneller auf die Erde zurasen und letztlich mit ihr zusammenstoßen. Aber zum Glück geht das nicht und der Mond dreht sich seit Urzeiten mit einer konstanten Geschwindigkeit von 3659 km pro Stunde um unseren Planeten. Durch diese Drehbewegung wird eine nach außen gerichtete Fliehkraft erzeugt, die genauso groß ist wie die nach innen, zur Erde gerichtete Anziehungskraft. Die beiden entgegengesetzt wirkenden Kräfte heben sich gegenseitig auf und der Mond bleibt schön oben auf seiner Bahn.

„Wenn der Mond einen Hof hat, wird das Wetter schlecht."

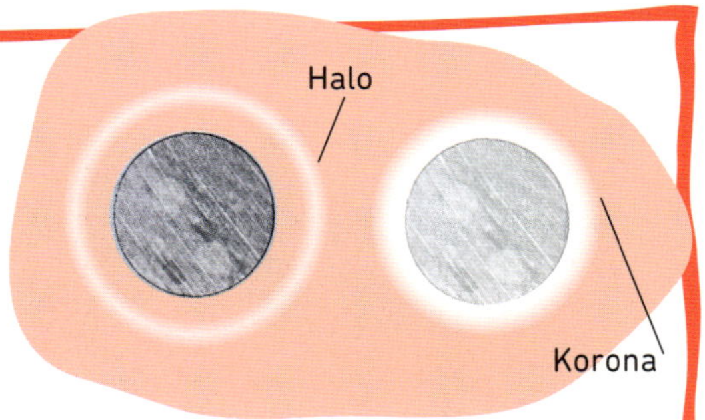

Jein, denn es gibt zwei Wetterphänomene, die als Mondhof bezeichnet werden, aber unterschiedliche Auswirkungen auf das Wetter haben. Eine Mondkorona entsteht, wenn das Licht durch feine Wassertröpfchen in einer dünnen Wolkenschicht gebeugt wird. Durch die runde Form der Tropfen werden die Lichtwellen so abgelenkt, dass für uns auf der Erde eine helle Scheibe um den Mond sichtbar wird. Einen drastischen Wetterumschwung gibt es hier aber gewöhnlich nicht. Ein Mondhalo wird nicht durch Lichtbeugung, sondern durch Lichtbrechung an kleinen Eiskristallen erzeugt. Da Eiskristalle oft in Wolken vorkommen, die Kälte oder auch Stürme ankündigen, trifft bei einem Mondhalo die Bauernregel häufiger zu.

Nimmt der Mond gerade ab oder zu? Hier hilft eine Eselsbrücke: Ist der bauchige Teil nach links gewölbt wie bei einem kleinen Schreibschrift- „a", nimmt der Mond ab. Wölbt er sich dagegen nach rechts wie bei einem altdeutschen „z", dann nimmt er zu.

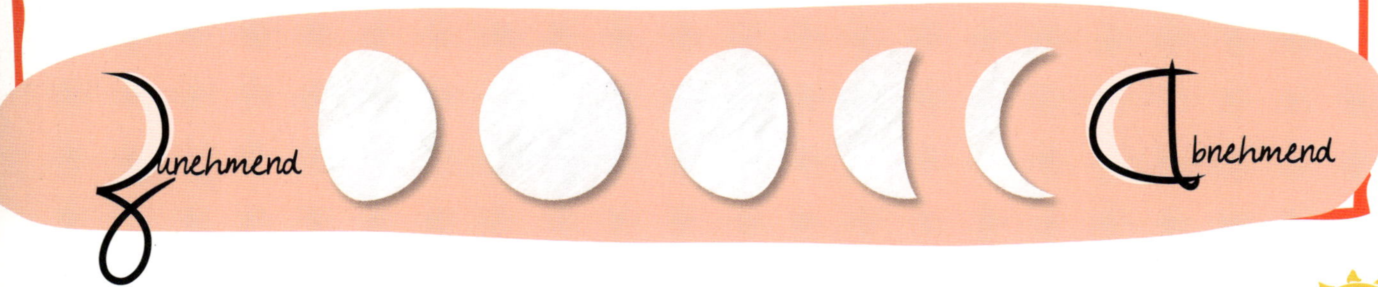

Wie entstehen Gebirge?

Berge entstehen, weil sich die Erdplatten bewegen. Die Erde besteht aus sieben großen und rund zwanzig kleinen Erdplatten. Diese sind immer in Bewegung, weil die Schicht, auf der sie liegen, flüssig ist. Das liegt an der immensen Hitze und dem kolossalen Druck im Erdinneren. Geschmolzene Steinmasse, Magma, dringt aus dem Erdinneren nach oben. Dort erstarrt das Magma und bildet eine Kruste. So sind unter Wasser riesige Gebirge entstanden, die Meeresrücken. Werden zwei Platten von verschiedenen Seiten aufeinander zugeschoben, treffen sie nach Millionen Jahren aufeinander. Kollidiert die oberste Schicht einer Platte, die unter Wasser liegt, mit der Erdkruste einer Festlandplatte, schiebt sich die Kontinentalplatte über die Ozeanische Platte und drückt sie nach unten. Weil es da wieder heiß wird, schmelzen die Gesteinsmassen der Ozeanischen Platte an den Rändern. Die Kanten der Kontinentalplatte stülpen sich dagegen durch den enormen Druck bei der Kollision auf. Da die Fläche an den Rändern jetzt zerbrochen ist, kann viel Magma nach oben dringen. Es erstarrt und schichtet sich auf, es bilden sich Berge – Vulkane. So sind die Anden entstanden.

Trifft eine Kontinentalplatte auf eine andere Kontinentalplatte, prallen sie ebenfalls mit riesiger Wucht zusammen und drücken die Erdkruste nach oben. Der Druck ist so groß, dass sich die Gesteinsmassen erst im Landesinneren nach oben erheben. Durch den Zusammenprall der Eurasischen und der Nordafrikanischen Platte sind zum Beispiel die Alpen entstanden.

Berge sind spitz, weil Sonne, Wind, Wasser und Eis die riesigen Felsen noch nicht abgeschliffen oder abgetragen haben.

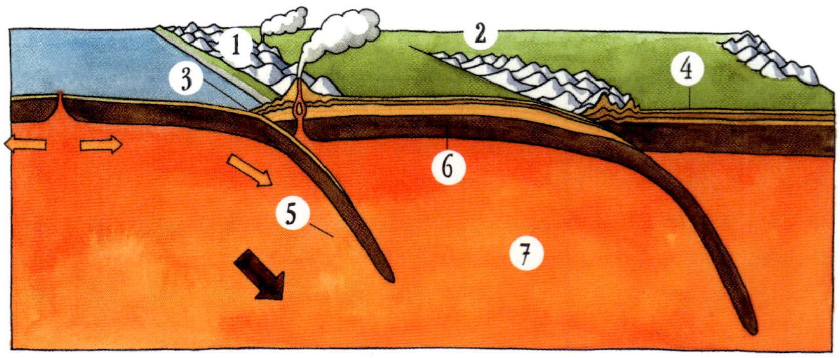

Vulkangebirge wie die Anden entstehen, wenn eine Erdplatte unter eine andere absinkt, so dass ihr Gestein schmilzt und als flüssiges Magma aus der Erdkruste bricht. Bei Faltengebirgen wie den Alpen wird die Erdkruste nach oben gedrückt. 1) Vulkangebirge (Anden) 2) Faltengebirge (Alpen) 3) konvergente Plattengrenze 4) Erdkruste 5) Verschluckungsgrenze 6) Kontinentalplatte 7) Erdmantel

EIN PAAR ZAHLEN

Gebirge machen in Europa etwa ein Viertel der Fläche aus, Hochgebirge über 1500 Meter nur drei Prozent. Mit 4810 Metern ist der Montblanc in den Alpen am höchsten.

Wie entsteht ein Echo?

Ein Echo entsteht, wenn der Schall auf ein Hindernis trifft und zurückgeworfen wird. Durch Töne, Geräusche oder eben einen lauten Ruf werden die Luftteilchen in Bewegung versetzt. Diese Bewegung breitet sich mit 340 Metern pro Sekunde wellenförmig aus, der Schall entsteht. Wenn die unsichtbaren Schallwellen nun auf unser Ohr treffen, können wir sie hören. Treffen die Schallwellen auf ein Hindernis, dann werden sie abgeleitet oder reflektiert. Dies ist vergleichbar mit einem Ball, den man gegen eine Wand wirft und der zurückhüpft. Um ein Echo eindeutig wahrnehmen zu können, muss man mindestens 17 Meter vom Hindernis entfernt sein. Andernfalls gelangt die Schallreflexion so schnell wieder ans Ohr, dass man nur einen Hall hört, jedoch kein deutliches Echo. In den Bergen kann man das Echo auf Grund der steilen, steinigen Felswände besonders gut hören.

Warum wachsen oben auf dem Berg keine Bäume?

Bäume brauchen Licht, Wärme und Wasser zum Wachsen. Und sie müssen sich in der Erde verwurzeln können. Doch je höher wir in den Bergen kommen, umso steiler und steiniger werden die Hänge. Erde kann sich auf ihnen immer weniger halten und wird bei Regen und Schneeschmelze davongeschwemmt. Das Klima wird rauer und die Temperaturen sinken in der Höhe alle hundert Meter um 0,65 °C. Nur knapp drei Monate dauert ein Sommer im Hochgebirge, dann fällt schon wieder der erste Schnee. Deshalb machen Bäume zwischen 1500 und 2000 Meter halt. Oberhalb dieser Baumgrenze besiedeln nur noch niedrige Pflanzen die Berge.

Warum können Steinböcke und Bergziegen so gut klettern?

Bergziegen und Steinböcke klettern nicht nur auf steile Hänge, an denen wir niemals Halt finden würden, sondern manchmal sogar auf Bäume. Ihre Hufe machen es möglich. Die haben eine elastische Sohle, die sich gut an Fels oder Rinde anschmiegen kann. Am Rand sind die Hufe dagegen hart wie eine Kante, so dass sie sich in den Hang stemmen und das Abrutschen verhindern können. Gebremst wird beim Bergabgehen mit zwei beweglichen Zehen, die sie spreizen können.

Wie wird die

Der Mount Everest wurde schon mehrfach vermessen. Doch je nachdem, welche Messung man sich ansieht, schwanken die Höhenangaben zwischen 8844 und 8850 Metern. Der Grund dafür ist, dass es sehr unterschiedliche Methoden gibt, die Höhe eines Berges zu messen.

Luftdruckmessung

Man kann die Berghöhe anhand des Luftdrucks bestimmen, der mit steigender Höhe abnimmt – in 5,5 Kilometern Höhe etwa um die Hälfte. Dabei muss man beachten, dass der Luftdruck wetterabhängig ist und sich verändern kann. Es ist daher wichtig, gleichzeitig den Druck auf der Bergspitze und unten im Tal mit einem Barometer zu messen. Durch den Unterschied der beiden Messungen lässt sich dann die Berghöhe bestimmen. Diese Methode ist recht ungenau, und die Ergebnisse weisen mitunter Messfehler von ein bis zwei Metern auf.

öhe eines Berges gemessen?

Landvermessung
Die Geräte, die man für das sogenannte Nivellement benötigt, hat jeder schon einmal bei Bauarbeiten in der Stadt gesehen: Eine Art Fernrohr wird erst auf einen bekannten Messpunkt eingestellt und dann waagerecht in Richtung eines etwa 50 Meter entfernten Arbeiters ausgerichtet, der senkrecht eine Messlatte hält. Wenn das Nivelliergerät den Stab anvisiert, lässt sich der Höhenunterschied zwischen beiden Standorten ablesen. Dies ist zwar eine genaue Methode, aber vor allem in den Bergen aufwendig und mühsam.

Winkelmessung
Hier wird mit Hilfe mathematischer Formeln die Berghöhe bestimmt. Vereinfacht gesagt, misst ein Gerät vom Ausgangspunkt am Boden den Winkel und die Länge der Schrägstrecke bis zur Bergspitze. Mit diesen Daten lassen sich nun die anderen Winkel und Strecken bestimmen. In der Realität ist dies zwar ein wenig komplizierter, da man

beispielsweise noch die Erdkrümmung einberechnen muss, im Prinzip geht man dabei aber wie im Geometrieunterricht bei der Winkel- und Längenmessung eines rechtwinkligen Dreiecks vor.

Satellitenmessung
Heutzutage misst man die Berghöhe meist anhand von GPS- und Satellitendaten. Dies ist verhältnismäßig einfach, und die Daten, die man mit den heutigen technischen Geräten erhält, sind sehr genau.

Warum stehen auf vielen Gipfeln Kreuze?

Die Gipfelkreuze können aus unterschiedlichen Gründen aufgestellt worden sein. Neben der christlichen Symbolik gibt es auch Kreuze, die als Gedenkstätten für Kriegsgefallene errichtet wurden, Touristen und Bergsteiger anlocken sollen oder als Wetterstationen dienen. Diese Kreuze sind dann sogar mit Blitzableitern und Barometern ausgestattet, um Wetterdaten erfassen zu können. Manchmal findet sich bei den Gipfelkreuzen auch ein Gipfelbuch. Das ist eine Art Gästebuch, in das sich ein Bergsteiger eintragen kann, wenn er den Gipfel erfolgreich erklommen hat.

STECKBRIEF ALPENBLUMEN

Fast alle Alpenblumen sind geschützt, diese hier tragen besonders originelle Namen:

Frauenschuh

Mit süßem Duft lockt die Orchidee Insekten, die dann aus ihrer Blüte nicht entkommen. Man findet sie in schattigen Wäldern, auf Lichtungen und unter Legföhren, vereinzelt bis in 1950 Meter Höhe. Blüht von Mai bis Juli.

Schweizer Mannsschild

Eine der widerstandsfähigsten Polsterpflanzen des Hochgebirges, wächst hauptsächlich in Felsspalten in 2000 bis 3700 Meter Höhe. Kann bis zu 60 Jahre alt werden. Blüht von Mai bis Juli.

Großköpfige Teufelskralle

Sie ist an feuchte Spalten von Kalk- oder Dolomitfelsen gebunden und hat vermutlich alle Eiszeiten überdauert. Wächst vereinzelt bis 2700 Meter hinauf. Blüht von Juli bis August.

Himmelsherold

Wohlriechende Polsterpflanze mit starker Pfahlwurzel. Vor allem auf kalkarmen Böden und Gratfelsen verbreitet in 2500 bis 3500 Meter Höhe. Blüht von Juni bis August.

Warum darf man Edelweiß nicht pflücken?

Kaum eine Pflanze hat in den Menschen so viele Wünsche, Hoffnungen und Sehnsüchte geweckt wie das Edelweiß. Ihm wurden Gedichte gewidmet, es wurde zum Wahrzeichen der Alpen gekürt, es darf den Rücken verschiedener Münzen schmücken, zum Beispiel das 2-Cent-Stück aus Österreich. Es galt als Heilpflanze bei Bauchschmerzen, bösen Geschwüren und sogar Tuberkulose, aber auch als eindeutiger Liebesbeweis. Denn besonders gern und zahlreich wächst es an steilen Felshängen zwischen 1800 und 3000 Meter Höhe. Und nicht zuletzt ist das Edelweiß eines der beliebtesten Souvenirs aus den Ferien in den Bergen. Klar, dass es viel gepflückt, geradezu geerntet wurde. So schnell konnte es gar nicht nachwachsen. 1886 stellte Österreich das Edelweiß unter Naturschutz. Im Allgäu passte die Bergwacht bis vor fünf Jahren noch Tag und Nacht auf die vom Aussterben bedrohte Blume auf, campierte im Zelt oder einer Biwakschachtel in der Nähe besonders bekannter Fundstellen. Heute halten sich Touristen und Einheimische zum Glück daran, das Edelweiß nicht zu pflücken. So können sich hoffentlich noch viele Wanderer an dem Stern auf Erden freuen. Übrigens: Ausgerechnet das Wahrzeichen der Alpen soll erst nach der letzten Eiszeit aus Asien eingewandert sein.

Wieso pfeifen Murmeltiere?

Murmeltiere sind tagaktiv und müssen sich vor Feinden besonders in Acht nehmen. Die typische Murmeltierhaltung sieht so aus: Das Tier steht auf den Hinterpfoten, der Schwanz ruht auf der Erde und die Vorderpfoten hängen vor der Brust. In dieser Position fressen die Tiere und überwachen gleichzeitig die Umgebung. Droht ein Feind aus der Luft anzugreifen, gibt das Murmeltier einen lang gezogenen Pfiff von sich – der eigentlich ein Schrei ist. Gefahr vom Boden wird mit mehreren aufeinanderfolgenden Schreien angekündigt. Ertönt ein Warnpfiff, flüchten die Murmeltiere sofort in ihren Bau, in dessen Nähe sie sich immer aufhalten.

WELCHE TIERE KANN MAN NOCH ENTDECKEN?

Steinbock

Er kommt sehr gut in der kargen Gebirgslandschaft zurecht und ernährt sich von Gräsern und Kräutern.

Schneehase und Schneemaus

Im Winter schützt ein weißes Fell sie vor ihren Feinden, denn im Schnee sind sie so kaum zu sehen. Schmilzt der Schnee, wird ihr Fell wieder braun.

FRÜHLING

Wenn das Wetter milder wird und auf den höher liegenden Weideflächen das Gras lang genug ist, wird der Almauftrieb vorbereitet: Zuerst müssen sich die Kühe vom trockenen Winterfutter auf das frische Grünfutter umstellen. Mitte Juni werden die Tiere dann den Berg hochgeführt. Die Hirten und Sennen haben ihre Werkzeuge dabei, genügend Verpflegung sowie einige persönliche Dinge.

Was ist eine Alm?

Als Alm oder Alp bezeichnet man hochgelegene Weiden, die im Sommer genutzt werden. Oft gehört eine Almhütte dazu, in der Hirten und Sennen leben und sich um das Vieh kümmern. So kann man im Tal das Heu ernten und als Wintervorrat zurücklegen, während die Kühe oben auf der Alm grasen können. Manche Almen haben nur eine Holzhütte, andere haben aus Stein gebaute Hütten, Stallungen oder sogar eine eigene Käserei.

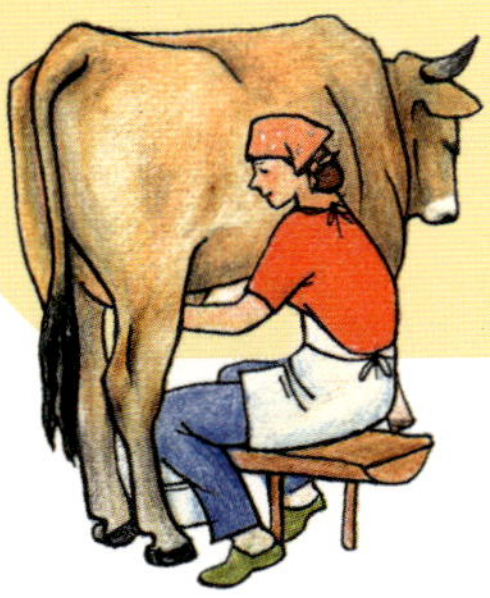

HERBST

Gegen September treiben die Sennen ihre Herden zurück ins Tal. Dafür schmücken sie die Kühe mit bunten Blumenkränzen. Im Dorf wird der Almabtrieb oft mit einem großen Fest gefeiert, Tiere und Sennen werden freudig empfangen. Im Tal geht für das Vieh das ganz normale Leben weiter: Sie werden gefüttert und gemolken.

Auf der Alm leben Hirten oder Sennen, die meist keine eigene Herde besitzen, sondern bei Bauern oder größeren Genossenschaften angestellt sind. Während ein Hirte lediglich für den Weidebetrieb verantwortlich ist und sich oft nur um Jungtiere kümmert, die noch keine Milch geben, verarbeitet ein Senn auf der Alm auch die gewonnene Milch. Manche Almen betreiben nebenbei sogar Gasthöfe, in denen sich Wanderer mit Käse und frischer Milch stärken können.
Der Beruf ist übrigens nicht nur Männersache; vor allem in östlichen Alpenregionen bewirtschaften häufig Sennerinnen die Almen.

SOMMER

Ein Arbeitstag auf der Alm beginnt schon bei Sonnenaufgang. Der Senn zählt die Kühe auf der Weide und führt diejenigen, die die Nacht im Stall verbracht haben, auf die Wiese. Dann geht´s weiter: melken, Stall ausmisten, Wiesen mähen und das Gras zu Heu trocknen. Wenn die Alm eine eigene Käserei hat, stellt der Senn auch noch Butter und Käse her. Da es auf den Almen gewöhnlich kein fließendes Wasser gibt, gilt es auch, den Brunnen hin und wieder zu reinigen. Auf einigen Almen gibt es heute Stromgeneratoren, so dass nicht mehr alle Arbeiten von Hand erledigt werden müssen.

WINTER

Im Winter steht die Almhütte leer. Deshalb wird sie von den Sennen vor dem Almabtrieb gereinigt. Sogar die Fenster und Türen werden abgedichtet und Zäune abgebaut, damit sie unter der Schneedecke nicht kaputtgehen. Auch die Stallung wird ausgemistet und winterfest gemacht. In den Wintermonaten gehen viele Sennen häufig ganz anderen Berufen nach.

Warum sind Kühe mal braun und mal schwarz gefleckt?

Genau wie bei Pferden gibt es auch bei Kühen verschiedene Rassen mit unterschiedlichen Fellfarben, die im Laufe der Zeit durch Züchtung entstanden sind. So kommt es, dass man unterschiedliche Kühe auf der Weide sieht, oft auch abhängig davon, wo man sich gerade aufhält. In den Bergen trifft man häufig auf das ungefleckte Braunvieh. In Süddeutschland sieht man oft braunes Fleckvieh, im Norden eher schwarz gefleckte Kühe wie das Holstein-Rind. Diese Rasse zeigt die beste Milchleistung.

Warum ist Milch weiß?

Obwohl die Kuh den ganzen Tag saftiges grünes Gras frisst, ist ihre Milch weiß. Wie kommt das? Kuhmilch besteht aus einer wasserartigen Flüssigkeit, in der zahlreiche Vitamine, Mineralstoffe, Eiweiß, Milchzucker und Fett schwimmen. Diese Inhaltsstoffe sind wichtig für das Kälbchen, damit es in seinen ersten Lebensmonaten gesund und kräftig wachsen kann – und genau diese aufgelösten Inhaltsstoffe geben der Milch ihre Farbe. Vor allem Fett und Eiweiß lassen das Gemisch weiß erscheinen.

WAS IST LAB?

⚠ Lab ist ein Enzymgemisch, das im Kälbermagen gebildet wird. Es trennt das Eiweiß von den Wasser- und Fettanteilen der Milch. Ohne Lab könnten Kälbchen Milch nicht verdauen. Bei der Käseherstellung dickt das Lab die Milch an. Um tierisches Lab zu gewinnen, werden meist männliche Kälber geschlachtet, die außer Milch noch kein anderes Futter zu sich genommen haben. Künstliches Lab lässt sich im Labor mit Hilfe von Schimmelpilzen herstellen.

Wie wird die Milch zum Käse?

Feuchtwarme Luft wabert der 5-jährigen Greta entgegen, als sie den mannshoch gekachelten Raum der Käserei betritt. „Moin, moin", begrüßt sie Klaus Tenthoff, der gemeinsam mit Mathias von Mirbach den nahe Hamburg gelegenen Kattendorfer Hof bewirtschaftet. Die beiden folgen dabei den biologisch-dynamischen Richtlinien des Demeter-Verbandes, dem strengsten aller Biosiegel. Was unter anderem bedeutet: Ihre Kühe dürfen die Hörner behalten, leben in kleinen Herden und bekommen hauptsächlich selbst angebautes Grünfutter, Heu und nur wenig Getreide zu fressen.
Tenthoff hat gekühlte Rohmilch aus Edelstahltanks in einen großen Kupferkessel geleitet, sie auf 30 Grad erwärmt, mit Milchsäurebakterien und Kälberlab versetzt. Jetzt hebt er Greta über den Kesselrand, damit sie die gelbliche, wässrige Flüssigkeit sehen kann, die leise surrend von einem Schneidwerk umgerührt wird. „Was meinst du: Wie viele volle Badewannen passen da wohl rein?" – „Zwei vielleicht?", rät das Mädchen. Tatsächlich sind es sechs, insgesamt 1200 Liter. „Aber im Moment

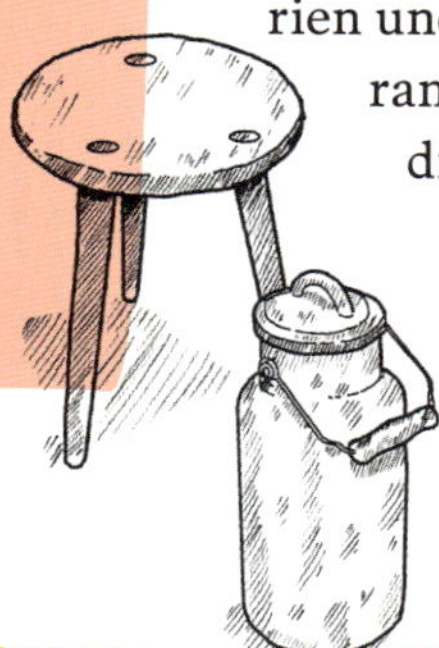

Nach vier Tagen werden die Kälbchen von den Müttern getrennt und bilden ihre eigene Herde.

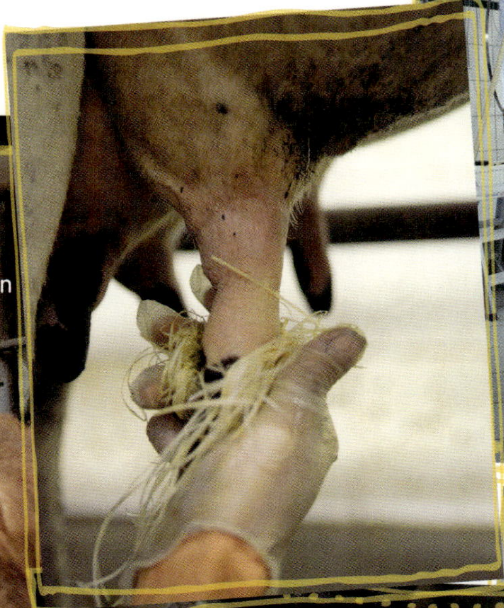

Wurde der Bruch lange genug gerührt, muss das Schneidmesser entfernt werden.

Bevor der Bruch zum Laib geformt werden kann, muss die Molke abfließen. Deshalb wird er in einem großen Baumwolltuch aus dem Kessel gehoben

sind nur 700 Liter drin“, sagt Tenthoff. Dann erklärt er Greta, dass durch die zugesetzten Bakterien das in der Milch enthaltene Eiweiß zu kleinen Stückchen gerann, die Bruch genannt werden. Und dass dabei die gelbliche Flüssigkeit austrat, die Molke. Tenthoff und sein Mitarbeiter Robin tauchen nun ihre Arme tief in den Kessel und sammeln mit einem groben Baumwolltuch den Bruch auf dem Boden ein. Dann knoten sie die Enden an ein Gestänge, hieven die etwa 100 Kilo schwere, tropfende Masse mit einer elektrischen Seilwinde heraus und füllen sie in eine große Edelstahlwanne, aus der die Molke abläuft. Anschließend wird der Bruch in acht große, runde Formen gegeben – und Greta bekommt ein paar Klümpchen auf die Hand: zum Anfassen (fühlt sich gummiartig an), daran Schnuppern (riecht nach nichts) und Probieren (schmeckt auch nach nichts).
In den nächsten zehn Stunden wird Robin die Formen immer wieder wenden und pressen, damit die restliche Molke abfließen kann.
Erst dann werden die Laibe in Salzlake gebadet und kommen in den angrenzenden Reiferaum, bis sie – nach durchschnittlich zwei bis sechs Monaten – reif genug für den Verkauf sind.
Am nächsten Tag, das weiß Greta jetzt schon, wird sie im Kindergarten erzählen, dass sie gelernt hat, wie man aus Milch Käse macht.

Wie entsteht ein Gewitter?

Schwüle Luft, bedrohliche Wolken ziehen auf. Meist dauert es dann nicht mehr lang, bis der erste Blitz zuckt. Gewitter entstehen, wenn sich feuchte Luft aufheizt und nach oben steigt. Dabei kühlt sie sich ab und der Wasserdampf kondensiert zu Wolken. Diese können sich bis zu zehn Kilometer hoch auftürmen! So hoch oben gefrieren die Wassertropfen. Die schwereren Eiskristalle fallen hinunter, werden aber von den Aufwinden in der Wolke wieder hochgerissen. Dabei entsteht Reibung, durch die sich die Luftmassen unterschiedlich aufladen. Irgendwann wird die Spannung so groß, dass sie sich explosionsartig entlädt. Es blitzt. In zwei Dritteln der Fälle findet die Entladung zwischen den Wolken statt.

In einer Gewitterwolke türmen sich unterschiedlich geladene Luftmassen auf. Wird die Spannung zu groß, entladen sie sich in Blitzen.

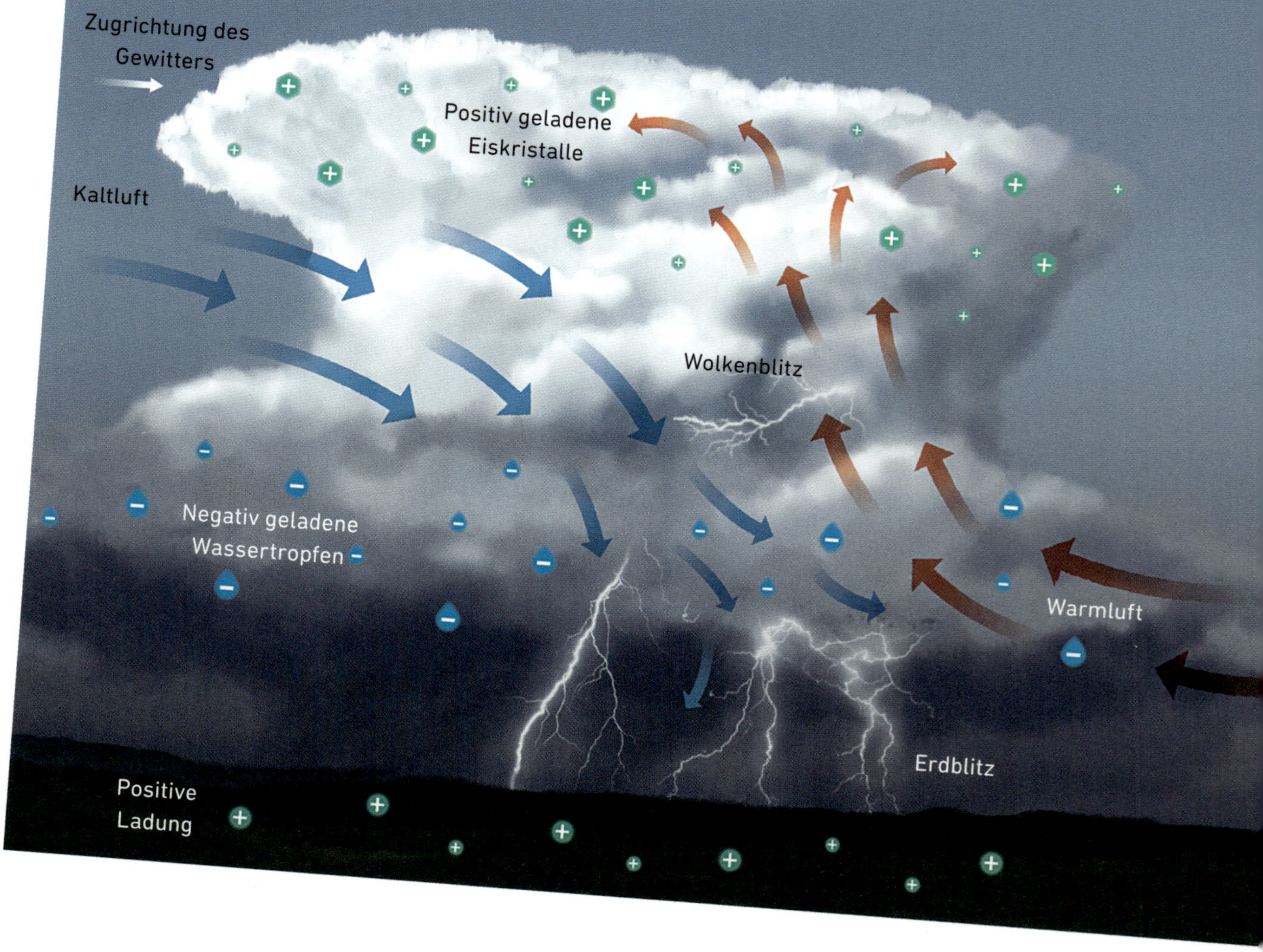

Wie weit ist das Gewitter entfernt?

An dem Ort, an dem sich ein Gewitter gerade befindet, blitzt und donnert es gleichzeitig. Hält man sich allerdings in einiger Entfernung auf, dann sieht man zunächst den Blitz, bevor man den Donner hören kann. Dies liegt daran, dass sich das Licht des Blitzes und der Schall des Donnergrollens mit unterschiedlichen Geschwindigkeiten fortbewegen. Die Lichtgeschwindigkeit beträgt rasante 300.000 Kilometer pro Sekunde. Die Schallgeschwindigkeit kann da mit „nur“ 340 Metern pro Sekunde nicht Schritt halten. Wenn es nun gewittert, ist dies wie ein Wettrennen zwischen Blitz und Donner, wobei der Blitz schneller ist und daher bei uns eher ankommt als der Donner.
So kann man berechnen, wie weit ein Gewitter ungefähr entfernt ist: Sieht man einen Blitz, zählt man die Sekunden, bis man den Donner hört. Diese Zahl multipliziert man mit der Geschwindigkeit des Schalls, also mit 340. Daraus ergibt sich grob die Entfernung des Gewitters vom eigenen Standpunkt, gemessen in Metern.

DER FARADAYSCHE KÄFIG

⚠ Im Auto ist man vor Blitzeinschlägen ziemlich sicher. Denn die geschlossene Metallkarosserie verhält sich wie ein Faradayscher Käfig. Michael Faraday war ein englischer Experimentalphysiker. Er fand 1836 heraus, dass die Luft in einem metallenen Würfel frei von Elektrizität bleibt, wenn man den Rahmen unter Strom setzt. Deshalb kann auch ein Flugzeug durch ein Gewitter fliegen, ohne dass den Passagieren etwas passiert. Die Mikrowelle ist dagegen ein Beispiel für einen umgekehrten Faradayschen Käfig: Hier dient der Ofenraum aus Metall dazu, die Umgebung von der Strahlung abzuschirmen.

„Eichen sollst du weichen, Buchen sollst du suchen“

So sieht die Schutzstellung aus, wenn ein Gewitter in freier Natur direkt über einen hinwegzieht. Bodenkontakt ist möglichst zu vermeiden.

Egal ob Eiche oder Buche: Blitze sind nicht wählerisch und bevorzugen keine bestimmte Holzart. Da in hohe Gegenstände sogar eher der Blitz einschlägt, sollte man überhaupt nicht unter einem allein stehenden Baum Schutz suchen. Auch Kirchtürme und Strommasten sind zu meiden. Befindet man sich bei einem nahenden Gewitter gerade im Wald und kann nicht mehr rechtzeitig hinaus, sucht man sich am besten eine Lichtung oder eine Stelle, an der möglichst niedrige Bäume stehen. Wird man auf einer freien Fläche von einem Gewitter überrascht, kauert man sich am besten in Hockstellung zusammen, um den Körper so klein wie möglich zu halten. Flach hinlegen sollte man sich nicht, da man sonst viel Bodenkontakt hat, und durch den Erdboden kann bei einem Blitzeinschlag in der Nähe Strom fließen. Handy, Schmuck und andere Metallteile, wie etwa den Regenschirm, sollte man ablegen. Im Gebirge verhält man sich ganz ähnlich, auch hier sollte man Abstand zu Drahtseilen und anderen metallenen Gegenständen halten.

Wie kommt der Tunnel in den Berg?

Der Schweizer Eisenbahntunnel durch den St. Gotthard wird mit 57 Kilometern der längste Tunnel der Welt sein. 2017 soll er fertig werden. Dann hat die Arbeit daran 22 Jahre gedauert. Knapp 50 Jahre brauchte es von der Idee bis zum ersten Spatenstich. Erst mussten sich die Politiker einigen, denn so ein Tunnel ist sehr teuer. Wahrscheinlich wird er rund 14,2 Milliarden Euro kosten – dafür könnte man 37 Flugzeuge vom Typ Airbus A380 bauen. Dann mussten Geologen alles über die Gesteinsschichten des Berges herausfinden, denn wenn man aus Versehen in Sandeinlagerungen hineinbohrt, kann der Tunnel zusammenstürzen. Bauingenieure planten das 152 Kilometer lange Tunnelsystem: zwei einspurige Röhren für die Eisenbahn sowie Quer- und Verbindungsstollen, um Baumaterial heranzuschaffen und die ausgebrochenen Felsen abzutransportieren. Acht Tunnelbohrmaschinen, je rund 3000 Tonnen schwer und 400 Meter lang, wühlten sich wie Riesenmaulwürfe durch den Berg aufeinander zu.

WIE ERKUNDE ICH EINE HÖHLE?

⚠ Vor allem niemals allein! Denn Höhlen sind rutschig und stockduster und man kann schnell die Orientierung verlieren. Zu den wichtigsten Ausrüstungsgegenständen von Speläologen, echten Höhlenforschern, gehört ein Helm mit einer kräftigen Stirnlampe. Bei einer Führung wird meist beides gestellt. Da die Temperaturen in Höhlen auch im Hochsommer nicht über 10 °C steigen, sollte man sich warm anziehen. Auch feste Schuhe mit gutem Profil sind angebracht.

Die Ingenieure und Elektriker mussten ein Belüftungssystem planen und parallel zu den Bohrungen ausbauen, weil die Temperaturen im Berg weit über 40 °C liegen.

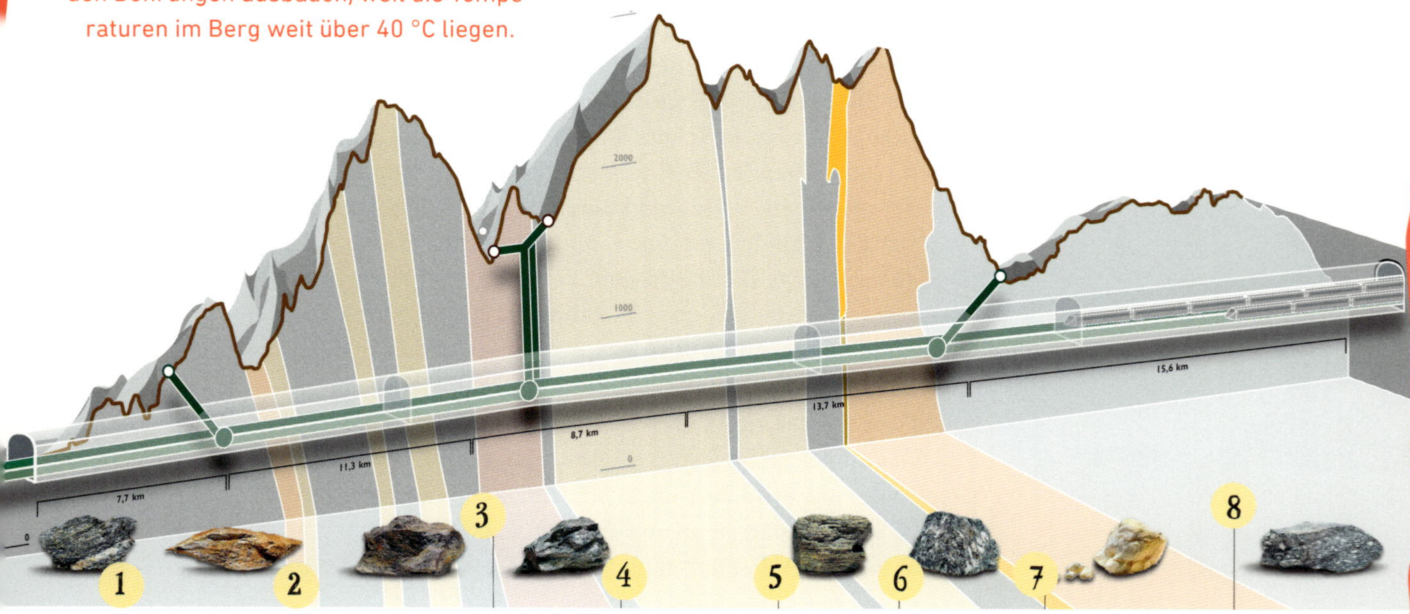

1) Erstfelder Gneis, 2) Phyllit/Schiefer, 3) Quermuskovit-Gneis 4) Permokarbon-Phyllit 5) Streifen-Gneis, 6) Medelser-Granit, 7) Dolomit-Anhydrit-Marmor, 8) Leventina-Gneis

Warum haben Berge Höhlen?

Manche Höhlen sind gleichzeitig mit dem Gestein um sie herum entstanden, andere im Lauf der Zeit.

Lavaröhren: Dauert die Eruption bei Vulkanausbrüchen an, bildet die Lava Ströme. Immer wieder schwappt sie dabei an den Rändern über. An den Seiten des Stroms formen sich Dämme, die den Strom in seinem Bett halten. Mit der Zeit bildet die Lava an der Oberfläche eine feste Kruste und wird zu einem Dach. Nach dem Ausbruch fließt sie so lange weiter bergab, bis die neu entstandene Röhre geleert ist.
Vulkanblasen: Bei einem Vulkanausbruch steigen Gase an die Oberfläche der Lava und entweichen. Manchmal ist die Lava aber schon erstarrt, dann bleiben die Gasblasen stecken und aus der Vulkanblase wird eine Höhle.
Tuffhöhlen: Bei Bächen mit sehr kalkhaltigem Wasser bleibt der Kalk an Moos, Algen und Blättern hängen, woraus sich poröses, tuffartiges Gestein bildet. Fließt das Wasser über eine Geländestufe, wächst das Bett des Wasserfalls durch die weitere Ausscheidung von Kalktuff auch nach vorne und bildet so allmählich das Dach für eine Höhle.
Kalksteinhöhlen: Durch den sehr löchrigen und durchlässigen Boden von Karstlandschaften sickert der Regen tief in die Erde. Das Wasser dringt in die feinen Ritzen des Gesteins und löst den Kalk. Manchmal entstehen so größere Hohlräume – bis hin zu riesigen unterirdischen Labyrinthen.
Gipshöhlen: 1000 Liter Wasser können rund zwei Kilogramm Gips lösen. Deshalb bilden sich Gipshöhlen sehr schnell, zerfallen aber auch leicht.
Versturzhöhlen: Zwischen zusammengestürzten Teilen eines Berges bilden sich Hohlräume.

Tropfsteinhöhlen sind eine Besonderheit der Kalksteinhöhlen.
1) Wasser sickert durch das durchlässige Gestein einer Karstandschaft.
2) Der aus dem Stein geschwemmte Kalk lagert sich an der Decke ab. Tropfen für Tropfen wächst die Kalkschicht und über Tausende von Jahren entsteht ein Tropfstein (Stalaktit).
3) Fallen sehr viele Wassertropfen auf dieselbe Stelle am Boden, bildet sich dort ebenfalls eine Kalkschicht und über Jahre hinweg wächst auch hier ein Tropfstein (Stalagmit).

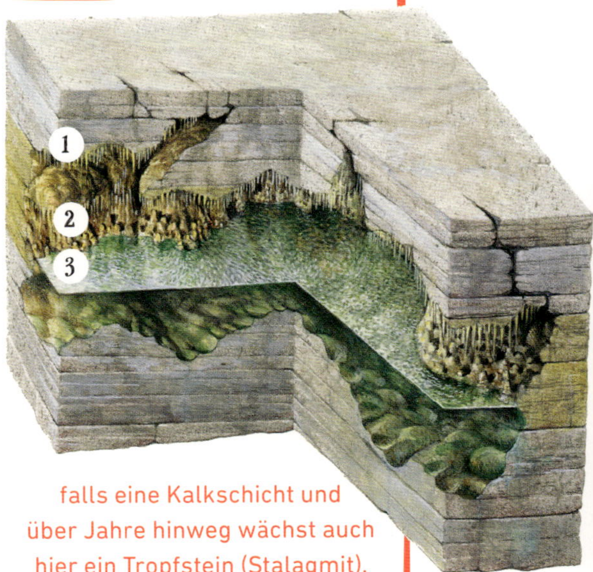

Tipp: Einen Krebs sollte man am Rücken hinter den Scheren anfassen.

Was brauchen Strandläufer u

Mit unseren Bastelideen und Tipps können Kinder die Tiefen der Ozeane erkunden, Meeresungeheuer zähmen oder mit dem Seewind spielen. Spannung garantiert – auch für Eltern!

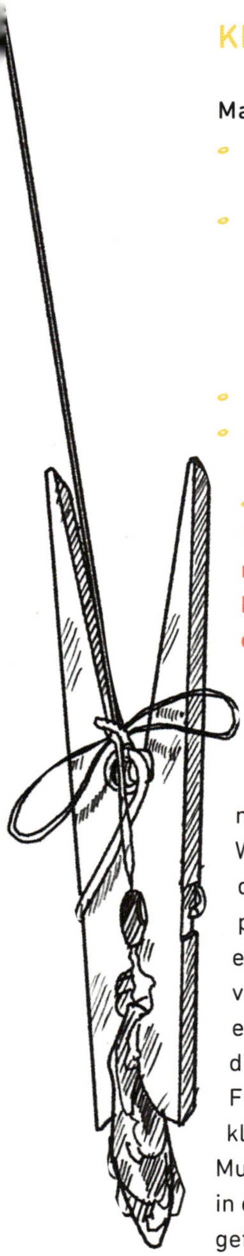

KREBSE ANGELN

Material

- ca. 2 m starke Schnur, z.B. Paketschnur
- 1 Wäscheklammer, am besten rot oder gelb (bunte Klammern sind unter Wasser besser zu sehen)
- 1 größerer Stein
- 2 Eimer, mit Meerwasser gefüllt
- Miesmuscheln (an den Pollern von Stegen findet man oft dicke Muschelbänke, von denen man sich ein paar Muscheln abpflücken kann)

Eine Krebsangel zu bauen ist einfach: Die Schnur wird mit einem Knoten so an der Wäscheklammer befestigt, dass sich die Klammer noch problemlos öffnen lässt. Mit einem Stein zerschlägt man vorsichtig das dünne Ende einer Muschelschale, bricht die Muschel auf und holt das Fleisch mit Hilfe der Wäscheklammer heraus. Die anderen Muscheln erst mal als Reserve in einen mit Meerwasser gefüllten Eimer legen. Die Klammer mit dem Köder lässt man nun an einer Stelle ins Wasser, an der man den Grund noch gut sehen kann. Sobald sich ein Krebs das Muschelfleisch greift, das Tier aus dem Wasser ziehen und in den anderen mit Meerwasser gefüllten Eimer packen! Bitte nach zwei Stunden intensiver Beobachtung wieder in die Freiheit entlassen!

GUCKEIMER MIT LUPENFUNKTION

Material

- 500 g-Joghurtbecher, Kaffeedose o.Ä.
- Frischhaltefolie
- starkes Gummiband
- evtl. Klebeband (z. B. Leukoplast)
- Werkzeug
- Messer bzw. Dosenöffner

Durch einen Guckeimer kann man Tiere und Pflanzen unter Wasser nicht mehr verzerrt oder unscharf, sondern klar und sogar vergrößert.
Für das Sofortmodell braucht man einen Joghurtbecher, eine Blechdose oder einen Trinkbecher – kurz, etwas Rohrartiges und Wasserfestes. Am besten sollte das Rohr sich leicht verjüngen und an der Seite mit der größeren Öffnung einen Rand haben. Der Durchmesser des Rohrs muss deutlich kleiner sein als die Größe der verwendeten Folie. Nun den Boden herausschneiden. Wenn dabei scharfe Kanten entstehen, sollten sie entweder abgefeilt oder mit Klebeband umklebt werden. Über die größere Öffnung wird nun die Folie gelegt, mit einem Gummiband festgehalten und gespannt. Hat der Joghurtbecher einen Rand, rutscht das Gummiband von alleine an den Rand und sitzt dort gut. Fehlt dem Rohr der Rand, kann man die Folie auch festkleben – gut geht es mit Pflaster. Da die meisten Klebebänder, besonders die durchsichtigen, nicht wasserfest sind, sollte die Folie danach noch mit einem Gummiband gesichert werde. Trotzdem wird sie nicht dauerhaft fest sitzen und muss ab und zu neu gespannt werden. Nun den Eimer mit der folienbespannten Seite ins Wasser halten und von oben in das Rohr sehen. Die Tiere und Pflanzen sind nicht so groß, wie sie aussehen. Der Guckeimer vergrößert sie, da durch das Wasser, das von unten gegen die elastische Folie drückt und sie nach innen wölbt, eine Linse entsteht!

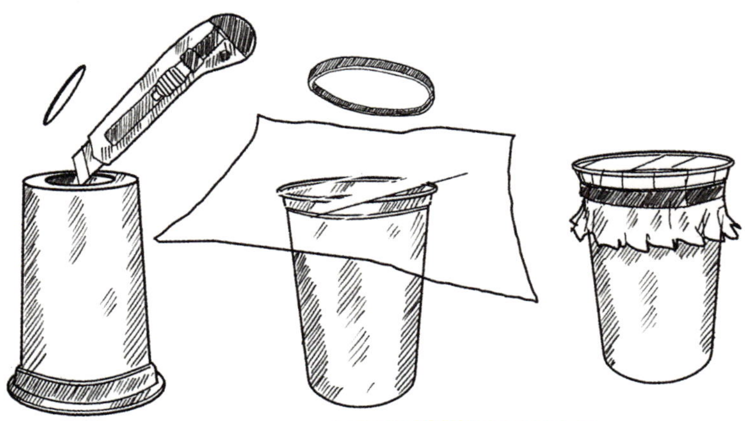

HERBST

Regentropfen schimmern in Spinnennetzen wie Perlen, Blätter färben sich in allen Farben, an Ästen hängen rote Äpfel. Auch Kürbisse sind nun reif, und aus denen lässt sich viel mehr machen als Kürbissuppe und Gruselgesichter. Langsam wird es kühler, mit jedem Tag bricht die Dunkelheit etwas früher herein. Tiere suchen sich nun ihre Winterquartiere oder brechen in den Süden auf. Wind pfeift, reißt an den Ästen – und bläht leuchtende Segel auf. Drachen steigen zu lassen macht jetzt besonders großen Spaß!

Wie alt werden Bäume?

Bäume können älter werden als alles andere, was auf der Erde wächst. Die ältesten Stämme hierzulande gehören Linden, Eichen und Eiben – bei ihnen sind schon mehr als 1000 Jahresringe gezählt worden. Die kurzlebigsten unter den heimischen Bäumen sind die Obstbäume: Birn- und Apfelbäume schaffen kaum mehr als 50 Jahre. Aus der Sicht nordamerikanischer Riesenmammutbäume ist das ein Klacks: Sie gehören mit ihren rund 100 Metern nicht nur zu den größten Bäumen der Welt, sie schaffen es auch locker, 3500 Jahre alt zu werden. Dabei ist Größe fürs Alter nicht ausschlaggebend: Mit rund 4600 Jahren sind kalifornische Grannenkiefern echte Methusaleme – und sehen auch so aus: klein und krumm, denn sie wachsen in großer Höhe. Den Rekord hält zurzeit aber eine Fichte namens Old Tjikko im schwedischen Nationalpark Fulufjället: Sie soll 9550 Jahre unter der Rinde haben.

Auf Bäumen herumklettern und vielleicht sogar von dort in einen Waldsee springen, macht nicht nur Tieren Spaß.

EIN PAAR ZAHLEN

Ein Drittel der Gesamtfläche Deutschlands wird von Wald bedeckt. Sieben Einwohner kommen auf einen Hektar Wald. Die Fichte ist mit 28 Prozent der häufigste Baum.

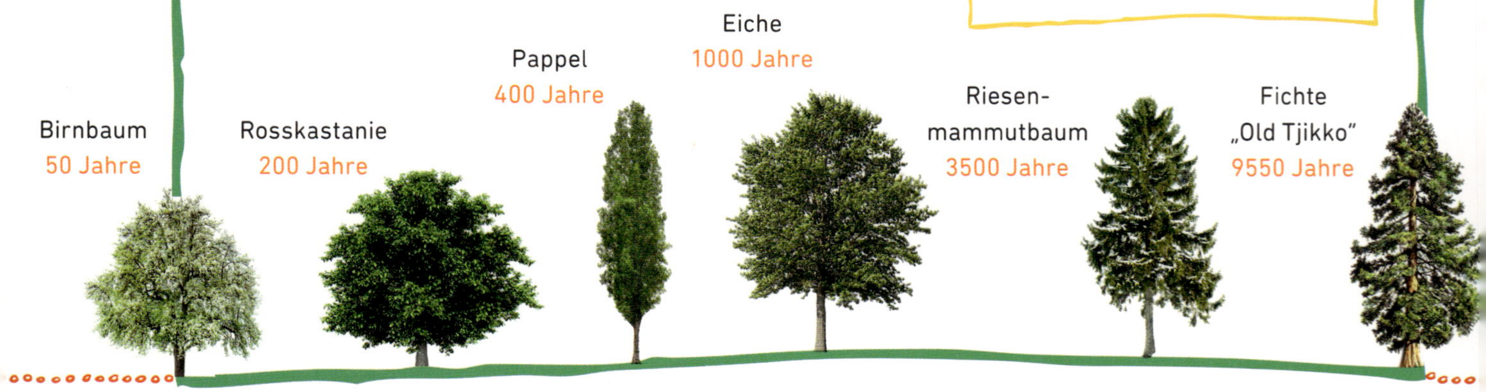

23. SEPTEMBER

WARUM IST HEUTE HERBSTANFANG?

Überall auf der Erde sind heute Tag und Nacht gleich lang. Das passiert nur an zwei Tagen im Jahr, zu Beginn des Frühlings und zum Herbstbeginn. Schuld daran ist die schräge Lage, in der sich unser Planet um die Sonne dreht. Dadurch ist ein halbes Jahr lang die Südhalbkugel der Sonne näher und ein halbes Jahr lang die Nordhalbkugel. Der heutige Jahres-Wendepunkt markiert die Grenze zwischen Sommer und Winter, in Europa beginnt nun die dunkle Jahreszeit.

Wie kann man das Alter von Bäumen bestimmen?

Wie alt ein Baum ist, kann man in unserer Klimazone gut an den Jahresringen abzählen – etwa an einem frisch gefällten Stamm. Die Maserung des Querschnitts spiegelt wider, dass Bäume im Frühjahr einen Wachstumsschub bekommen (helles Holz) und zum Winter eine Ruhepause einlegen (dunkles Holz). Experten lesen aus der Dicke und dem Verlauf der Ringe sogar, wann der Baum gute und wann er schlechte Zeiten durchgemacht hat. Sie prüfen die Holzqualität, indem sie am lebenden Baum Bohrproben nehmen.

Welcher Bau

DER AHORN

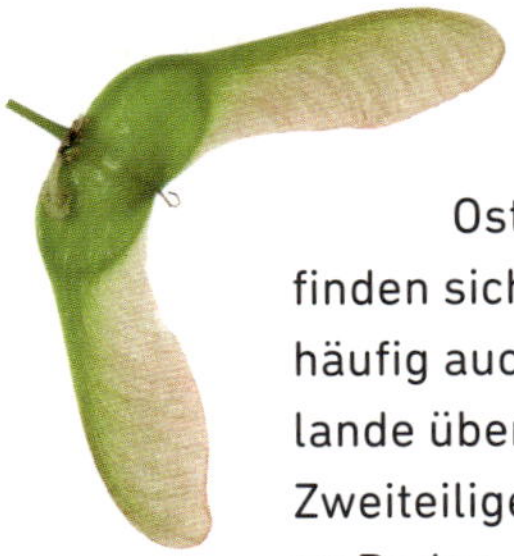

Vorkommen Hauptsächlich in Zentral- und Nordamerika, Ostasien und Europa. In Deutschland finden sich Ahornbäume in Mischwäldern, häufig auch in Parks. **Arten** Rund 150, hierzulande überwiegt der Bergahorn. **Merkmale** Zweiteilige Flugsamen, die wie Propeller zu Boden schweben. **Alter** Der Bergahorn wird bis zu 500 Jahre alt.

DIE EICHE

Vorkommen Im mitteleuropäischen Raum in Eichenmischwäldern und in Auen. **Arten** Etwa 600, in Deutschland kommen hauptsächlich Stieleichen und Traubeneichen vor. **Merkmale** Dünne, ledrige Blätter, deren Ränder runde, glattrandige Lappen aufweisen. Die Früchte der Eiche, die Eicheln, wachsen an rund fünf Zentimeter langen Stielen **Alter** Rund 800 Jahre.

DIE ERLE

Vorkommen Schwarerlen in Mitteleuropa, gern in Flussnähe. **Arten** 35, hierzulande findet man die Schwarzerle am häufigsten. **Merkmale** Lange, schlaff herunterhängende Blüten neben verholzten, eiförmigen Zapfen des Vorjahres. **Alter** Die Schwarzerle ist mit maximal 120 Jahren vergleichsweise kurzlebig.

das denn?

DIE BUCHE

Vorkommen In den Wäldern zwischen Süd-Skandinavien und Sizilien. **Arten** In den deutschen Wäldern wachsen ausschließlich Rotbuchen. **Merkmale** Dünne, glatte Rinde. Das leicht rötliche Holz hat der Rotbuche ihren Namen eingebracht. **Alter** Bis zu 250 Jahren.

DIE LINDE

Vorkommen In den gemäßigten Zonen der nördlichen Erdhalbkugel, hierzulande in Mischwäldern, häufig auch in Stadtgebieten. **Arten** Zehn, bei uns heimisch sind nur die Sommer- und die Winterlinde. **Merkmale** Nahezu herzförmige Blätter und kleine, kugelrunde Früchte, die an verhältnismäßig langen Stielen hängen. **Alter** Durchschnittlich rund 1000 Jahre.

DIE ESCHE

Vorkommen In den gemäßigten Gebieten der Nordhalbkugel, in Deutschland gedeiht sie in Auen, Mischwäldern und im Mittelgebirge. **Arten** Rund 65, hierzulande ist nur die Gemeine Esche heimisch. **Merkmale** Rund 25 Zentimeter lange, gefiederte Blätter. Eschen zählen mit einer Höhe von gut 40 Metern zu den größten Laubbäumen Europas. **Alter** Maximal 300 Jahre.

Wo lebt das Wildkaninchen?

Das Wildkaninchen teilt sich seinen
Lebensraum mit Fuchs, Dachs, Maulwurf und anderen Tieren.

In ländlichen Gegenden sind Wildkaninchen in halboffenen Waldgebieten, an Waldrändern, Böschungen und Dünen anzutreffen. Die Tiere leben auch in der Stadt, vor allem in Parkanlagen, Gärten, auf Sportplätzen, Hinterhöfen und ähnlich ruhigen Grünflächen. Da sie ihren Bau bis zu drei Meter tief in die Erde graben, muss der Boden locker sein. So ein Erdbau ist ein weit verzweigtes, bis zu 45 Meter langes Höhlensystem mit mehreren Ausgängen und wird von sechs bis zwölf erwachsenen Tieren bewohnt. Für ihre Jungen baut die Mutter einen eigenen kleinen Bau. In dieser Setzröhre, die sie mit ausgerissenem Bauchfell auspolstert, bringt sie pro Wurf rund sechs Junge zur Welt. Damit die hilflosen Kleinen das Nest nicht verlassen, während die Mutter unterwegs ist, verschließt sie die Höhle mit Erde und Laub.

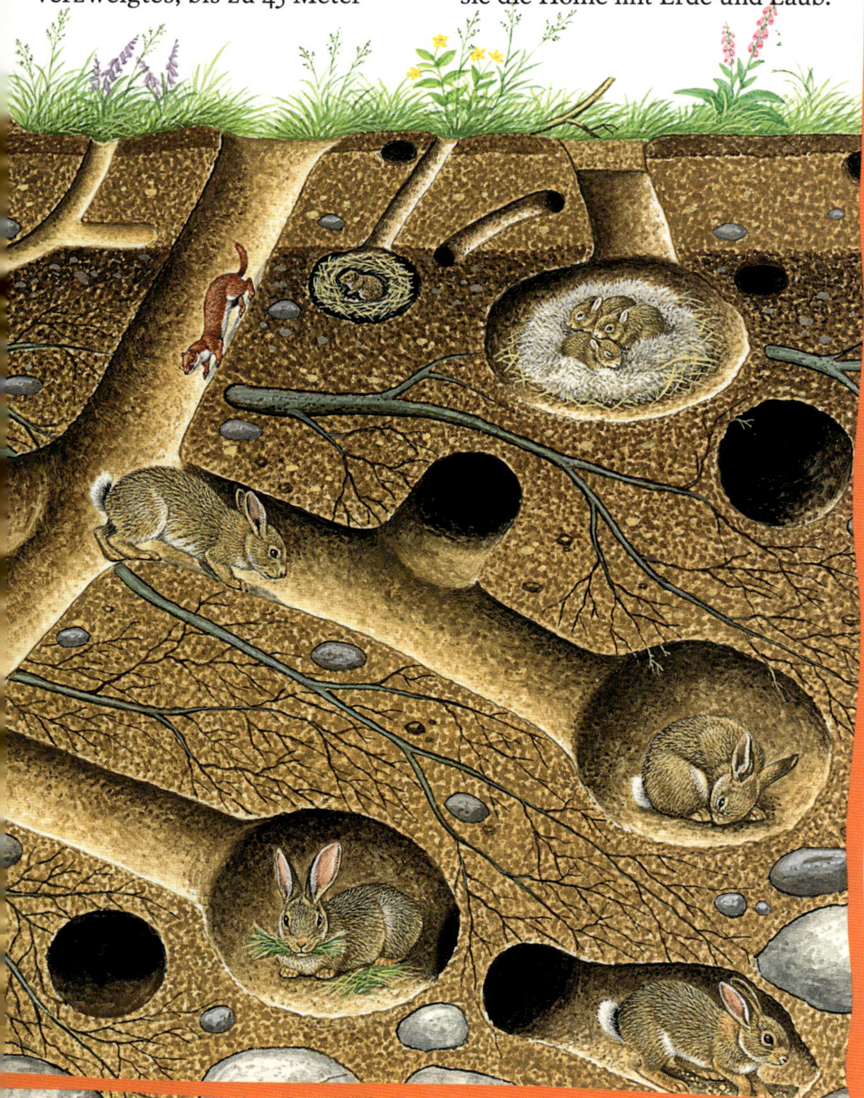

WILDKANINCHEN BEOBACHTEN

Die Tiere verlassen ihren Bau erst, wenn es draußen dunkel wird. Am besten kann man sie dann bei der Futtersuche auf Grünflächen beobachten. Da Wildkaninchen sich von ihrem Bau nie mehr als 200 bis 500 Meter entfernen, stehen die Chancen gut, sie immer wieder an denselben Stellen zu sehen.

STECKBRIEF
DAS WILDKANINCHEN

Körperlänge 35 bis 45 Zentimeter
Gewicht Rund zwei Kilo
Lebenserwartung 1,5 bis 7 Jahre
Nahrung im Sommer grüne Pflanzen, Gräser, auch Getreide, Rüben und Kohl; im Winter Pflanzenknospen und Rinde
Feinde Greifvögel, Marder, Füchse, Wölfe
Besonderheit Wildkaninchen werden häufig mit Hasen verwechselt, dabei sind Hasen deutlich größer, doppelt so schwer und haben längere Ohren und Hinterläufe.
Kurios Hauskaninchen stammen vom Wildkaninchen ab, nicht vom Hasen. Hasen lassen sich nicht züchten, weil sie sich in Gefangenschaft nicht fortpflanzen.

„Was macht eigentlich ein Förster?"

Der Beruf des Försters ist seit jeher gut angesehen. In den vielen Heimatfilmen, in denen der Förster der unumstrittene Held ist, besteht seine Arbeit allerdings meist aus nicht viel mehr, als grün gekleidet durch den Wald zu spazieren.

Warum braucht der Wald einen Förster?
Der Förster sorgt für die Pflege und Bewirtschaftung des Waldes. Zur Holznutzung fällt er so viele Bäume, wie nachwachsen können. Er pflanzt auch Bäume, zum Beispiel dort, wo viele Bäume vom Sturm umgeworfen wurden. Öffentlichkeitsarbeit fällt ebenfalls in das Aufgabengebiet eines Försters, beispielsweise informiert er Besucher über Wald und Wild.

Warum schießen Förster Tiere?
Damit das Verhältnis von Wald und Wild im Gleichgewicht bleibt. Wenn zu viele Tiere an den Trieben knabbern, ist das Wachstum der jungen Bäume gefährdet. Man darf aber nicht einfach schießen. Behörden geben vor, welche und wie viele Tiere in einem Forstgebiet gejagt werden sollen. Unterstützt wird der Förster von Jägern, die nicht Förster sein müssen, aber einen Jagdschein brauchen.

Tragen Förster wirklich immer Grün?
Traditionell ist die Dienstkleidung des Försters grün, manchmal mit Grau. Neuerdings gibt es Kleidung in verschiedenen Farben, aber der Grundton ist immer noch Grün.

ZEICHEN AN BÄUMEN

Der Förster markiert mit Sprühfarbe Bäume, die gefällt werden sollen, weil sie anderen Licht oder Platz wegnehmen. Die markierten Bäume werden von Waldarbeitern und deren Maschinen gefällt. Aufgesprühte Pfeile zeigen ihnen den Weg. Brutbäume von Vögeln oder Fledermäusen werden zu deren Schutz ebenfalls markiert – genauso wie starke, gesunde Zukunftsbäume, die groß werden sollen.

Grün sind die Kleider des Försters, das stimmt noch heute. Darüber hinaus ist ein Förster auch an dem Hoheitsabzeichen auf der Brust oder am Arm zu erkennen.

STECKBRIEF
SCHWARZSPECHT

Größe Schlanker, aber fast so groß wie eine Krähe – mit Abstand der größte Specht in Europa **Vorkommen** Bevorzugt alte Buchen-Mischwälder mit viel Totholz **Nest** Zimmert seine Bruthöhlen am liebsten in Rotbuchen **Nahrung** Ernährt sich hauptsächlich von Ameisen, deren Nester er im morschen Holz freimeißelt **Besonderheiten** Lang anhaltende Trommelwirbel

Warum klopfen Spechte?

Ob Bunt-, Grün- oder Schwarzspechte – der lange, kräftige Schnabel ist ihr wichtigstes Werkzeug für Revierabgrenzung, Paarung, Hausbau und Futtersuche. Mit unermüdlichem Tock-tock-tock steckt der Specht im Frühling zuerst sein Revier ab. Dann trommelt das Spechtmännchen mit bis zu 20 Schlägen pro Sekunde ein Schlagzeugsolo. Hat er sein Spechtfräulein gewonnen, wird weitergeklopft. Abwechselnd meißeln Männchen und Weibchen eine Nisthöhle für die Brut in einen Baumstamm. Das kann bis zu vier Wochen dauern. Auch für die Verpflegung benutzt der Specht seinen Schnabel: Erst klopft er die Borke nach hohlen Stellen ab, dann hackt er Splitter aus der Rinde, um mit Hilfe seiner bis zu vier Zentimeter langen, mit Widerhaken besetzten Zunge Insekten, Larven oder Maden aus dem Holz zu ziehen.
Obwohl Spechte gut und gern zehntausend Mal am Tag klopfen – und das mit einer Aufprallgeschwindigkeit von etwa 25 Stundenkilometern –, bekommen sie keine Kopfschmerzen. Ähnlich wie es beim Boxen weniger wehtut, wenn man die Bauchmuskeln anspannt, federt ihre kräftige Schädelmuskulatur die Schläge ab. Außerdem ist ihr nur drei Gramm schweres Gehirn von sehr wenig Gehirnflüssigkeit umgeben, so dass es kaum hin- und hergeschüttelt wird. Beim Aufprall schließt der Specht für eine Millisekunde die Augen, damit ihm keine Späne hineinfliegen können.

Auf dem Hochsitz späht Emilia durch das Fernglas.

Mit den Augen des Jägers

Um im Wald das scheue Wild aufzuspüren, müssen alle Sinne zum Einsatz kommen.

SEHEN

Ein Jäger nimmt das Wild zuerst unterbewusst wahr. Eine Bewegung im Augenwinkel, ein Punkt am Horizont. Noch immer sind die Augen unsere wichtigsten Sinne. Der Herbst eignet sich gut für ein „Wild-Spotting“: Die Felder sind abgeerntet, bieten keinen Schutz und kein Futter mehr für Reh und Wildschwein, und so suchen sie Deckung zwischen den Bäumen. Mücken und Zecken verschwinden, sodass die Pirsch durch den Wald erträglich wird.

HÖREN

Wo keine LKW und Züge rauschen, wo niemand hupt und keine Baustellen sind, hat der Jäger noch andere Sinne zur Verfügung, er kann einen „Horchhalt“ machen. Ende September, Anfang Oktober beginnt die Hirschbrunft. Manchmal hört man das Anenanderschlagen der

Das Muttertier nennt der Jäger „Ricke“, der putzige Säugling hingegen wird „Kitz“ genannt.

Schälschaden: von Rehen und Hirschen abgeknabberte Rinde.

Emilia ist gewappnet: mit offenen Augen, gespitzten Ohren und geweiteten Nasenflügeln

REHE BEOBACHTEN

Das Reh ist nicht die „Frau vom Hirsch", wie viele glauben, sondern der Cousin. Die kleinste heimische Schalenwildart kommt in ganz Deutschland vor, die Tiere sind tagaktiv, so kann man – je nach Wetterlage – auch am Vor- und Nachmittag Rehe beobachten, wenngleich die Chance zu den Dämmerungszeiten am höchsten ist. Das Rehwild zeichnet sich durch sein Territorialverhalten aus: Zwischen den Böcken finden erbitterte Kämpfe um die Hoheitsgebiete statt, bei denen der Schwächere weichen muss.

Mitten im Gewühl: Hier haben Wildschweine den Boden umgebrochen auf der Suche nach tierischem Eiweiß

Hirschgeweihe – sie kämpfen um den Titel des „Platzhirschs", der tatsächlich so heißt. Die Hirsche zeigen sich spät am Tag oder sehr früh, meist auf einer Lichtung oder einer Wiese.

RIECHEN

Manchmal, nach einem Gewitter etwa, kann der Jäger die Tiere riechen, bevor er sie hört oder sieht. Dann dampft der Boden, alle Gerüche steigen an die Oberfläche. Ein scheuer Fuchs, den man nachts mit viel Glück auf einem Acker sehen kann, riecht streng wie Urin. Während der Brunft verströmen die Rothirsche einen scharfen Ziegengeruch. In der Paarungszeit duftet ein Keiler, als hätte er in Maggi geduscht.

FÄHRTEN-WEGWEISER

Damhirsch Sieht der Jäger diese Fährte, so ist ihm gleich klar: Ein wilder Damhirsch ist in der Nähe!

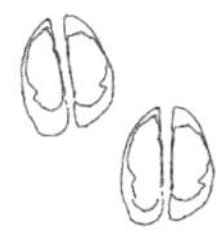

Reh Diese Fährte gehört einem ausgewachsenen Reh

Fasane Hier sind Fasane lang gelaufen – vor nicht allzu langer Zeit

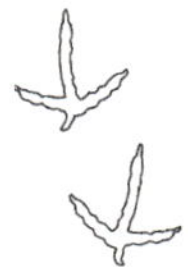

Füchse hinterlassen diese Spuren.

Marder Das ist die Fährte eines Marders.

Wildschwein Wer hier war, erkennt man an den „Anhängen".

Ein kräftiges Wildschwein – das klügste Tier im Wald.

Ist der Fuchs wirklich schlau?

STECKBRIEF
FUCHS

Körperlänge 65 – 75 cm **Schulterhöhe** Rund 40 cm **Gewicht** 5 – 7,5 kg **Nahrung** Feldmäuse, Kaninchen, Vögel, Frösche, Würmer, Insekten, Beeren und anders **Wissenswert** Kann Zäune hochklettern und seine Krallen vorne teilweise einziehen. Auch wie er sich an die Beute anschleicht, erinnert an eine Katze. Ist aber nicht mit ihr, sondern mit dem Hund verwandt. Besiedelt die gesamte Nordhalbkugel, ist weltweit das Raubtier mit dem größten Verbreitungsgebiet.

WILDE TIERE IN DER STADT ENTDECKEN

Wer einem Wildtier begegnet, sollte Abstand halten und es auf keinen Fall füttern!

Steinmarder Versteckt sich gerne unter Autos, denn die bieten dem nachtaktiven Allesfresser einen guten Schutz vor Hunden. Leider frisst er manchmal Autokabel.

Wildschwein Die schlauen Tiere durchstreifen gerne Parks und durchwühlen Komposthaufen auf der Suche nach Fressbarem.

Fuchs Nachts plündert er gerne Mülltonnen.

Der Fuchs ist nicht nur im Märchen schlau, da sind sich Wissenschaftler einig. Er verhält sich flexibel, erfinderisch und umsichtig. Sein Bau hat zum Beispiel immer einen Notausgang, damit er jederzeit flüchten kann. Außerhalb des Baus besitzt der Fuchs ein festes Revier, das er regelmäßig und akribisch abläuft. Auf diese Weise entgeht ihm nichts; er weiß über seine Umgebung Bescheid und kann auf jede Veränderung schnell reagieren. In Notsituationen ist der Fuchs sogar in der Lage, sich von nachtaktiv auf tagaktiv umzustellen.

Besonders erfinderisch zeigt er sich beim Beutezug: Zum Beispiel schubst er einen eingerollten Igel, wenn möglich, ins Wasser und greift ihn sich, wenn der Igel schwimmt. Und sollte einmal keine fleischliche Nahrung erreichbar sein, frisst er kurzerhand Beeren und andere Früchte.

Wirklich außergewöhnlich ist aber, dass der Fuchs nicht nur aus den eigenen Fehlern lernt. Beobachtet er, wie ein Artgenosse in eine Falle tritt, so lehrt ihn das, solche Fallen künftig zu meiden. Auch die von Autos ausgehende Gefahr lernt er auf diese Weise richtig einzuschätzen.

Jagen mit Trick 17:
Um Rabenvögel anzulocken, stellt sich der Fuchs tot.

Warum können Adler so gut sehen?

Aus mehreren 100 Metern Höhe kann ein Adler eine Maus gestochen scharf erspähen. Das Adlerauge ist fast so groß wie das Menschenauge, obwohl sein Kopf kleiner ist als der eines Menschen. Der Abstand zwischen Linse und Netzhaut beträgt bei einem Adler knapp 2,5 cm; das ist etwas mehr als beim menschlichen Auge. Je größer dieser Abstand ist, desto größer ist das Bild auf der Netzhaut. Das kann man sich so vorstellen wie beim Anleuchten einer Wand mit einer Taschenlampe: Der Lichtfleck auf der Wand wird größer, je weiter man sich mit der Taschenlampe von der Wand entfernt. Die Wand steht in dem Fall für die Netzhaut, der Schein der Taschenlampe für den Lichtstrahl, der durch die Linse ins Auge fällt. Die Augen des Adlers besitzen zudem besonders viele Sehzellen. Durch sie wird das Bild in sehr hoher Auflösung wahrgenommen. Und weil Adleraugen über zwei Schärfezentren verfügen, können sie auch die für uns lediglich verschwommen wahrnehmbaren seitlichen Bereich scharf erkennen – und zwar besonders auf große Distanzen. Diese Weitsichtigkeit ist beim Spähflug in großer Höhe sehr hilfreich.

Der Fischadler kann seine Beute bis zu einem Meter tief aus dem Wasser greifen.

STECKBRIEF
DEUTSCHE ADLER

Seeadler

Flügelspannweite 2,40 m
Nahrung Fische, Seevögel, auch Aas **Vorkommen** Meere und Seen; 470 Brutpaare in Deutschland, vor allem in Brandenburg und Mecklenburg-Vorpommern **Wissenswert** Größter Greifvogel in Deutschland

Steinadler

Flügelspannweite 2,20 m
Nahrung Hasen, Lämmer, Rehkitze **Vorkommen** In Bergregionen, sehr zurückgezogen; nur noch 50 Brutpaare in den deutschen Alpen **Wissenswert** Nistet auf Felsen

Fischadler

Flügelspannweite 1,80 m
Nahrung Fische **Vorkommen** Wasserreiche Regionen; rund 400 Brutpaare in Deutschland, hauptsächlich in Brandenburg und Mecklenburg-Vorpommern **Wissenswert** Zieht im Winter in den Süden.

Schreiadler

Flügelspannweite 1,60 m
Nahrung Kleine Säuger, Vögel, Amphibien **Vorkommen** Wälder mit angrenzenden Wiesen; nur noch 110 Brutpaare vor allem in Mecklenburg-Vorpommern **Wissenswert** Der Zugvogel jagt auch ‚zu Fuß' und erlegt Beutetiere mit dem Schnabel.

Warum fliegen Zugvögel in den Süden?

Die Vögel ziehen im Herbst nicht etwa wegen der Kälte in den Süden, sondern weil sich das Nahrungsangebot vor allem für Insektenfresser ab Herbst so weit einschränkt, dass die Vögel fürchten müssen zu verhungern. In Afrika dagegen wartet um diese Zeit ein reiches Angebot auf die Zugvögel. Langstreckenzieher legen auf ihrer Reise mehr als 4000 Kilometer zurück. Mittelstreckenzieher fliegen bis zu 4000 Kilometer weit, Zugvögel, die nicht mehr als 2000 Kilometer zurücklegen, nennt man Kurzstreckenzieher.

Warum bleiben die Vögel nicht im Süden?

Im Frühling kommen die meisten Zugvögel zum Brüten zu uns zurück, denn im Sommer wartet hier ein umfangreicheres Nahrungsangebot auf sie als zur selben Zeit in Afrika. Zudem sind die Tage länger, dadurch haben die Tiere mehr Zeit, um auf Nahrungssuche zu gehen. Das ist vor allem bei der Aufzucht der Jungtiere praktisch.

1 WEISSSTORCH

Schreitvogel, Langstreckenzieher **Körperlänge** 100 – 102 cm **Spannweite** Bis 165 cm **Sommerquartier** Mittel-, Ost- und Südeuropa **Winterquartier** Afrika (südlich der Sahara) **Zu entdecken** An seinem ausgestreckten Hals und seinen langen Beinen gut zu erkennen. Häufig sieht man ihn während seiner Ruhepausen auf Wiesen und Feldern bei der Futtersuche.

2 GRAUGANS

Entenvogel, Kurzstreckenzieher **Körperlänge** 76 – 89 cm **Spannweite** Bis 180 cm **Sommerquartier** Europa **Winterquartier** Europa, Nordafrika **Zu erkennen** Am Geschnatter. Außerdem ist die Graugans in einer Keilformation unterwegs in den Süden.

3 RAUCHSCHWALBE

Singvogel, Langstreckenzieher **Körperlänge** 17 – 19 cm **Spannweite** Bis 34 cm **Sommerquartier** Europa, Asien, Nordwestafrika **Winterquartier** Mittel- bis Südafrika, Asien **Zu entdecken** Sie ist im Schwarm unterwegs, gibt beim Fliegen zischende Laute von sich und fliegt extrem schnell: Rund vier Flügelschläge schafft sie pro Sekunde.

4 KIEBITZ

Regenpfeifer, Kurzstreckenzieher **Körperlänge** 28 – 31 cm **Spannweite** Bis 87 cm **Sommerquartier** Europa **Winterquartier** Mittelmeerraum, Nordafrika, Asien **Zu entdecken** Vor seiner Reise, wenn er sich auf Wiesen genügend Fettreserven anfuttert. Sein unverwechselbarer Laut klingt wie „Kiwitt“.

5 KUCKUCK

Kuckucksvogel, Langstreckenzieher **Körperlänge** 32 – 34 cm **Spannweite** Bis 60 cm **Sommerquartier** Europa **Winterquartier** Asien, Afrika (südlich der Sahara) **Zu entdecken** Den namensgebenden Ruf kann man in Feld- und Waldgebieten vor seiner Reise häufig hören. Danach ist die Chance, ihn zu sehen, sehr gering, da der Kuckuck allein und vor allem nachts unterwegs ist.

6 GROSSER BRACHVOGEL

Schnepfenvogel, Kurzstreckenzieher **Körperlänge** 50 – 60 cm **Spannweite** Bis 100 cm **Sommerquartier** Nord- und Mitteleuropa **Winterquartier** West- und Südeuropa (Küstennähe), Nordafrika **Zu entdecken** Vor seinem Aufbruch in Wiesen- und Wattgebieten beim Fressen. Danach fliegt er in einer Höhe von bis zu 6000 Metern in den Süden.

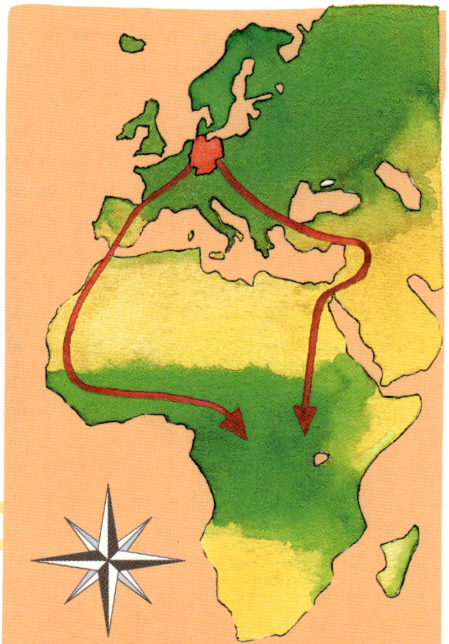

Diese zwei Hauptrouten wählen die meisten Zugvögel. Die Reiseroute scheint den Vögeln, wie das Gespür für den richtigen Zeitpunkt, angeboren zu sein.

7 KRANICH

Kranichvogel, Mittelstreckenzieher **Körperlänge** 96 – 119 cm **Spannweite** Bis 220 cm **Sommerquartier** Nord- und Osteuropa **Winterquartier** Frankreich, Spanien, Nordafrika **Zu entdecken** Fliegt mit mehreren Tieren in einer langen Kette oder in einer Keilformation. Die Tiere trompeten dabei laut.

Warum tragen Bäume Früchte?

Äpfel, Birnen, Kirschen: An Bäumen wachsen die leckersten Früchte – aber wieso eigentlich? Weil sich die Bäume mit Hilfe der Früchte vermehren. In jeder Frucht befindet sich mindestens ein Kern, in dem ein Samen eingebettet ist, aus dem sich ein neuer Baum entwickeln kann. Da Bäume generell Platz brauchen, sollen die neuen Bäume möglichst nicht zu dicht am alten Baumstamm wachsen, sondern einen neuen Standort finden. Um das zu gewährleisten, hat sich die Natur einen besonderen Trick ausgedacht: Rund um den Kern befindet sich schmackhaftes Fruchtfleisch. Es soll Wildtiere anlocken, die die Frucht samt Kern verspeisen. Dieser Kern bleibt unverdaut und kommt, wenn das Tier längst weitergezogen ist, mit dem Kot irgendwo unbeschadet wieder zum Vorschein. Der Samen darin kann dank des düngenden Tierkotes wunderbar wachsen, Wurzeln schlagen und sich zu einem neuen Baum entwickeln. Mittlerweile werden in Europa Obstbäume überwiegend kontrolliert angebaut und geerntet. Doch früher sorgten vor allem Bären dafür, dass sich zum Beispiel Apfel- und Birnbäume verbreiteten. Heute noch picken größere Vögel an Kirschen und verteilen so die Kerne.

Woraus sind Obstkerne?

Wer schon einmal beim Kuchenessen aus Versehen auf einen Kirschkern gebissen hat, weiß, wie hart so ein Obstkern ist. Kirschen, Zwetschgen, Pfirsiche, Aprikosen und einige weitere Obstsorten werden sogar unter dem Begriff Steinfrucht oder auch Steinobst zusammengefasst, weil ihre Kerne so hart wie Steine sind. Und das hat folgenden Grund: Außen bestehen Obstkerne aus verholztem Material, das durch seine spezielle Struktur Druck von außen besonders gut standhalten kann – dadurch wird der empfindliche Samen im Inneren gut geschützt. Und wie kommt der Samen aus dem harten Kern heraus? Der Samen besteht aus einem Pflanzenembryo und sehr nährstoffreichen Keimblättern, die sich durch die harte, aber wasserdurchlässige Kernwand mit Feuchtigkeit füllen. Die kleine Pflanze beginnt zu wachsen und sprengt so den Kern von innen.

GIBT ES STEINOBST-ALLERGIEN?

⚠ Allergien sind immer eine Überreaktion der körpereigenen Abwehrkräfte gegen eigentlich harmlose Umweltfaktoren wie Pollen oder Tierhaare. Verspürt man beim Verzehr von Pfirsich, Kirsche & Co die typischen Allergieanzeichen wie Kratzen im Hals, juckende Augen, schniefende Nase, kann es sein, dass es sich um eine sogenannte Kreuzallergie handelt. Das heißt, meistens ist man auch noch gegen etwas anderes allergisch, bei Kernobst ist dies oft eine Allergie gegen Birkenpollen. Erhitzt oder in kleinen Mengen kann man die leckeren Früchte aber meistens dennoch genießen.

Zu welcher Frucht gehört der Kern?

Bäume haben vielfältige Überlebensstrategien und viele verschiedene Früchte entwickelt, um ihre Samen zu schützen und zu verbreiten. Hier sind einige heimische und exotische Früchte mit markanten Kernen zusammengestellt. Wer weiß, welcher Kern zu welcher Frucht gehört?

STECKBRIEF
REGENWURM

Farbe Rötlichbraun bis rosafarben
Körperlänge Bis zu 30 cm
Nahrung Pflanzenteile, die von den Tieren zuvor in die Erde gezogen wurden, damit sie verrotten.
Wissenswert: Es gibt bei uns 39 Regenwurm-Arten, die bekannteste Art ist der Tauwurm. Die Tiere sind taub, blind und stumm sowie äußerst lichtempfindlich. Im Verhältnis zu ihrer Körpergröße gehören Regenwürmer zu den stärksten Tieren der Erde.

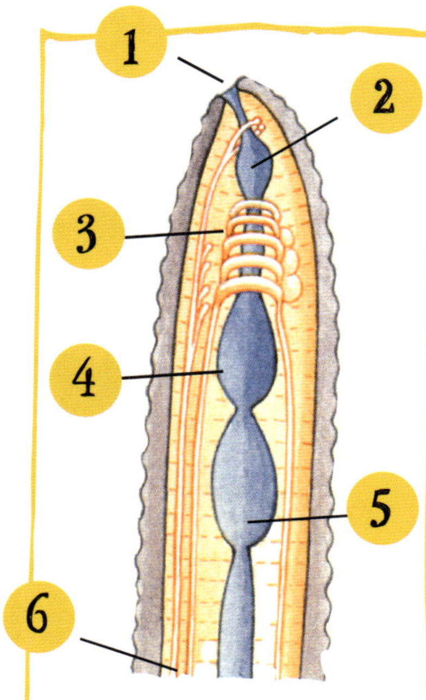

Kopf eines Regenwurms
1) Mund 2) Schlund
3) Lateralherzen
4) Kropf 5) Muskelmagen
6) Nervensystem

Wie kommt der Wurm in den Apfel?

Für die Löcher im Apfel sorgt die Raupe des Apfelwicklers, eines gräulichen, unauffälligen Nachtfalters. Im Frühsommer paaren sich die Falter, anschließend legen die Weibchen je ein Ei auf die heranwachsenden Äpfel an den Bäumen. Nach rund zehn Tagen schlüpfen daraus weißliche Raupen, die sich vom Apfelfruchtfleisch und sehr gern auch vom Kerngehäuse ernähren. Deshalb fressen sich die anfangs nur zwei Millimeter langen Tiere in das Apfelinnere, werden dabei größer und länger und hinterlassen einen Tunnel. Nach drei bis vier Wochen verlässt die Apfelwickler-Raupe den Apfel, verpuppt sich und entwickelt sich zum Nachtfalter. Einen Apfel mit Loch sollte man nicht mehr essen, obwohl der Übeltäter in der Regel über alle Berge ist.

Warum kommen bei Regen Regenwürmer raus?

Vermutlich lockt das Prasseln des Regens die Würmer aus der Erde. Die Tiere reagieren nämlich auf Vibration, die normalerweise von ihren Fressfeinden ausgeht. Nähern sich Maulwurf, Maus und Co, flüchten die Regenwürmer. Forscher gehen davon aus, dass Regen eine ähnliche Wirkung auf die Tiere hat: Sie flüchten aus Angst vor unterirdischen Feinden an die Oberfläche. Denkbar ist aber auch, dass sich die Tiere nur bei Regen an der Oberfläche fortbewegen können. Sie kommen daher gezielt bei Regen nach oben, um neue Lebensräume zu erkunden. Für Regenwürmer sind Feuchtigkeit, Dunkelheit, kühle Temperaturen und Sauerstoff lebensnotwendig. Trotzdem heißen Regenwürmer nicht Regenwürmer, weil sie Regen mögen oder bei Regen an die Oberfläche kommen. Ihr Name ist eine Vereinfachung: Im 16. Jahrhundert wurde der Wurm noch „reger Wurm“ genannt, weil sich das Tier unermüdlich bewegt, arbeitet und frisst. Aus dem regen Wurm wurde irgendwann der Regenwurm.

Der Regenwurm
1) Am spitzen Vorderende befindet sich der Kopf.
2) Am stumpfen Hinterende liegt die Wachstumszone.
3) Am Clitellum erkennt man geschlechtsreife Tiere.

Sterben Regenwürmer, wenn man sie zerteilt?

Jein. Auch wenn sich nach der Teilung beide Wurmenden für eine gewisse Zeit bewegen, ist nur ein Teil in der Lage, weiterzuleben. Meistens ist es das Ende mit dem Kopf, denn das kann einen Teil des Schwanzes nachbilden. Sinneszellen, Nerven und Muskeln entstehen neu. Wurde der Wurm allerdings zu nah am Kopf getroffen, stirbt dieser ab und der wesentlich längere Teil mit dem Schwanz bildet den Kopf nach. So weit die Theorie.
In der Praxis sieht es leider häufig anders aus: In der Regel stirbt der Wurm, weil sich die Wunde tödlich entzündet.

Welche Tiere leben in der Hecke am Feld?

1 FELDHASE

Körperlänge 60 – 70 cm **Nahrung** Gräser, Blätter, Knospen, Rinde, Gemüse, Früchte **Wissenswert** Hat größere Ohren und längere Hinterläufe als das Wildkaninchen. Kann bis zu zwei Meter hoch und drei Meter weit springen. Rennt, um Feinde abzuhängen, bis zu 80 km/h schnell und schlägt Haken.

2 GOLDAMMER

Körperlänge 16 – 17 cm **Nahrung** Körner, Insekten, Spinnen, Larven **Wissenswert** Äußerst selten. Hat in Feldhecken eine letzte Zuflucht gefunden, in anderen Gebieten kaum noch existent.

3 DOHLE

Körperlänge 33 –39 cm **Nahrung** Insekten, Würmer, Larven, Samen, selten Aas **Wissenswert** Ist Vogel des Jahres 2012 und zählt zu den intelligentesten Tieren der Welt.

4 FASAN

Körperlänge 53 – 89 cm **Nahrung** Samen, Schösslinge, Beeren, Insekten, Würmer **Wissenswert** Kommt aus Asien, wurde im 19. Jahrhundert für die Jagd in Europa eingebürgert. Jährlich werden Tausende Fasane ausgesetzt, um den Bestand zu halten.

5 KLEINER FUCHS

Spannweite 40 – 50 mm **Nahrung** Blütennektar **Wissenswert** Pro Jahr leben zwei bis drei Generationen. Fliegt im Herbst in wärmere Gebiete und überwintert dort.

6 BLINDSCHLEICHE

Körperlänge Bis zu 50 cm **Nahrung** Schnecken, Würmer, Raupen **Wissenswert** Ist keine Schlange, sondern eine beinlose Echse. Wirft bei einem Angriff einen Teil des Schwanzes ab, um den Feind zu verwirren. Später wächst dieser verkürzt nach. Ist nicht blind.

7 FELDHAMSTER

Körperlänge 20 – 25 cm **Nahrung** Getreide, Gemüse, Kräuter, Wurzeln, Samen, Würmer, Schnecken, Käfer **Wissenswert** Der Einzelgänger verteidigt seinen unterirdischen Bau vehement gegen andere Hamster. Das Tier ist äußerst selten und streng geschützt. Lebensraum wird durch modernen Ackerbau zerstört.

8 ILTIS

Körperlänge 37 – 48 cm **Nahrung** Mäuse, Vögel, Reptilien, Fische, Frösche, Kröten, Lurche, Eier **Wissenswert** Der Iltis gehört zur Familie der Marder und wird auch als Haustier gehalten; dieses domestizierte Tier heißt Frettchen.

9 NEUNTÖTER

Körperlänge 16 – 18 cm **Nahrung** Große Insekten, Mäuse, kleine Vögel **Wissenswert** Spießt überschüssige Nahrung auf Dornen, um sie bei Bedarf zu verzehren. Früher glaubte man irrtümlich, er würde neun Beutetiere aufspießen, bevor er alle verspeist.

10 KARTOFFELKÄFER

Körperlänge 7 – 11 mm **Nahrung** Vor allem Kartoffelblätter und Blätter anderer Nachtschattengewächse **Wissenswert** Die Käfer sind weit verbreitet, wurden aus Nordamerika eingeschleppt und können in großen Mengen ganze Felder leer fressen.

11 HORNISSE

Körperlänge 18 – 35 mm **Nahrung** Vor allem Insekten, etwa Wespen und Fliegen, aber auch Blütennektar, Baumsäfte, Fallobst **Wissenswert** Sieht aus wie eine Riesenwespe, ist aber weniger aggressiv, und ihr Stich schmerzt nicht mehr als ein Bienenstich.

Welches Korn i

Wer im Sommer Felder durchstreift, wird viele Marienkäfer sehen. Die Käfer verspeisen pro Tag bis zu 50 Blattläuse und sind den Bauern daher sehr willkommen.

2 GERSTE

Verbreitung Gelangte in der Jungsteinzeit nach Mitteleuropa. **Merkmale** Nickende Ähren, an denen die Grannen herunterhängen, die manchmal länger sind als die Ähre selbst. **Verwendung** Die Wintergerste mit ihren kleinen Körnern als Futtermittel, die Sommergerste mit ihren wenigen, starken Körnern zum Brauen.

4 HAFER

Verbreitung Vor allem in Nord- und Osteuropa **Merkmale** Bildet keine Ähren, sondern Rispen **Verwendung** Kann wegen des geringen Kleberanteils nicht als Brotgetreide verwendet werden. Da Hafer aber viele wertvolle Inhaltsstoffe besitzt, nutzt man ihn in Form von Haferflocken. Hat seit jeher große Bedeutung als Tierfutter.

s denn?

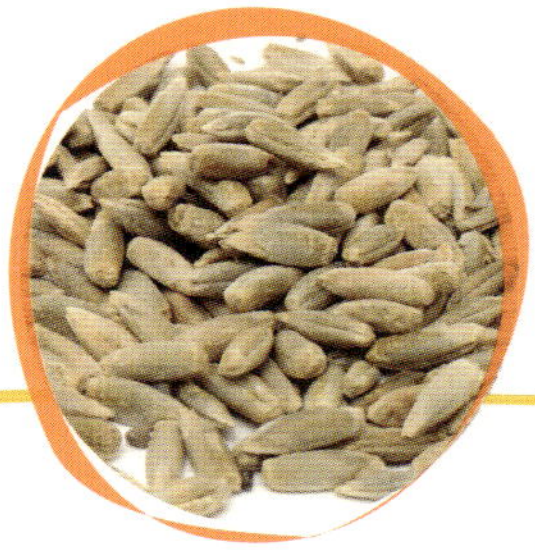

1 ROGGEN

Verbreitung Vor allem in Nord-, Mittel- und Osteuropa **Merkmale** Ähnelt mit seinen leicht geneigten Ähren der Gerste, hat aber kürzere Grannen. Im Sommer erkennt man die Felder an ihrer blaugrünen Färbung. **Verwendung** Als Brotgetreide und als Futtermittel. Neuerdings auch für „Biosprit".

3 WEIZEN

Verbreitung Nach Mais und Reis weltweit das dritthäufigste Getreide, in Deutschland das häufigste **Merkmale** Aufrechte, grannenlose Ähren. Triticale, eine moderne Kreuzung aus Weizen und Roggen, hat bis zu 5 cm lange Grannen. **Verwendung** Der größte Teil als Brotgetreide, Hartweizen eignet sich wegen des noch höheren Kleberanteils für Nudelteig. Triticale dient hauptsächlich als Tierfutter.

5 DINKEL

Verbreitung Besonders in Südwestdeutschland **Merkmale** Körner sind fest mit ihrer Hülle (Spelze) verwachsen. **Verwendung** Feiert in der ökologischen Landwirtschaft und der Bio-Vollwertküche ein Comeback, weil Dinkel als sehr verträglich gilt und robuster gegenüber Krankheiten ist.

Der Bäcker hat gerufen

WAS FÜR EIN BROT WOLLEN WIR BACKEN?

Zu kompliziert soll es nicht sein. Denn Kaja (7) will mitbacken und wir wollen schnell das Ergebnis sehen. Wir probieren es mit einem Brot aus Hefeteig. Ein helles oder ein dunkles? Wir entscheiden uns für ein knuspriges Weißbrot fürs Frühstück.

WELCHES GETREIDE NEHMEN WIR?

Kaja staunt, als wir einkaufen gehen: Im Regal steht nicht nur „Mehl", sondern da gibt es eine große Auswahl an Mehlsorten. Sie sind aus unterschiedlichen Getreidearten und auch noch verschieden fein gemahlen. Wir wählen ein backstarkes Weizenmehl. Weil wir ein kräftiges Brot wollen, entscheiden wir uns für Vollkornmehl.

ZUTATEN

Rollenweißbrot

500 g Weizenmehl Type 550
2 gestr. TL Salz
15 g Hefe
320 ml Wasser (lauwarm)
1 EL Honig
Sonnenblumenkerne,
Leinsamen, Mohn
sowie gehackte
Kürbiskerne

WIE MACHEN WIR DAS BROT?

Das Mehl (mit dem Salz) direkt auf den Tisch kippen, einen Berg formen und mit der Faust eine Kuhle hineindrücken. Danach gießen wir einen Teil des lauwarmen Wassers in ein Schälchen und lösen darin Honig und Hefe auf. Das Hefewasser geben wir in die Mehlkuhle. „Wie ein Vulkan!“, sagt Kaja. Der darf nicht ausbrechen, deshalb am besten mit einer Hand in der Flüssigkeit rühren, um so das Mehl „hereinzuholen“. Wenn die Masse andickt, nach und nach das übrige Wasser zugeben. Es sollte ein formbarer Laib entstehen. Eventuell braucht man noch Wasser oder Mehl, damit er elastisch wird. Jetzt den Teig gründlich mit den Händen durcharbeiten. Mindestens fünf Minuten muss man ihn kneten, walken, rollen und falten. Kaja und ich werfen uns den Teigball sogar über den Küchentisch zu. In der runden Form lassen wir ihn eine Dreiviertelstunde gehen. Danach zerstören wir die großen Luftblasen, indem wir ihn kurz schlagen und drücken, mehlen den Tisch ein und rollen den Teig in acht etwa zwei Finger dicke Röllchen aus. Diese legen wir auf ein Backblech und lassen sie abgedeckt eine halbe Stunde ruhen. Danach befeuchtet Kaja die Rollen mit Wasser und verziert sie abwechselnd mit den Körnern. Das Brot ist bei 240 Grad im vorgeheizten Backofen schon nach einer Viertelstunde fertig – wenn man daran klopft, sollte es hohl klingen.

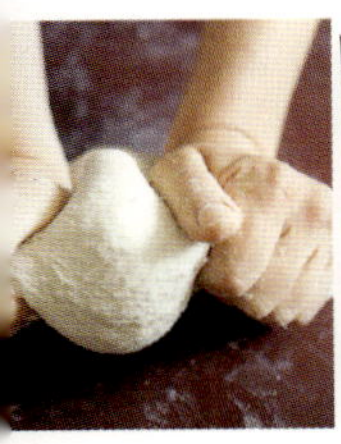

1) Hefe zerbröckeln, auflösen und 2) in die Mehlkuhle gießen. Den Teig mit den Händen fünf Minuten 3) kneten, 4) walken, 5) rollen und 6) falten.

KANN ICH DIE HERBSTZEITLOSE PFLÜCKEN?

⚠ Nein, denn alle Pflanzenteile sind sehr giftig, mitunter sogar tödlich. Die Blätter der Herbstzeitlose ähneln im Frühjahr denen des Bärlauchs, weshalb die beiden Pflanzen leicht verwechselt werden können. Bei einem Brennen im Mund, Schluckbeschwerden oder Magenkrämpfen sollte man umgehend einen Arzt aufsuchen, denn das sind erste Vergiftungsanzeichen. Wer die Pflanze berührt hat, sollte sich sehr gründlich, am besten mehrfach die Hände waschen.

Warum färben sich im Herbst die Blätter bunt?

Die Blätter sind auch im Sommer nicht grün – jedenfalls nicht nur. Sie sind auch gelb und orange. Sie erscheinen uns aber komplett grün, da im Sommer das Blattgrün die übrigen Farben überdeckt. Bevor die Bäume im Herbst die Blätter fallen lassen, ziehen sie das wertvolle Blattgrün heraus. Es wird mit weiteren Nährstoffen für den nächsten Frühling unter der Rinde gespeichert. Ohne das Blattgrün kommen die anderen Farben zum Vorschein, die in den Blättern stecken: Carotinoide machen die Blätter gelb und orange, Anthocyane werden als eine Art Sonnenschutz gebildet und sorgen für Rot. Die bräunliche Färbung entsteht, wenn die Blätter abgestorben sind.

Was blüht denn da so spät?

Wenn die meisten Pflanzen bereits verblüht sind, treiben zwischen August und Oktober die blasslila Blüten der Herbstzeitlose aus. Ihren Namen verdankt die Pflanze tatsächlich der späten Blüte. Aber dies ist nicht die einzige Besonderheit der Herbstzeitlose. Auffällig ist auch, dass die Blätter nur im Frühjahr wachsen, während im Herbst nur die Blüten sprießen. Gemeinsam wird man Blätter und Blüte nie sehen!

Warum verlieren Bäume ihre Blätter?

Im Sommer wandelt das Blattgrün mit Hilfe des Sonnenlichts bei der Photosynthese Kohlendioxid in Sauerstoff um. Über die Blätter wird Wasser verdunstet, das die Bäume mit ihren Wurzeln aus dem Boden ziehen – die Blätter sorgen für den Nährstoffkreislauf und den Wasserhaushalt. Im Winter können die Wurzeln nicht mehr so viel Wasser aufnehmen. Wenn Blätter weiterhin Feuchtigkeit verdunsten würden, müssten die Bäume austrocknen. Daher lassen sie im Herbst ihre Blätter fallen. Den Abwurf der Blätter steuert das Sonnenlicht: Wenn die Tage kürzer werden, sorgen spezielle Hormone dafür, dass eine Trennschicht zwischen Blattstielen und Ästen gebildet wird. Weht dann der Herbstwind durch die Äste, fallen die abgestorbenen Blätter einfach ab.

WARUM SOLLTE MAN LAUB LIEGEN LASSEN?

⚠ Die Laubschicht aus abgestorbenen Blättern schützt die Baumwurzeln vor Frost und generell den Boden vor harter Witterung im Winter. Im Laub überwintern zudem der Igel, verschiedene Schmetterlingsarten und andere Tiere. Zahlreiche kleine Tiere und Bakterien verarbeiten, zersetzen und ernähren sich von Laub. Auf diese Weise verwandeln sich die Blätter im Laufe der Zeit in nährstoffreichen Humus. Ein Blick mit der Lupe lohnt sich: Im Laub können viele kleine Tiere entdeckt werden. Zum Beispiel Ameisen, Käfer, Tausendfüßler, Spinnen, Asseln und Würmer.

Warum fallen nicht auch die Nadeln von den Bäumen?

Weil Nadeln eine geringere Oberfläche und zusätzlich eine dicke Wachsschicht haben. Beides hemmt die Verdunstung der Feuchtigkeit und verhindert so das Austrocknen im Winter. Dabei sind Nadeln genau wie Blätter für Photosynthese und Wasserverdunstung zuständig. Bis zu zehn Jahre bleiben die Nadeln am Baum, dann fallen auch sie ab, einfach, weil sie zu alt geworden sind. Anschließend wachsen neue Nadeln nach.Als einziger Nadelbaum in unseren Breiten wirft die Lärche ihre Nadeln ab: Sie sind zu schmal und die Wachsschicht ist zu dünn.

Was macht der Igel im Herbst?

Er bereitet sich auf den Winter vor. Um den gut zu überstehen, braucht das Tier eine Fettschicht, die ihn vor Kälte schützt und vor allem als Reserve dient – denn während des Winterschlafs wird keine Nahrung aufgenommen. Sich im Herbst mehr als satt zu fressen ist für den Igel also lebenswichtig. Bei Sonnenuntergang begibt sich das dämmerungs- und nachtaktive Tier auf Nahrungssuche. Käfer, Ohrenkneifer und Falter mag der Igel am liebsten. Aber auch Spinnen, Würmer und Schnecken schmecken ihm. Nach Sonnenaufgang ruht sich das Tier unentdeckt im hohen Gras aus. Oder es steuert eins seiner Sommernester an. Diese Nester werden meistens nicht lange genutzt und sind eher einfach aus Gräsern und Blättern gebaut. Ab Oktober sucht der Igel nach einer geeigneten Stelle für sein Winternest. Gern platziert er es an Halt gebenden Hecken, Ästen, Baumwurzeln oder Steinen. Es besteht wie die Sommernester aus Blättern, ist aber größer und mit sehr viel mehr Sorgfalt konstruiert. Es muss vor Kälte und Nässe schützen, damit das Tier ab November ungestört darin schlafen kann.

WANN SOLLTE MAN EINEN IGEL MITNEHMEN?

⚠ Wiegt ein Igel Anfang November unter 500 Gramm, sind seine Fettreserven vermutlich zu gering, um den Winter zu überstehen. Diese Igel gehören wie kranke und verletzte Tiere in den kalten Monaten in erfahrene Hände – zu Menschen, die sie aufpäppeln und später wieder auswildern. Tierärzte und Tierheime geben Auskunft, wohin man die Tiere bringen kann.

Wann sind viele Ringelnattern unterwegs?

Die Natter sucht für ihre Eier einen Komposthaufen, denn dort können bis zu 60 Grad herrschen – der Nachwuchs soll es im Winter warm haben.

Die Ringelnatter, eine der häufigsten einheimischen Schlangen, ist ungiftig und flüchtet, wenn Menschen sich nähern. Im Herbst sieht man viele Ringelnattern. Da die Tage jetzt kälter werden, suchen die Nattern offenere, sonnigere Plätze auf. Oft machen sie sich auch zu mehreren auf die Suche nach einem gemeinsamen Winterquartier. Oder man sichtet viele Jungtiere auf einmal, denn im Juli legen Ringelnattern zwischen 10 und 40 Eier ab; es kommt sogar vor, dass mehrere Nattern ein Sammelgelege mit mehreren 100 Eiern bilden. Die Schlangenbabys schlüpfen im frühen Herbst.

Wie kann man Igeln helfen?

Wer den Igel zu sich in den Garten einladen möchte, sollte das Grundstück in einem möglichst natürlichen Zustand lassen und vor allem keine Schädlingsbekämpfungsmittel benutzen. Der Zaun darf nicht zu engmaschig sein, damit das Tier hindurchschlüpfen kann. Kellerschächte, Gruben und ähnliche Versenkungen können dem Igel zum Verhängnis werden und sollten abgedeckt werden. In Laub-, Totholz- und Reisighaufen, am besten unter eine Hecke gekehrt, findet der Igel im Oktober einen Unterschlupf für den Winter. Frisches Wasser ist wichtig, daher freut sich der Igel über eine Vogeltränke am Boden.

Wer möchte, kann Katzenfutter oder Igelfutter (Zoogeschäft) in einer Schüssel in den Garten stellen.

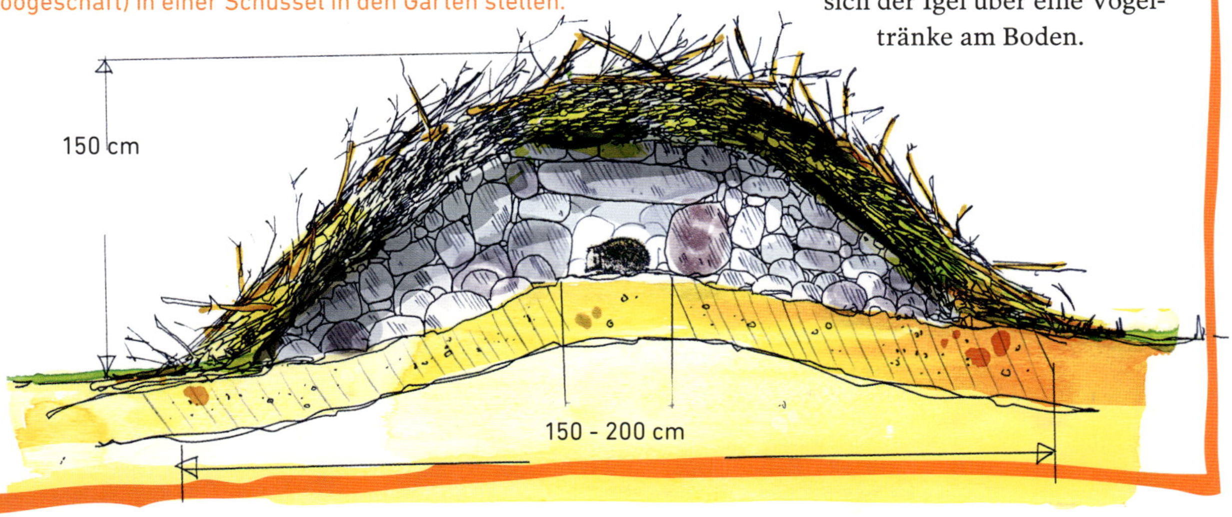

Was sind die gefährlichsten Tiere und Pflanzen?

Die gute Nachricht zuerst: Echte Gefahren lauern in den heimischen Wäldern kaum. Aber es gibt eine Reihe giftiger Tiere und Pflanzen – und ein paar Dinge, die es zu beachten gilt.

1) Kreuzotter Ihr Biss ist schmerzhaft und kann Atemnot und Herzbeschwerden auslösen. Wie die meisten Schlangen zieht sie sich aber schnell zurück, wenn Menschen sich nähern. Auf keinen Fall sollte man einen gebissenen Körperteil abbinden, sondern ihn hochlegen und mit feuchten Wickeln kühlen. Ein Gegengift wird selten verabreicht, nur Schmerzmittel, bis die Symptome abgeklungen sind.

2) Herkulesstaude Die hohlen Stängel der bis zu vier Meter hohen Pflanze (auch Riesen-Bärenklau genannt) verleiten dazu, sie abzuknicken, um damit zu spielen. Doch der Pflanzensaft enthält in hoher Konzentration Furocumarine. Tropft das ätzende Gift auf die Haut, kommt es unter dem Einfluss von Sonnenlicht zu einer allergischen Reaktion, bei der sich wie bei schweren Verbrennungen Blasen bilden, die schlecht verheilen.

3) Zecke Sie wartet an Grashalmen und in Büschen, bis ein potenzieller Wirt vorbeikommt und sie berührt. Dann sticht sie in die Haut, um Blut zu saugen – und im schlimmsten Fall Erreger für Borreliose oder Hirnhautentzündung (FSME) zu übertragen. Das Risiko einer Infektion verringert sich, wenn die Zecke schnell entfernt wird. Dazu fasst man sie mit einer Pinzette möglichst dicht über der Haut und zieht sie unter Rütteln oder leichtem Hin- und Herdrehen gerade nach oben heraus. Vom Herausdrehen raten Wissenschaftler ab, auch das Beträufeln mit Klebstoff oder Öl schade eher als zu nützen.

4) Wildschweine Auch sie sind im Grunde nicht angriffslustig. Wenn sie aber gestört werden oder man ihrem Nachwuchs zu nahe kommt, können sie aggressiv werden. Während die weibliche Bache „nur" zubeißt, kann ein Keiler

Abstand halten vom Nachwuchs: Mit Wildschwein-Eltern ist nicht zu spaßen!

WILDSCHWEIN MIT FRISCHLINGEN?

⚠ Insbesondere in den Monaten Februar, März, April und Mai sollten Spaziergänger auf der Hut sein. Jetzt ist die Aufzuchtszeit der Wildschweinbachen. Wenn diese ihre Frischlinge in Gefahr wähnen, können die bis zu 120 Kilo schweren Muttertiere schon einmal Menschen angreifen.

Die Tollkirsche ist besonders gefährlich, weil die schwarz glänzenden Früchte gut schmecken.

mit seinen 150 Kilo Körpergewicht einen Menschen umwerfen und mit seinen scharfen Hauern sogar tödlich verletzen. Bevor es so weit kommt, sollte man sich ohne hektische Bewegungen zurückziehen. Das Wildschwein wird kaum hinter jemandem herrennen, um ihn zu jagen.

5) Tollkirsche Schon drei bis vier Beeren mit dem Gift Atropin können für Kinder tödlich sein. Die Blätter und Wurzeln tragen außerdem den lebensgefährlichen Stoff Hyoscyamin, von dem schon kleinste Mengen zu Verwirrungszuständen führen: Man wird „toll" – daher der Name.

6) Fingerhut Vom Blatt bis zur Blüte ist alles an dieser Pflanze giftig. Sie enthält mehr als 25 toxische Stoffe, darunter Glykoside, die in sehr kleinen Dosen für Kreislaufmedikamente genutzt werden. Eine zu große Menge kann allerdings sogar zum Herzstillstand führen. Die meisten giftigen Pflanzen verursachen übrigens Übelkeit und Erbrechen, bevor ein Kind eine tödliche Menge davon verzehren kann. Wer jedoch den Verdacht hat, dass sein Kind sich vergiftet hat, fährt am besten direkt ins Krankenhaus. Wenn möglich sollte man Teile der fraglichen Pflanze mitnehmen, damit der Arzt weiß, was genau er behandeln soll.

UNHOLDE IM WALD?

Zwerge leben als kleinwüchsige Wesen im Inneren von Bergen. Oft sind sie stark, meist auch listig.

Die schönen und unsterblichen Feen können ziemlich zornig werden, wenn man mutwillig die Natur zerstört.

Die meisten Almgeister ziehen in menschlicher Gestalt in die Almhütten der Sennen, die im Herbst wieder ins Tal abgestiegen sind.

Manche Trolle sind riesengroß, andere zwergenklein. Mal sind sie heimtückisch, mal gutherzig.

Drachen speien Feuer und wachen meist über einen Scahtz, bis sie ein edler Ritter besiegt.

Warum können Ballons fliegen?

Bei Ballontreffen steigen an die 100 Heißluftballons in den Himmel. Zum ersten Mal gab es so ein Treffen 1971 in Münster.

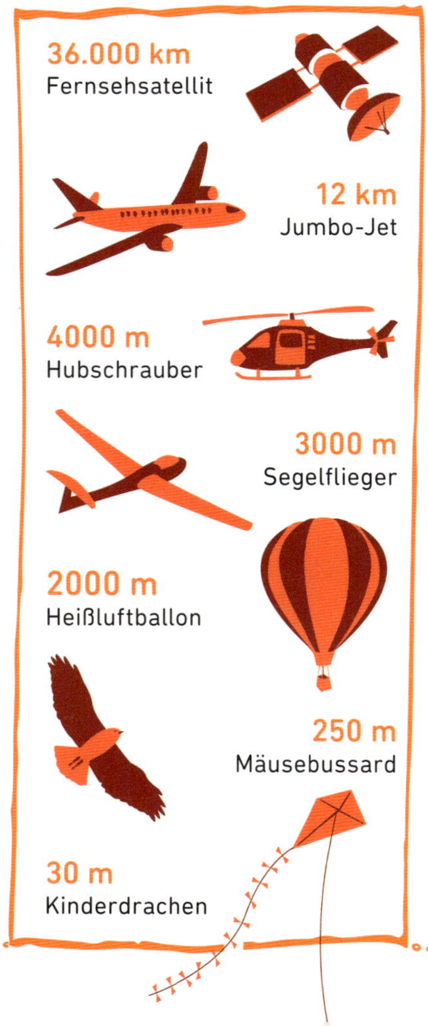

Das Prinzip ist ganz einfach. Am Boden wird in den Ballon zunächst kalte Luft eingefüllt, so dass er kugelrund wird. Durch Gasbrenner wird die kalte Luft im Ballon dann auf etwa 90 bis 100 Grad Celsius erhitzt. Da warme Luft nach oben steigt, erzeugt sie einen Auftrieb, so dass der Ballon mitsamt dem Korb vom Boden abhebt.

In der Luft lässt sich der Ballon dann kaum steuern, da er kein Lenkrad oder Ruder hat. Es bleibt nur, sich nach dem Wind zu richten. Allerdings herrschen in verschiedenen Lufthöhen oft unterschiedliche Windrichtungen. Deshalb kann der Pilot ausprobieren, ob er die Richtung beeinflussen kann, indem er den Ballon zum Beispiel durch neue heiße Luft etwas höher steigen lässt. Weil niemand weiß, wohin der Wind den Ballon trägt, ist der Landepunkt beim Start noch nicht festgelegt. Der Pilot beobachtet von oben die Landschaft und sucht einen Punkt fernab von Windrädern und Strommasten, der sich für die Landung eignet. Hat er ihn gefunden, lässt er die Luft im Ballon abkühlen. Wenn die Temperatur sinkt, dann sinkt der Ballon langsam zu Boden. Außerdem gibt es noch ein Ventil unter der Ballondecke, ‚Parachute' genannt. Das Ventil funktioniert wie ein Deckel, der durch die emporsteigende warme Luft innen an den Ballonstoff gedrückt wird. Zieht man an einer Leine, öffnet sich der Deckel und die warme Luft entweicht. Im Ballon wird es kühler und er verliert schneller an Höhe.

Warum bekommt man Druck auf den Ohren?

Das liegt am Luftdruck. Die Luft besteht aus Molekülen. Diese Teilchen haben ein geringes Gewicht, das einen leichten Druck ausübt. Normalerweise bemerken wir den Luftdruck nicht, da er annähernd gleich bleibt und wir daran gewöhnt sind. In größerer Höhe aber sind immer weniger Teilchen, die Luft wird also leichter und der Druck nimmt ab. Auch im Ohr und im Nasen- und Mundraum befindet sich Luft. Wenn man in einem Flugzeug abhebt, ändert sich der Luftdruck der Umgebung außergewöhnlich schnell. Im Ohr herrscht aber noch derselbe Luftdruck wie am Boden. Dadurch wird das Trommelfell, ein feines Häutchen im Ohr, nach außen gedrückt. Über den Rachen lässt sich der Druck ausgleichen. Bei einem unangenehmen Druck auf den Ohren kann es deshalb helfen, den Kiefer zu bewegen, zu gähnen oder ein Kaugummi zu kauen. Dadurch öffnet sich nämlich die Ohrtrompete, eine kleine Röhre zwischen Ohr und Nasenrachen, die durch Muskeln geöffnet und geschlossen werden kann.

EIN PAAR ZAHLEN

1 Ente, ein Hahn und ein Schaf waren an Bord des Testballons, den die Brüder Montgolfier vor der ersten bemannten Ballonfahrt im Jahr 1783 aufsteigen ließen.

21 Kilometer stieg der Inder Vijaypat Singhania im Jahr 2005 mit einem Heißluftballon in die Höhe – Weltrekord!

9 Jahre alt war Bobby Bradley, der jüngste Ballonpilot der Welt, als er das erste Mal allein mit dem Ballon gefahren ist.

13 Tage und **12 Stunden** benötigte der Abenteurer Steve Fossett, um die Erde mit einem Heißluftballon zu umrunden.

DAS INNERE HÖRORGAN

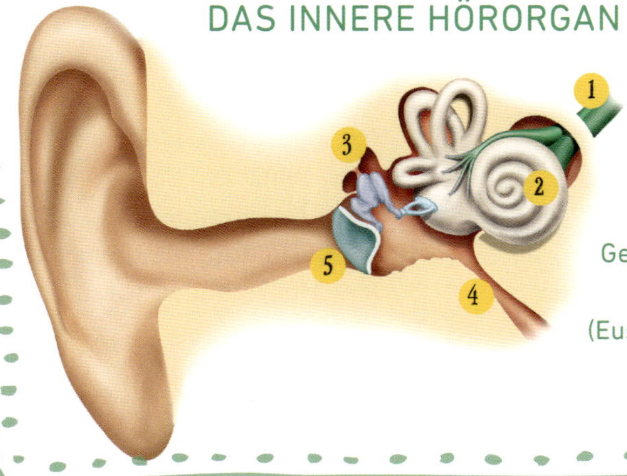

1) Hörnerv
2) Innenohr mit Schnecke
3) Mittelohr mit Gehörnknöchelchen
4) Ohrtrompete (Eustachische Röhre)
5) Trommelfell

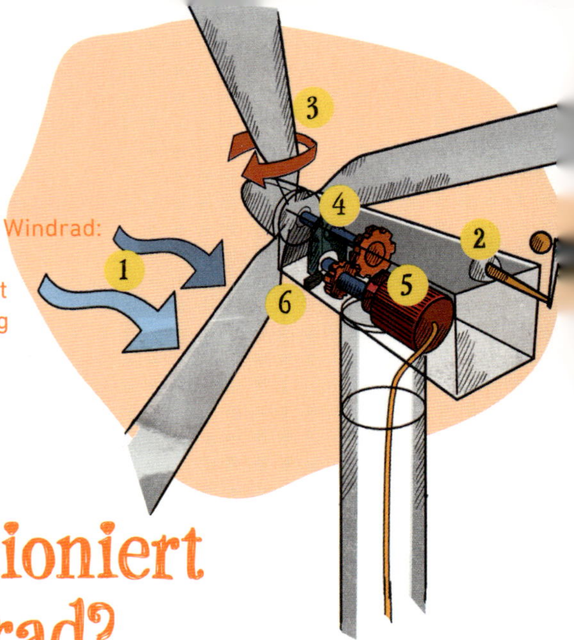

Wie funktioniert ein Windrad?

Um aus Windenergie elektrische Energie zu gewinnen, also Strom, benötigt man natürlich zunächst einmal Wind. Dann braucht man einen Rotor, der den Wind abfängt. Da in 100 Metern Höhe meist mehr Wind weht als am Boden, sind Windräder ziemlich hoch. Von den Luftströmungen angetrieben, drehen sich die Rotorblätter. Über eine Antriebswelle wird diese Drehbewegung an einen Stromgenerator weitergegeben. Dieser wandelt die Bewegungsenergie in elektrische Energie um. Damit die Windkraft optimal genutzt wird, lassen sich die Rotorflügel verstellen. Ein Sensor misst, aus welcher Richtung der Wind kommt.

Neben den Windkrafträdern steht ein kleines Haus, in ihm versteckt sich der Transformator: Hier wird die 690-Volt-Spannung des Windrad-Generators in zehn Kilovolt umgewandelt, die dann in das Netz der Stadtwerke eingespeist werden können. Mittlerweile gibt es in Deutschland rund 24.300 Windkraftanlagen. Und es sollen noch weitere dazukommen.

Am stärksten weht der Wind auf dem Meer – im Durchschnitt doppelt so stark wie im Binnenland! Und die Nordsee gilt als eine der stürmischsten Regionen der Welt. Deshalb sind in der deutschen See sogenannte Offshore-Windparks entstanden. Alpha Ventus, der erste deutsche Offshore-Windpark, wurde offiziell im April 2010 in Betrieb genommen. Seine Windräder stehen etwa 45 Kilometer vor der Küste. Ihre Fundamente mussten 30 Meter unter dem Wasser auf dem Meeresboden verankert werden.

WIESO PUSTET DER WIND?

⚠ Weil warme Luft nach oben steigt und kühle Luft absinkt und weil es nicht überall und zu jeder Zeit auf der Erde gleich warm ist. Zum Beispiel erwärmt sich bei Sonnenaufgang die Luft über dem Land schneller als die über dem Wasser, die warme Luft steigt nach oben und kühlere Meeresluft strömt nach – Wind weht landeinwärts. Am Abend ist es umgekehrt: Jetzt hat die Luft über dem Wasser eine höhere Temperatur und steigt nach oben. Vom Land strömt kühlere Luft an ihre Stelle – ein Landwind geht.

Wieso findet man so viel Treibgut am Strand?

Die Gegenstände werden von Meeresströmungen erfasst und irgendwann von Wellen an Land gespült. Bei Herbststürmen landet mehr am Strand. Tange, Seegras, bunte Steine und Muschelschalen oder sogar eine Flaschenpost – zum Treibgut zählt alles, was aus dem Meer kommt, leider auch Müll. Besonders Tüten und andere Sachen aus Plastik verschmutzen die Strände. Am besten ist, den Unrat einzusammeln, bevor ein Vogel sich im Netz verfängt.

Was ist Bernstein?

Kein Stein, sondern ein fossiles Baumharz! Die Bernsteinwälder wuchsen vor 40 bis 50 Millionen Jahren in Skandinavien. Das Harz wurde durch Einlagerung im Boden vor Sonnenstrahlen, Sauerstoff und Austrocknung geschützt. Ostsee-Bernstein liegt hauptsächlich am Meeresgrund und wurde durch die Eiszeit verteilt. Manchmal kann man auch winzige Insekten im Harz erkennen. Diese Einschlüsse sind Sendboten aus der urzeitlichen Vergangenheit! Ungeschliffen sieht das Gold des Nordens langweilig aus: braun, rötlich und alles andere als glänzend. Erst wenn man den rohen Bernstein mit Sandpapier abschleift, erstrahlt er in Gelb, Orange bis leuchtend Rot. Klarer Ostsee-Bernstein reflektiert das Sonnenlicht und scheint deshalb zu leuchten. Gute Plätze, um an der Ostsee Bernstein zu finden, sind Prerow, Hiddensee, Binz, Wustrow und Ahrenshoop. Die größten Vorkommen gibt es bei Kaliningrad in Russland.

Wie baue ich einen Drachen?

Nur durch die Kraft des Windes und etwas menschliches Geschick fliegt ein Drachen durch die Luft. Zum Drachenbau eignen sich neben Profi-Stoff aus dem Drachenladen stabile Plastiktüten, für dekorative Drachen wird auch Seidenpapier eingesetzt. Das Rückgrat jedes Drachens ist das Gestänge: Für kleinere Drachen reichen Schaschlikspieße aus Bambus, deren Spitzen abgeschnitten sind. Auch Pflanzenstäbe aus dem Blumenladen sind gut geeignet.

1

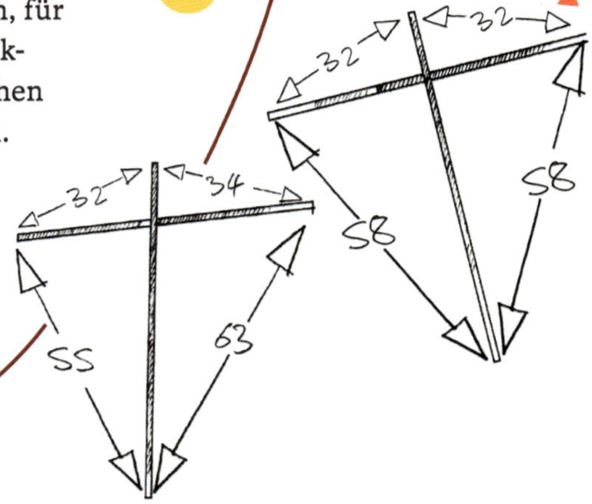

Benötigtes Material Scharfes Cuttermesser, Flachfeile, Lineal, Schere, Flüssigklebstoff, eine Bahn Tyvek/Papierstoff, zwei gleich lange Holzstäbe, Dyneema-Schnur, Textilklebeband, Metallring, Wirbelschäkel, kleiner, leichter, aber stabiler Karabinerhaken, Filzstifte oder wasserfeste, deckende Farben.

1 Symmetrie Um ein symmetrisches Segel (Stoff-Teil des Drachens) zu bekommen, legt man den Stoff doppelt, malt die Hälfte des Drachens auf und schneidet mit einem Cuttermesser und einem Lineal entlang der gezeichneten Linie. Um herauszufinden, ob es gelungen ist, das Gestänge symmetrisch zu legen, misst man von den Enden des Mittelkreuzes aus nach oben und nach unten.

2 Das Grundgerüst Nun wird ein Segel gezeichnet, dessen kürzere Diagonale etwas länger ist als die Holzstäbe. Das Muster auf den Stoff übertragen und an der Kante jeweils 1,5 Zentimeter Luft lassen, damit die Ränder umgeklappt werden können. Nun die Schnur entlang der Ränder legen. An jeder Ecke eine kleine Öse knoten, dann Kante für Kante über die Schnur klappen und festkleben.

3 Einkerben und quer spannen Jetzt eine etwa zwei Zentimeter lange Kerbe in alle Stabenden schneiden. Indem man ein paarmal mit einer Flachfeile hindurchfährt wird diese erweitert. Nun wird einer der gekerbten Stäbe in zwei der Ösen gesteckt. Dann eine weitere Schnur durch beide Kerben ziehen und so den Stab spannen, bis der sich ein bisschen nach oben wölbt. Nun läuft quer über den Drachen eine Schnur, darüber wölbt sich der Querstab. Die Enden der Schnur werden an den Kerben festgeknotet und abgeschnitten.

4 Längsstab fixieren Die Ösen, die oben und unten in die Schnur geknotet wurden, in die gekerbten Enden des zweiten Holzstabes legen. Der Stab sollte nun genau über die Mitte des Drachens verlaufen und wird mit Klebeband an den Ecken und entlang des Holzes auf dem Stoff des Drachens fixiert. Dabei spart man die Stelle aus, an der sich die beiden Holzstäbe kreuzen.

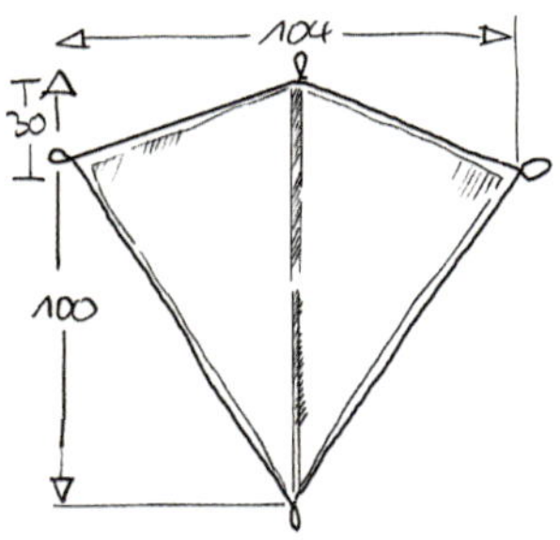

Die kürzere Diagonale muss etwas länger sein als die Stäbe.

2

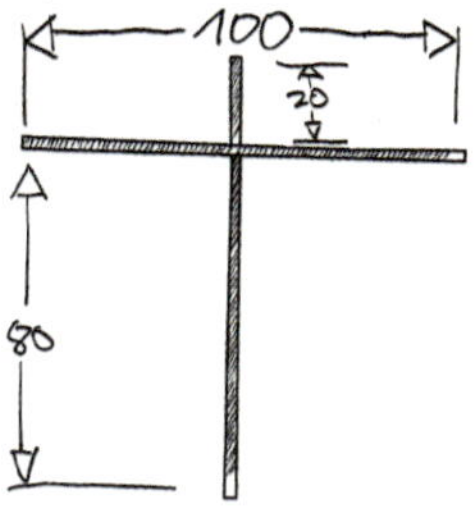

3

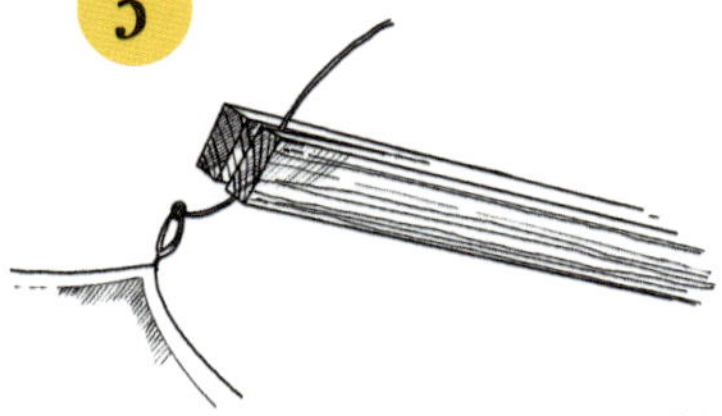

4

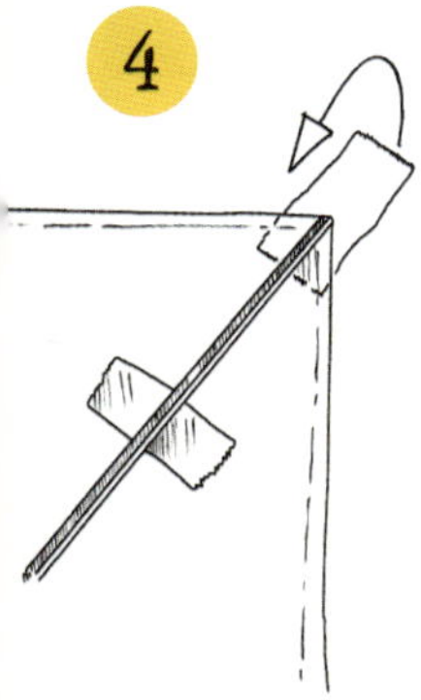

5

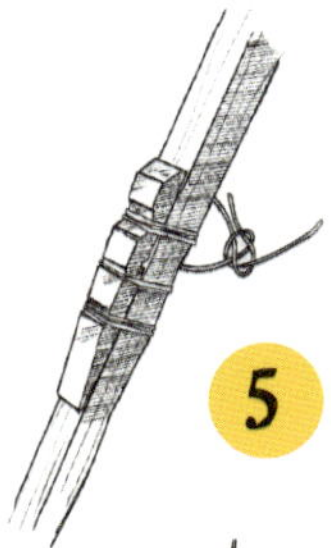

6

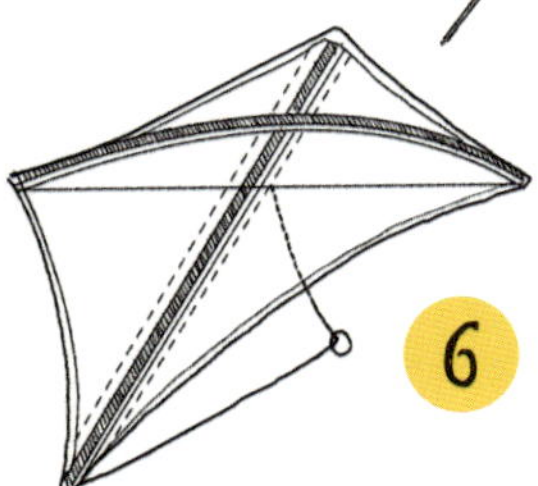

Drachen einstellen: Je stärker beim Drachensteigen der Wind weht, desto mehr muss der Waagering in Richtung Drachennase verschoben werden.

5 Waage anbringen Unter einer Waage versteht man beim Drachen eine Schnur, die am hinteren Ende und in der Mitte angebracht ist und unter dem Drachen ein Dreieck bildet. Zunächst eine Holzwäscheklammer halbieren und an zwei Stellen quer einkerben. Die Tiefe der Kerbe sollte der Stärke der Schnur entsprechen. Nun wird die eingekerbte Wäscheklammer mit der platten Seite etwa drei Finger breit unterhalb des Kreuzungspunktes der beiden Stäbe auf den Längsstab geklebt. Ein Ende der Waage längs auf den Stab legen, gegenüber einer Kerbe in der Wäscheklammer. Eine Schnur zwei-, dreimal fest um den Längsstab und die Waage wickeln und diese mit einem Knoten, zum Beispiel einem Palstek, fixieren. Ein paar Tropfen Klebstoff – nun sollte die Waage nicht mehr verrutschen.
Jetzt wird an der Stelle, an der die Waage befestigt wurde, ein kleines Loch in den Drachenstoff gepikst und die Waage hindurch auf die andere Seite gezogen. Gegen Ausfransen hilft ein Stück Klebeband, das vorher über der Stichstelle platziert wurde. Durch das lose Ende der Waage wird nun ein Metallring gefädelt. Fixiert wird seine Position zum Beispiel mit einem Buchtknoten, der sich schnell lösen lässt. Das lose Ende an das untere Ende des Längsstabes knoten. Man rechnet für die Länge der Waage die anderthalbfache Länge der Längsachse.
An dem Metallring wird der Wirbelschäkel angebracht und daran der Karabinerhaken. An ihm kann die lange Drachenschnur befestigt werden.

6 Feinschliff Jetzt ist der Drachen fertig und kann nach Lust und Laune bemalt werden. Wer hat wohl hinterher den Schönsten?

DRACHENKILLER?

⚠ Hochspannungsleitungen, Eisenbahnlinien, Flughäfen, hohe Baumgruppen und stark befahrene Straßen sind keine geeignete Umgebung, um einen Drachen steigen zu lassen! Dort gefährden Sie sich und andere und der Drachen kann schnell kaputtgehen.

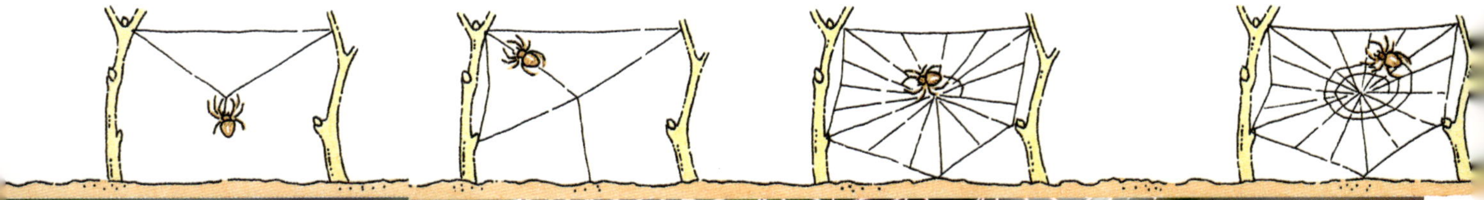

Um Insekten zu fangen, baut rund die Hälfte aller Spinnenarten ein Netz.

Wie baut eine Spinne ihr Netz?

Zunächst sucht sie sich zwei hohe Punkte, zwischen denen sie den ersten Netzfaden spannen kann. Dafür befestigt sie an dem einen Punkt einen dicken Faden und lässt sich dann vom Wind zum anderen Punkt hinübertreiben. Sollte es windstill oder die Spinne zu schwer sein, legt sie die Entfernung zu Fuß zurück und zieht den Faden hinter sich her. Wenn beide Punkte verbunden sind, wird der Faden gestrafft; die Spinne krabbelt dann mehrmals hin und her, um ihn zu verstärken. Anschließend lässt sie sich von der Mitte des Fadens an einem dicken Faden nach unten gleiten, befestigt den neuen Faden, spannt ihn - und schon steht das ypsilonförmige Grundgerüst. Nun baut die Spinne den Netzrahmen weiter aus und zieht innen Speichenfäden. Am Ende krabbelt sie spiralförmig von außen nach innen über die Speichen und baut dabei die Fangspirale.

SIND SPINNEN GIFTIG?

⚠ Ja, die Mehrzahl ist giftig. Die Tiere brauchen Gift, um ihre Beute durch einen Biss lähmen oder töten zu können. Menschen beißen Spinnen nur in äußerster Notwehr. Die heimischen Spinnen können zudem beim Beißen kaum unsere Haut durchdringen, weil ihre Kieferklauen zu klein und zu schwach sind. Schafft es eine größere Spinne doch, ist ihr Biss mit einem Mückenstich vergleichbar. Nur auf der Südhalbkugel der Erde existieren rund 20 Spinnenarten, die dem Menschen gefährlich werden können.

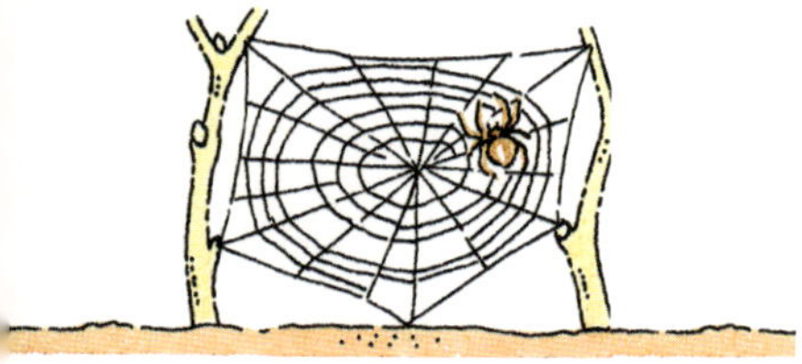

Warum bleibt die Spinne nicht am Netz kleben?

Das Geheimnis ist: Nur die Fäden für die Fangspirale sind klebrig! Die Fäden für den Rahmen und die Speichen kleben nicht, deshalb bewegt sich die Spinne nur auf diesen fort. Kommt sie aus Versehen doch mal mit der klebrigen Fangspirale in Berührung, bewahren sie besondere Borsten am Körper vor dem Verkleben.

STECKBRIEF SPINNENFÄDEN

Material Flüssiges Eiweiß, das die Tiere in einem Organ am Hinterleib, der sogenannten Spinnwarze, produzieren. Alte Netze fressen Spinnen gern auf, bevor sie ein neues Netz bauen. **Dicke** Je nach Spinnengröße und Nutzung sind die Fäden zwischen einem Tausendstel und einem Hunderttausendstel Millimeter dick. **Länge** Die Fangspirale wird je nach Größe des Tieres und des Netzes am Stück bis zu 18 Meter lang.

Warum wird es im Herbst früher dunkel?

Das hat mit der Rotation unserer Erde zu tun. Die Erde dreht sich in 24 Stunden einmal um sich selbst. Auf der Erdhalbkugel, die dabei gerade der Sonne zugewandt ist, ist es Tag, auf der anderen Nacht. Wenn es in Deutschland hell ist, ist die andere Seite der Erdkugel dunkel. Doch Tag und Nacht sind nur am Äquator immer gleich lang, sie dauern das ganze Jahr über jeweils 12 Stunden. In unseren Breiten sind im Herbst und im Winter die Nächte länger als die Tage und die Tage kürzer als die Nächte. Im Frühling und im Sommer ist es umgekehrt. Das liegt daran, dass die Erde sich im Laufe eines Jahres auch einmal um die Sonne dreht und die Erdachse nicht senkrecht auf der Umlaufbahn steht, sondern in einem Winkel von 23,5 Grad geneigt ist. Dadurch erreicht das Sonnenlicht nicht alle Orte auf der Erdkugel gleichmäßig, sondern abhängig von ihrem Breitengrad – also der Position nördlich oder südlich des Äquators. So dreht sich die Nordhalbkugel im Winter früher aus dem Sonnenlicht heraus als die Südhalbkugel. Würde die Erdachse senkrecht auf der Umlaufbahn stehen, wären das ganze Jahr überall auf der Welt die Tage und Nächte gleich lang.

Während wir bunte Blätter sammeln, freuen sich die Menschen auf der anderen Seite der Welt über junge Triebe und den beginnenden Frühling.

KÜRBIS SORTEN

Herbstzeit ist Kürbiszeit. Die ersten Kürbisse können allerdings schon Mitte August geerntet werden, die letzten Mitte Oktober. Schwerwiegende Unterschiede gibt es beim Gewicht, der bislang größte Kürbis wog mit 821 Kilo mehr als zwei Pferde!

1) Hokkaido
Gewicht 0,5 – 2 kg
Verwendung Speisekürbis, kann mit Schale verwendet werden

2) Gelber Zentner
Gewicht 2 – 40 kg
Verwendung Speisekürbis

3) Jack O'Lantern
Gewicht 3 – 7 kg
Verwendung Klassischer Schnitzkürbis, auch essbar

4) Spaghettikürbis
Gewicht 0,5 – 2 kg Verwendung Speisekürbis; Fleisch zerfällt in spaghettiartige Fäden

6) Turbankürbis
Gewicht 1 – 5 kg Verwendung Speise- und Zierkürbis

7) Steirischer Ölkürbis
Gewicht: 0,8 – 5 kg
Verwendung Öl und Kerne (Kerne haben keine Schale)

8) Atlantic Giant
Gewicht 30 – 821 kg
Verwendung Rekordkürbis, wird auf Größe gezüchtet

Schwere Beere: Botanisch betrachtet, ist der Kürbis eine Beerenfrucht. Manche Biologen bezeichnen ihn daher auch als „Panzerbeere".

Was kann man aus einem Kürbis machen?

31. OKTOBER

Der Kürbis gibt mehr her als Suppe und Gruselgesichter. Unter Anleitung können schon kleine Kinder einen eigenen Halloween-Kürbis schnitzen. Die Kerne auszupulen finden Kinder oft eklig; Erwachsene können helfen, indem sie einen zickzackförmigen Deckel in den Kürbis schneiden und die Kerne mit einem stabilen Esslöffel herauskratzen. Hat der Kürbis einen ausgeprägten Stiel, kann man den als (Hexen)Nase ins Kunstwerk integrieren – abends und nachts, wenn der Schatten der Nase im Kerzenlicht tanzt, sieht der Kürbiskopf dann noch gruseliger aus. Gute Dienste leistet ein Kürbis-Schnitzset, das meist Schablonen zum Aufmalen auf den Kürbis enthält. Wer individuelle Gesichter schnitzen möchte, malt sein Wunschmotiv am besten auf einen festen Bogen Tonpapier, schneidet es mit einem Cuttermesser aus und überträgt es auf den Kürbis. Schöne Effekte ergeben sich auch, wenn man von dem klassischen Gesicht weggeht und den Kürbis mit plakativen Motiven wie Sternen verziert.

HALLOWEEN-LEGENDE

Einst, an einem Abend vor Allerheiligen in Irland, nahm ein Betrüger namens Jack dem Teufel durch eine List ein Versprechen ab: Trotz all seiner Schandtaten würde Jack nicht in die Hölle kommen. Doch nach seinem Tod ließ man Jack auch im Himmel nicht ein; er irrte in der Dunkelheit umher. Der Teufel warf ihm als Licht ein Stück glühende Kohle zu, das Jack in eine hohle Rübe steckte. Seither kommt Jacks heimatlose Seele jedes Jahr am Vorabend von Allerheiligen auf die Erde. Um sich zu schützen, höhlen die Menschen einen Kürbis aus und stellen ein Licht hinein.

REZEPT

Kürbis-Pommes mit Joghurt-Minz-Dip

Kürbis-Pommes

1 mehliger Kürbis
etwas Mehl
1 Liter Maiskeimöl
Kräutersalz

Minz-Dip

200 g griechischer Joghurt
2 EL Milch
1 EL mildes Olivenöl
1 Handvoll Minze
1 TL Abrieb einer Bio-Zitrone
ein paar Tropfen Zitronensaft
Salz
Pfeffer

Kürbis schälen, halbieren und entkernen, das Fruchtfleisch in Stäbchen schneiden. In einer großen Pfanne drei Fingerbreit Maiskeimöl erhitzen. Die Kürbis-Pommes portionsweise in ein wenig Mehl wenden, im Öl drei bis vier Minuten ausbacken und auf Küchenkrepp abtropfen lassen. Im Backofen warm halten.

Für den Dip Minze fein hacken. Den griechischen Joghurt mit Milch und Olivenöl glatt rühren, Minze und Zitronenschale hineingeben und mit einigen Tropfen Zitronensaft und Salz würzen. Mit einem Minzblättchen garnieren.

Was können wir denn son

Diese Spiele kannten schon Oma und Opa. Mit Kibbel-Kabbel üben Kinder neben Geschicklichkeit die Grundrechenarten, beim Gummitwist geht es um Geschick, Schnelligkeit und Rhythmus. Gute Puste brauchen die Spieler auch, wenn der Plumpsack herumgeht.

KIBBEL-KABBEL

Der Kibbel genannte Stock ist etwa 10 bis 15 Zentimeter lang, hat zwei angespitzte Enden und einen Durchmesser von 2,5 bis 3,5 Zentimetern. Er wird quer über eine Kuhle gelegt. Ein Schläger schleudert mit einem zweiten Stock, dem 60 bis 70 Zentimeter langen Kabbel, den Kibbel durch die Luft. Ein Spieler der Feldmannschaft muss ihn fangen. Vom Ort des Fangens oder von dort, wo der Kibbel liegen bleibt, muss er zur Kuhle zurückgeworfen werden. Der Schläger legt zuvor den Kabbel quer über die Kuhle. Wird der Kabbel nicht getroffen, hat der Schläger drei Versuche, den Kibbel durch einen Schlag auf seine spitzen Enden von dort, wo er liegen geblieben ist, in die Luft zu schleudern, ihn dort möglichst oft zu treffen und mit einem letzten Schlag weit von der Kuhle weg zu schlagen. Jetzt werden die Schritte von der Kuhle zum Kibbel gezählt. Pro Schritt gibt es einen Punkt, multipliziert mit der Anzahl der Treffer in der Luft. Punkte fürs Fangen: mit links 20, mit rechts 15, mit beiden Händen 10.

GUMMITWIST

Für das Hüpfspiel sollte man mindestens zu dritt sein, außerdem braucht man ein rund vier Meter langes, an den Enden verknotetes Hosengummiband. Zwei der Mitspieler stellen sich gegenüber, spreizen leicht die Beine und spannen das Gummiband mit ihren Fußgelenken. Der dritte Mitspieler springt nun über, zwischen oder auf das Gummiband. Es gibt verschiedene Sprünge sowie Sprungabfolgen. Wer einen Fehler macht, wird vom nächsten Mitspieler abgelöst. Hat man die Sprungabfolge ohne Patzer absolviert, darf man noch einmal springen, aber mit erhöhtem Schwierigkeitsgrad: Das Gummiband wird über Knie, Po, Hüfte immer höher geschoben. Oder der Raum zwischen den Bändern wird verkleinert, indem die Beine geschlossen oder sogar seitwärts gestellt werden. Gummitwist-Profis kombinieren beides. Spannender wird das Spiel, wenn sich ein Mitspieler eine Sprungabfolge spontan ausdenkt und die anderen sie nachspringen müssen. Bei den Sprüngen kann man ein Rad schlagen oder andere Bewegungen einbauen. Der Fantasie sind keine Grenzen gesetzt. Eine Sprungabfolge kann zum Beispiel so aussehen:

och spielen?

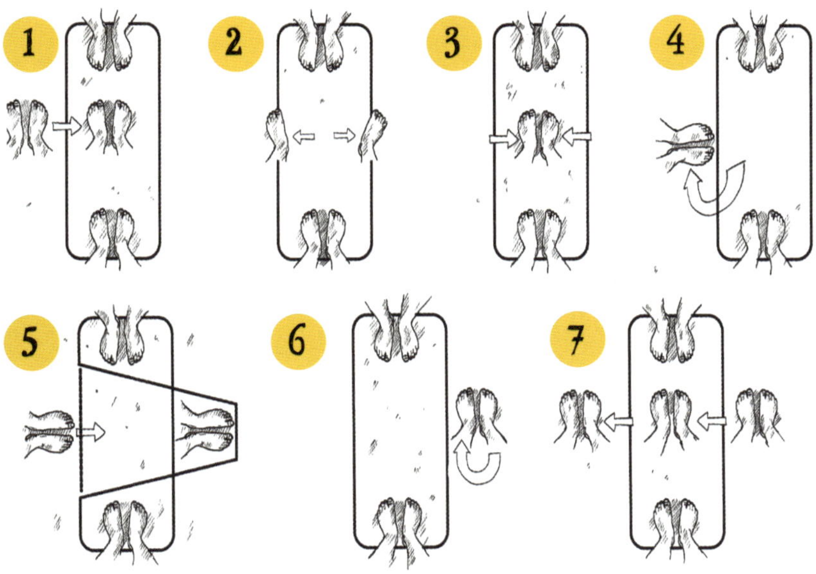

PLUMPSACK

„Dreh dich nicht um, der Plumpsack geht rum. Wer sich umdreht oder lacht, kriegt den Buckel vollgemacht!“ Wer den Plumpsack herumgehen lassen will, benötigt nur ein paar Mitspieler und ein Stofftaschentuch. Zunächst wird ein Taschentuch verknotet, dann wird ein Mitspieler als „Plumpsack“ ausgewählt. Alle anderen stellen oder setzen sich mit dem Gesicht zur Mitte in einen Kreis. Die Spieler im Kreis singen den Plumpsack-Reim. Der Plumpsack schleicht währenddessen hinter den Rücken der anderen um den Kreis herum. Nach kurzer Zeit lässt er das Taschentuch fallen. Der Spieler, hinter dessen Rücken das Tuch landet, versucht den Plumpsack zu fangen. Schafft es der Plumpsack, eine Runde um den Kreis zu rennen, ohne vom fangenden Mitspieler angetippt zu werden, darf er den Platz vom Fänger einnehmen, der zum Plumpsack wird. Schafft er es nicht, bleibt er Plumpsack und probiert es noch einmal.

WINTER

Nun ist es bald wieder so weit: Wir treten ans Fenster und wirklich – es schneit! In dichten Flocken fallen die Schneekristalle, einige bleiben auf der Fensterbank liegen, werden durchsichtiger und zerrinnen zu Wasser, es ist viel heller als sonst und Stille hat sich ausgebreitet. Doch die währt nicht lange. Schon ertönt ein Freudengeheul! Dann ein Poltern und Krachen. Höchste Eile ist geboten: Schlitten klarmachen, Handschuhe und Schneeanzug anziehen und nichts wie raus. Schneemänner wollen gebaut, Schneeballschlachten geschlagen und Hänge hinuntergesaust werden.

Advent leitet sich vom lateinischen Wort „adventus“ (Ankunft) ab. Im Christentum ist damit die Geburt von Jesus gemeint.

Den größten echten Adventskranz der Welt stellt mit acht Metern Durchmesser die Stadt Kaufbeuren auf: Um den Neptunbrunnen werden echte Tannenzweige gebunden und mit anderthalb Meter hohen Wachskerzen versehen.

Der erste Advent wird zwischen dem 27. November und dem 3. Dezember gefeiert.

Warum stellen wir einen Adventskranz auf?

Erfunden hat den Adventskranz der Theologe und Erzieher Johann Hinrich Wichern im Jahr 1839. Nach der Gründung des Waisenhauses „Rauhes Haus“ in Hamburg wollte er bei den Kindern dort die Vorfreude auf Weihnachten wecken, ihnen das christliche Fest näherbringen und den Weg dorthin im wahrsten Sinne erhellen! Der erste Adventskranz bestand aus einem Wagenrad, auf dem kleine rote Kerzen für die Wochentage und große weiße Kerzen für die Sonntage befestigt waren. Jeden Tag zündete Wichern mit den Kindern eine neue Kerze an – bis an Heiligabend alle Lichter brannten. Die Kinder waren begeistert. Und rasch verbreitete sich der Brauch auf der ganzen Welt. Seit Anfang des 20. Jahrhunderts brennen auf den meisten Kränzen höchstens vier Kerzen für die Adventssonntage.

WAS BLÜHT IM WINTER?

Neben der Schneerose blühen Sträucher wie der Winterschneeball ab November. Weil die weißen bis rosafarbenen Blüten des Winterschneeballs so ähnlich wie Vanille riechen, wird die Pflanze auch Duftschneeball genannt. Ab Dezember trägt der Winterjasmin seine leuchtend gelben Blüten. Und im Januar zieht die Zaubernuss mit ihrer gelben bis roten Pracht nach. Parallel dazu wachsen weiße Schneeglocken. Und ab Februar kommen gelbe Winterlinge sowie bunte Krokusse hinzu und läuten den Frühling ein.

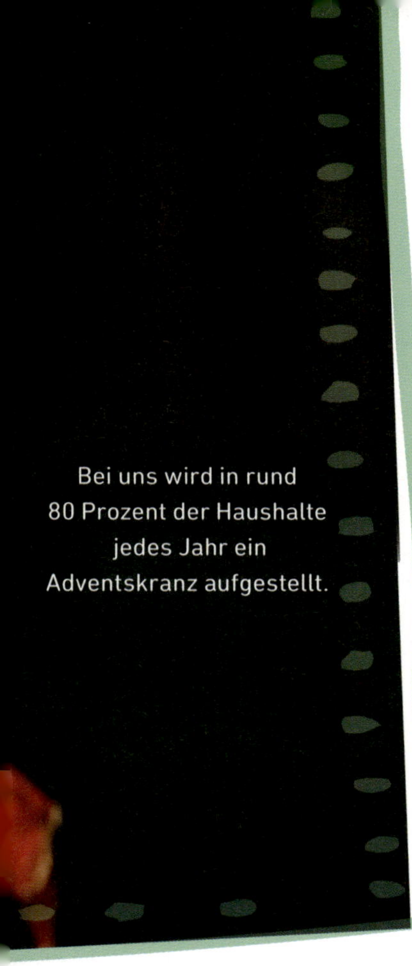

Bei uns wird in rund 80 Prozent der Haushalte jedes Jahr ein Adventskranz aufgestellt.

4. DEZEMBER

WER WAR DIE HEILIGE BARBARA?

Barbara von Nikomedien soll im 3. Jahrhundert gelebt haben. Der Legende nach nahm die schöne und kluge Frau den christlichen Glauben an und wurde dafür zum Tode verurteilt. Als Barbara im Gefängnis ein paar Tropfen ihres Trinkwassers auf einen verdorrten Kirschzweig gab, fing der Zweig an zu blühen. Das tröstete sie.

Die Schneerose zeigt ihre Kelche zur Adventszeit und wird deshalb auch Christ- oder Weihnachtsrose genannt.

STECKBRIEF
SCHMUCKE ZWEIGE

Mistel

(Familie Mistelgewächse)
Brauch Zur Weihnachtszeit werden Mistelzweige meist mit einer roten Schleife über Türrahmen befestigt. Wer darunter steht, darf auf der Stelle geküsst werden. Die Germanen glaubten, dass die Mistel böse Geister abwehren kann, und nannten sie Hexenbesen.

Fichte

(Familie Kieferngewächse)
Brauch Aus ihren Zweigen werden gern Adventskränze gebunden.

Nordmann-Tanne

(Familie Kieferngewächse)
Brauch Ist für Gestecke oder auch als Weihnachtsbaum beliebt.

Stechpalme

(Familie Stechpalmengewächse)
Brauch Wird wegen der knallroten Früchte häufig als Weihnachts- und Adventsschmuck verwendet. Man nennt sie auch Winterbeere oder Christdorn. Achtung: Blätter und Beeren sind giftig.

Sauerkirsche

(Familie Rosengewächse)
Brauch Am 4. Dezember – am Barbaratag – werden Zweige vom Baum geschnitten und in eine Vase gestellt. Blühen sie dann bis zum Weihnachtsfest, bringt das Glück.

Warum brennen Kerzen?

1) Reaktionszone Hauptreaktion mit Sauerstoff an der Flammenoberfläche, bis 1400 Grad Celsius

2) Dunkelzone Wenig Sauerstoffzufuhr, Aufbau von unverbrannten Kohlenstoffpartikeln (Ruß), bis 800 Grad Celsius

3) Glühzone Gelbes Glühen und teilweises Verbrennen heißer Kohlenstoffpartikel, bis 1200 Grad Celsius

4) Blauzone Die Moleküle der Verbrennungsgase strahlen bläulich, bis 1000 Grad Celsius

5) Docht Transportiert das flüssige Wachs, das in der Flamme verdampft

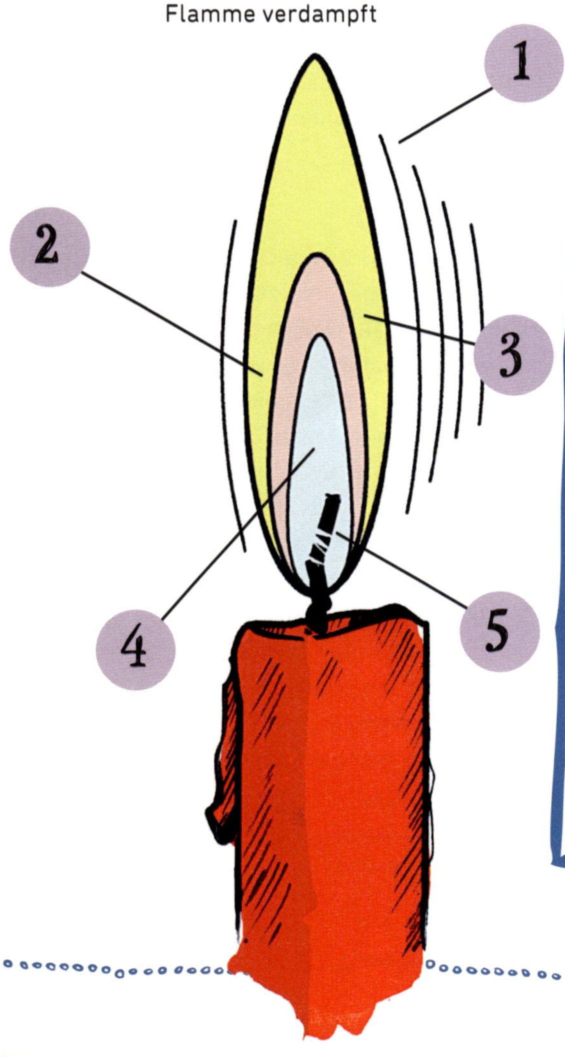

Wieso dampfen Kerzen?

Mit diesen Experimenten kann man Kindern die wissenschaftlichen Hintergründe von Alltagsphänomenen anschaulich erklären. Lassen Sie die Kinder erst staunen. Stellen Sie dann gemeinsam Vermutungen an und erklären Sie erst am Ende.

Kerze auspusten

Material Kerze, Feuerzeug
Versuchsaufbau Zünden Sie eine Kerze an und lassen Sie ein Kind die Kerze auspusten. **Beobachtung** Pustet man nicht lange genug, flackert die Kerze erneut auf.
Erklärung Beim Auspusten wird der brennbare Wachsdampf weggeblasen – so lange, bis das Wachs so weit abgekühlt ist, dass kein Wachs mehr verdampft.

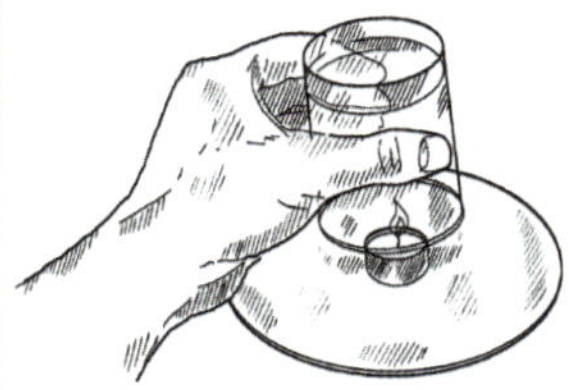

Kerze ersticken

Material Teelicht, Feuerzeug, Teller, Glas **Versuchsaufbau** Zünden Sie ein Teelicht auf einem Teller an. Was passiert, wenn man ein Glas über die Flamme stülpt? Geht sie sofort aus, erst nach einer Weile oder gar nicht? **Beobachtung** Die Flamme brennt erst weiter, wird dann kleiner und erlischt. Wird das Glas vorher angehoben, flackert sie wieder auf. **Erklärung** Zum Brennen braucht die Flamme Sauerstoff aus der Luft. Sie erlischt, wenn der Sauerstoff im Glas verbraucht ist.

Wachsdampf

Material Kerze, Feuerzeug
Versuchsaufbau Lassen Sie eine Kerze brennen. Nach einer Weile löschen Sie die Flamme und halten schnell die Feuerzeugflamme in einem Abstand über den noch heißen Docht. **Beobachtung** Die Flamme springt von oben auf den Docht. Warum entzündet sich die Kerze trotz der Distanz? **Erklärung** In der Resthitze steigt immer noch Wachsdampf auf, der sich wieder entzündet.

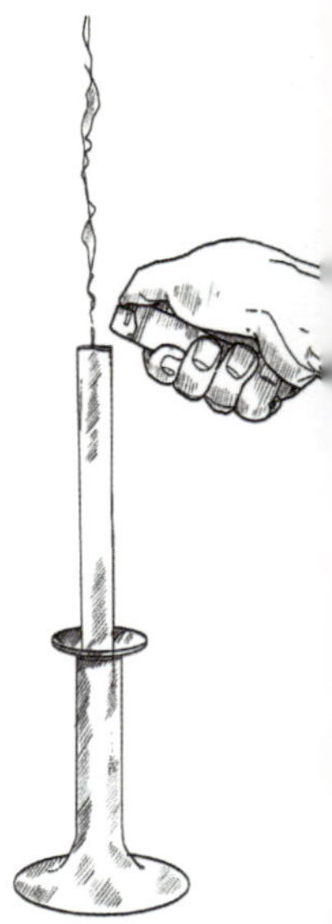

Wie heiß ist Feuer?

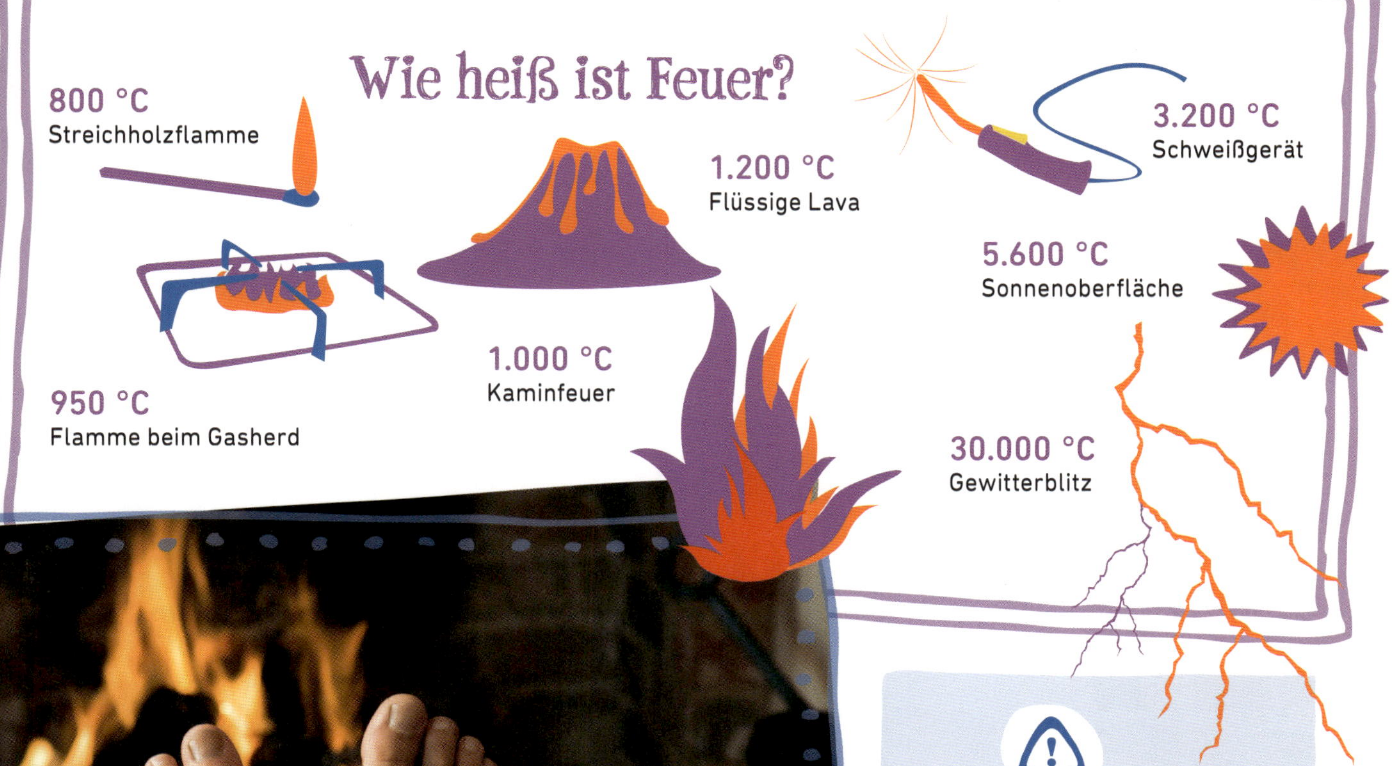

Warum knistert Feuer im Kamin?

Für das gemütliche Knistern gibt es einen nicht so gemütlichen Grund: Die Hitze im Holz löst winzige Explosionen in den Holzzellen aus. Zu Lebzeiten des Baums transportierten die Zellen Wasser und Nährstoffe und versorgten so den Baum. Auch wenn Kaminholz trocken aussieht, sind diese Zellen noch immer gefüllt. Durch das Feuer wird die Feuchtigkeit darin erhitzt, gasförmig dehnt sie sich aus – und die Zellen platzen auf, Wasserdampf zischt und es knistert. Im Holz entstehen durch die kleinen Explosionen Spannungen, die Risse und damit weiteres Knacken verursachen.

SO FUNKTIONIERT EIN FEUERLÖSCHER

⚠ In einem Feuerlöscher sind Gas und ein Löschmittel unter großem Druck eingeschlossen. Wie bei einem aufgeblasenen Luftballon, dessen Mundstück man ein wenig öffnet, um die Luft mit lautem Quietschen herauszischen zu lassen, strömt Gas beim Öffnen des Ventils aus dem Feuerlöscher. Außerdem wird das Löschmittel herausgepresst, etwa Pulver aus einem feinen Salzgemisch. Das legt sich wie eine Decke über das Feuer. So bekommt das Feuer keinen Sauerstoff mehr und der Brand erlischt. Ein herkömmlicher Feuerlöscher ist übrigens schon nach wenigen Sekunden leer, daher gilt: Direkt auf den Brandherd sprühen!

Wer knuspert an meinem Häuschen?

Als Erste begannen Mönche, mit Lebkuchen zu experimentieren: Im Honigkuchen probierten sie Gewürze aus. Heute ist „Lebkuchengewürz“ eine fein abgestimmte Mischung aus Zimt, Nelken, Muskatnuss, Piment, Mazis, Ingwer, Anis, Fenchel, Kardamom und Koriander.

Lebkuchen backen

Nach den Angaben im Rezept drei Platten Lebkuchen backen. In der Zwischenzeit aus Papier Schablonen zuschneiden: Vorder- und Rückseite des Knusperhauses, dazu passende Seitenteile und zwei Dachplatten. Das Dach am besten mit einem Überstand von 1 bis 2 Zentimetern planen, weil es dann aufliegt und man es besser abstützen kann. Mit einem Messer entlang der Schablonen die Hausteile ausschneiden.

Bonbonfenster

Material Campino-Bonbons, Mörser oder Küchentuch und Hammer, runde Ausstechform.
Anleitung 10 rote, gelbe und orange Campino- oder ähnlich glasige Bonbons im Mörser zu groben Krümeln zerstampfen oder in einem Tuch eingewickelt mit einem Hammer zerschlagen. Aus dem vorderen Fassadenteil runde Löcher als Fenster ausstechen. Brösel in die Löcher streuen, so dass jeweils die ganze Öffnung bedeckt ist. Im Ofen (ca. 10 Minuten) verschmilzt die Bonbonmasse zu süßen Fensterscheiben!

Zuckerguss

Eiweiß steif schlagen, dann den Puderzucker nach und nach einstreuen und dabei weiterschlagen. So entsteht ein dickflüssiger Guss, der wie echter Mauermörtel hält.

Knusperhaus bauen

Material Lebkuchen, Zuckerguss, Gläser zum Abstützen, evtl. Zahnstocher/Schaschlikspieße.

Anleitung Zunächst werden die Vorderseite und ein Seitenteil im rechten Winkel zueinander aufgestellt und mit Gläsern abgestützt. Die Fugen von innen und außen mit Zuckerguss füllen, dann die beiden anderen Seiten dransetzen. Der Rohbau sollte über Nacht trocknen, bevor das Dach aufgelegt wird: Die Kanten des Unterbaus dick mit Zuckerguss bestreichen und das Dach von unten abstützen, bis der Guss trocken ist. Zur Not die Verbindung mit Zahnstochern verstärken oder Stützbalken aus Schaschlikspießen einziehen.

Eisenbahn

Material Domino-Steine, Smarties, Zuckerguss, Zahnstocher, evtl. Marzipan-Rohmasse.

Anleitung Die Domino-Steine mit einem abgebrochenen Zahnstocher verbinden – drei für die Lok, je zwei für die Waggons. Aus Marzipan einen Schornstein für eine Dampflok basteln und die Smarties-Räder mit Zuckerguss aufkleben. Dafür den Zug auf die Seite legen und erst umdrehen, wenn der Guss getrocknet ist!

REZEPT

Lebkuchen

Lagerteig
750 g Weizenmehl
250 g Roggenmehl
1000 g Honig

Hauptteig
40 g Lebkuchengewürz
10 g Hirschhornsalz
5 g Pottasche
2 EL Milch

1. Honig schmelzen und abkühlen lassen.
2. Alle Lagerteig-Zutaten mit dem Knethaken ca. 10 Minuten kräftig verkneten, erst langsam, dann auf hoher Stufe. Der Teig kann nun gelagert oder direkt weiterverarbeitet werden.
3. Den Lagerteig mit dem Lebkuchengewürz verkneten.
4. Hirschhornsalz und Pottasche je in einem Esslöffel Milch auflösen. Unbedingt nacheinander in den Teig einarbeiten, sonst verlieren sie ihre Triebkraft! Alle Zutaten gründlich vermischen, damit der Lebkuchen nicht fleckig wird.
5. Den Teig mindestens über Nacht stehen lassen, damit man ihn besser ausrollen kann.
6. Den Teig ca. 2 Zentimeter dick ausrollen und auf ein mit Backpapier ausgelegtes Backblech legen. Bei 180 Grad etwa 15 bis 20 Minuten backen.
7. Lebkuchenplatten sofort vom heißen Backblech schieben und auf einem Kuchengitter abkühlen lassen, damit sie nicht nachdunkeln.

Wie wachs

DIE CASHEW

Vorkommen Der Cashewnussbaum stammt aus dem brasilianischen Amazonasgebiet, wird aber auch in anderen tropischen Ländern in Asien und Afrika angebaut. **Merkmale** In den Tropen gibt es keine Jahreszeiten, deshalb ist der Baum immergrün und trägt ganzjährig Blüten und Früchte. Die ledrigen Blätter werden bis zu 22 cm lang. Auf den Boden hängende Äste können Wurzeln bilden und zu einem neuen Baum heranwachsen. **Nutzung** Geröstete Cashewnüsse zum Knabbern, aus den Schalen gewinnt man Öl für Medizin und Technik.

DIE MACADAMIA

Vorkommen Die Macadamianuss stammt aus dem Osten Australiens. Heute wird der Baum aber auch in Südafrika und Nordamerika, insbesondere Hawaii, angebaut. **Merkmale** Macadamiabäume sind immergrün. Die ovalen Blätter sind schmal und ledrig und werden bis zu 14 cm lang. Die weiß-rosafarbenen Blüten hängen in großen Trauben herab. **Nutzung** Die Samenkerne des Macadamiabaums sind edle Nüsse zum Knabbern und Backen. Die Nüsse werden bei der Ernte nicht gepflückt, sondern vom Boden aufgelesen.

DIE PISTAZIE

Vorkommen Die Römer brachten Pistazien ins Mitmeergebiet. Wichtige Anbaugebiete sind heute die USA, die Türkei, Griechenland und die Länder Vorderasiens. **Merkmale** Die kleinen Blüten sitzen in Trauben zusammen und werden vom Wind bestäubt. **Nutzung** Die Echte Pistazie liefert als einzige Art neben Harz und Öl auch essbare Früchte. Mit ihnen werden Süßspeisen hergestellt und verziert, sie aromatisieren manchmal Mortadella und andere Wurstwaren und sie sind eine beliebte salzige Knabberei.

ese Nüsse?

DIE ERDNUSS

Vorkommen Schon die Ureinwohner Südamerikas kultivierten die Erdnuss, heute wird sie weltweit in tropischen Regionen angebaut. **Merkmale** Die Erdnuss ist ein einjähriges Kraut mit tiefgelben Blüten. Nach der Befruchtung krümmt sich das Fruchtblatt zur Erde hin – und die Nuss reift in der Erde heran. **Nutzung** Obwohl bei uns vor allem als Knabberei bekannt, ist das wohl wichtigste Produkt aus der Erdnusspflanze das aus den Samen gewonnene Öl. Es dient zum Beispiel zur Herstellung von Margarine, Kerzen, Seifen und Salben.

DIE PARANUSS

Vorkommen Der Paranussbaum kommt aus dem tropischen Südamerika, inzwischen wachsen die Bäume auch in der Elfenbeinküste. **Merkmale** Paranussbäume sind Urwaldriesen mit breitem Stammumfang. Die harten Blätter werden bis zu 35 cm lang und haben einen leicht gewellten Rand. Die weißlichen Blüten stehen in traubigen Blütenständen an den Zweigenden. **Nutzung** Im Vergleich zu anderen Nusssorten ist die Produktion gering, da der größte Teil nicht aus Plantagen, sondern von wild wachsenden Bäumen stammt. Die Bäume liefern wertvolles Holz.

DIE MANDEL

Vorkommen Der Mandelbaum wird schon lange im Mittelmeergebiet angebaut, heute kommt er außerdem in Kalifornien, Südaustralien und Südafrika vor. **Merkmale** Mandelbäume sind beliebte Ziergewächse, weil sie schon vor dem Laubaustrieb weiß-rosa Blüten bilden. Die Blätter sind länglich schmal und haben einen gesägten Rand. Mandelbäume können sowohl strauch- als auch baumförmig wachsen. **Nutzung** Mandeln sind wichtiger standteil vieler Back- und Süßwaren, vor allem von Marzipan.

Wie überwintern diese Tiere?

WINTERSCHLAF

Schon im September verkriecht sich der Siebenschläfer in ein Erdloch. Dort ist er vor Frost geschützt und schläft den ganzen Winter über bis in den Mai – also nicht bloß sieben Monate am Stück, wie der Name sagt, sondern sogar noch etwas länger. Zuvor frisst sich der Siebenschläfer mit Bucheckern und Nüssen eine Speckschicht an. Sie wärmt ihn und dient als lebenswichtige Energiereserve – denn während des gesamten Winterschlafs nimmt der Siebenschläfer keine Nahrung zu sich. Um möglichst wenig Energie zu verbrauchen, senkt das Nagetier seine Körpertemperatur auf 3 Grad Celsius und verlangsamt die Atmung. Oft holt es minutenlang gar keine Luft. Sein Herzschlag verringert sich von 450 auf 35 Schläge pro Minute!
Erst wenn es draußen wieder wärmer wird, wacht der Siebenschläfer auf. Langsam normalisiert er seine Körperfunktionen. Auch Igel, Feldhamster und einige Fledermausarten halten Winterschlaf – allerdings nur drei bis vier Monate lang. Die Fledermäuse hängen dabei kopfüber in einer Baumhöhle.

WINTERRUHE

Der Dachs hält Winterruhe. In seinem frostfreien Bau tief unter der Errde schläft er tagelang, während Körpertemperatur, Herzschlag und Atmung unverändert bleiben. Dadurch verbraucht der Dachs eine Menge Energie – dafür reicht die Speckschicht, die er sich im Herbst angefressen hat, nicht aus. Das Raubtier wird ab und zu wach und begibt sich nachts möglichst kurz auf Nahrungssuche, um seine Energiereserven

aufzustocken. Eichhörnchen und andere Tiere, die Winterruhe halten, legen sich für solche Fälle Vorräte in der Nähe ihrer Behausung an. Im Frühling gleicht sich der Tag-Nacht-Rhythmus wieder aus und der nachtaktive Dachs geht die gesamte Nacht jagen und schläft tagsüber in seinem Bau. Auch Marderhunde, Biber, Waschbären und Braunbären halten Winterruhe.

Hier schlafen:
1) Siebenschläfer 2) Dachs 3) Eichhörnchen
4) Fledermaus 5) Eidechse
6) Grasfrosch

WINTERSTARRE

Der Grasfrosch ist ein wechselwarmes Tier, seine Körpertemperatur passt sich der Außentemperatur an. Je kälter es wird, desto kälter wird auch sein Körper – und desto weniger kann er sich bewegen. Mitte Oktober sucht er sich auf dem Grund eines Gewässers einen Unterschlupf und erstarrt dort, sobald es richtig kalt wird (seine Augen bleiben geöffnet!). In der Winterstarre sind Herzschlag und Atmung so verlangsamt, dass kaum Energie verbraucht wird. Der Frosch zehrt von Energiereserven, die er sich im Herbst angefressen hat. Erst wenn sich im März der Schlamm erwärmt, wärmt sich auch der Körper des Grasfrosches auf und die Starre löst sich. Eidechsen, Blindschleichen, Schlangen und Fische sind ebenfalls wechselwarme Tiere.

Wieso sind Tannenbäume oben spitz?

Damit der Schnee herunterrutscht! Wenn Schneeflocken eine dicke Schicht bilden, wird Schnee schwer. Hätten Nadelbäume eine für Laubbäume typische Baumkrone, könnte sich auf den Ästen so viel Schnee sammeln, dass das Holz darunter bricht. Durch die spitze, dreieckige Form von Nadelbäumen rutscht die weiße Masse einfach an den nach unten geschwungenen Ästen herunter.

WARUM FALLEN DIE NADELN NICHT VON DEN BÄUMEN?

Weil sie eine geringe Oberfläche und eine dicke Wachsschicht haben. Beides hemmt die Verdunstung und verhindert so das Austrocknen der Bäume im Winter. Bis zu zehn Jahre bleiben die Nadeln am Baum, dann fallen auch sie ab, einfach, weil sie zu alt geworden sind. Anschließend wachsen neue Nadeln nach. Als einziger Nadelbaum in unseren Breiten wirft die Lärche ihre Nadeln ab: Sie sind zu schmal und die Wachsschicht ist zu dünn.

Warum stellen wir uns einen Tannenbaum ins Zimmer?

Die Tradition des geschmückten Tannenbaums hat sich über viele Jahrhunderte entwickelt und ist aus Bräuchen verschiedener Kulturen entstanden. Weil Nadelbäume im Winter ihre Blätter behalten, schrieben die Germanen ihnen magische Kräfte zu. Die Menschen glaubten sogar, dass ihre Zweige Unglück, Pech und böse Geister fernhalten könnten. Um das Zuhause zu schützen, wurden vor allem in der dunklen Jahreszeit in den Zimmern und auch an den Türen Tannenzweige aufgehängt. Wer das nicht tat, dem sagte man Unheil voraus.

Ein weiterer Brauch basierte auf der Bedeutung der Farbe Grün: Grün steht für die Hoffnung, für Gesundheit und Lebenskraft. Wer seine Wohnräume in den harten Wintermonaten mit immergrünen Zweigen schmückte, brachte seine Hoffnung auf einen baldigen Frühling und ein gutes neues Jahr zum Ausdruck.

Wann und durch wen die Bräuche rund um die Tannenzweige mit dem Weihnachtsfest verbunden wurden, lässt sich nicht eindeutig klären. Auch nicht, wie aus den Zweigen schließlich Bäume wurden. Zum ersten Mal gab es jedenfalls im Elsass Ende des 16. Jahrhunderts mit Süßigkeiten und Äpfeln geschmückte Tannenbäume zum Weihnachtsfest in den Wohnräumen. Etwas später kamen Kerzen hinzu.

6. DEZEMBER

NIKOLAUSABEND IST DA!

Der heilige Nikolaus war ein Bischof und lebte 300 Jahre nach Christus in Myra (heute heißt der Ort Demre und liegt in der Türkei). Er soll viele Kinder beschützt und beschenkt haben. In Deutschland stellen Kinder am Abend des 6. Dezember einen Stiefel vor die Tür. Wenn er am nächsten Morgen voller Nüsse und kleiner Geschenke ist, war wohl der Nikolaus da.

Was ist ein Tannenzapfen?

Auch wenn wir meist „Tannenzapfen" sagen, bilden alle Nadelgehölze Zapfen aus, also auch Kiefern, Fichten oder Eiben. Zapfen sind nichts anderes als die weiblichen Blütenstände, die beim Reifen verholzen. Sie bestehen aus einer Zapfenspindel, um die sich Zapfenschuppen spiralförmig anordnen. Geschützt im Inneren befinden sich die Samen, aus denen neue Bäume wachsen können. Im Sommer öffnen die Zapfen ihre Schuppen und geben die Samen frei. Sie werden meist durch den Wind verbreitet, teilweise auch durch Tiere wie Eichhörnchen oder Spechte. Übrigens: Die länglichen Zapfen, die man auf dem Waldboden findet, sind Fichtenzapfen. Tannenzapfen zerfallen nach dem Samenflug oben an den Ästen. Nur Fichtenzapfen fallen im Ganzen vom Baum.

1) Die kleine männliche Blüte (auch Pollenzapfen genannt) sendet Pollen aus und fällt danach vom Baum. 2) Der größere weibliche Blütenstand verholzt nach der Befruchtung und bildet den Zapfen. 3) Der Zapfen öffnet sich bei gutem Wetter und lässt die Samen fliegen. 4) Der Zapfen der Weißtanne wächst aufrecht. Die Deckschuppe schützt den geflügelten Samen.

Welcher Bau

DIE FICHTE

Vorkommen Auf der Nordhalbkugel, besonders im Norden Russlands und Kanadas sowie auf höheren Gebirgsstufen **Heimische Arten** Von den etwa 40 Arten nur die Gemeine Fichte **Merkmale** Kegelartige Nadelbaumform. Die Nadeln sind hart, vierkantig, spitz und um den gesamten Ast angeordnet. Fallen sie ab, machen die holzigen Nadelkissen den Zweig raspelig und rau. **Alter** Die Gemeine Fichte bis zu 600 Jahre. Erreicht aber selten mehr als 100 Jahre, da das Holz des schnell wachsenden Baums oft forstwirtschaftlich genutzt wird.

DIE KIEFER

Vorkommen Auf der Nordhalbkugel, Bestand reicht in Asien sogar bis nach Malaysia. Da Kiefern beliebte Zierbäume sind und ihr Holz ein begehrter Baustoff für Möbel und Häuser ist, auch außerhalb ihres natürlichen Verbreitungsgebietes häufig zu finden. **Heimische Arten** Von den etwa 100 Arten wächst hier die Wald-Kiefer am häufigsten. **Merkmale** Ausladende, gerundete Krone. Die männlichen Blüten stehen in Gruppen und entlassen schon bei kleinen Berührungen gelben Blütenstaub. **Alter** Die Wald-Kiefer kann 600 Jahre alt werden.

DIE DOUGLASIE

Vorkommen Im westlichen Nordamerika und in Ostasien. Amerikanische Küsten-Douglasie wurde als Lieferant für Bauholz und als imposanter Parkbaum nach Europa eingeführt. **Heimische Arten** Küsten-Douglasie wird auch Douglastanne, Douglasfichte oder Douglaskiefer genannt, obwohl sie mit keiner der Gattungen näher verwandt ist. **Merkmale** Krone ist in jungen Jahren pyramidenförmig und wird mit dem Alter ausladender. Harz riecht nach Zitrone, der Duft entsteht auch beim Zerreiben der Nadeln. **Alter** Bis zu 1400 Jahre.

t das denn?

DIE TANNE

Vorkommen Auf der Nordhalbkugel, insbesondere in Gebirgswäldern **Heimische Arten** Von den etwa 50 Arten allein die Weißtanne. Bestand gilt in Deutschland als gefährdet. Als „Tanne" werden oft alle Nadelbäume bezeichnet. Der „Tannenbaum" muss keine Tanne sein! **Merkmale** Aufrecht stehende Zapfen, hellgraue Rinde und flache Nadeln mit Einkerbung an der Spitze und zwei weißen Streifen an der Unterseite. In der Wuchsform der Fichte sehr ähnlich, wobei Tannennadeln meist länger und weicher sind. **Alter** Die Weißtanne bis zu 600 Jahre.

DIE LÄRCHE

Vorkommen Auf der Nordhalbkugel, vor allem im Gebirge **Heimische Arten** Von den etwa neun Arten lediglich die Europäische Lärche. Die Japanische Lärche wurde durch die Forstwirtschaft eingeführt. Die Arten können miteinander eine Zwischenform zeugen, die sehr widerstandsfähig gegen Insekten und Pilze ist. **Merkmale** Krone ist pyramidenförmig, aber meist runder und unregelmäßiger als die Kegelform von Fichten oder Tannen. In Büscheln stehende Nadeln verfärben sich im Herbst gelb und fallen dann ab. **Alter** Im Schnitt etwa 600 Jahre.

DIE EIBE

Vorkommen In den gemäßigten Breiten der Nordhalbkugel. Nur die Chinesische Eibe erreicht den Äquator. **Heimische Arten** Von den sieben Arten nur die Europäische Eibe. Zahlreiche Züchtungen. **Merkmale** Wachsen kegelförmig bis rundlich-buschig. Die oberseits dunkelgrünen Nadeln tragen auf der Unterseite zwei weiße Längsstreifen. Die männlichen Blüten sind gelbbraun. **Alter** Können über 1000 Jahre alt werden.

WARUM KLEBT DIE ZUNGE AN KALTEM METALL FEST?

⚠ Weil Metall ein sehr guter Wärmeleiter ist. Wenn ein Kind zum Beispiel an einem eiskalten Geländer leckt, zieht das Metall sofort die Oberflächenwärme der Zunge ab. Der Speichel zwischen Zunge und Metall wird so kalt, dass er gefriert. Die Eiskristalle halten sich an den Poren auf der Zunge fest. Nur durch Erwärmen des Metalls lässt sich die Zunge schmerzfrei lösen.

Auf der warmen Zunge wird aus den Schneeflocken wieder Wasser.

Wie entsteht Schnee?

Wasser gefriert ab einer Temperatur von 0 Grad Celsius. Dasselbe geschieht im Winter auch mit der Luftfeuchtigkeit in den Wolken. Wenn in der Atmosphäre niedrige Temperaturen herrschen und die Luftfeuchtigkeit hoch ist, hängen sich winzige Wassertröpfchen an Staub- und Rußpartikel – und gefrieren. Auf diese Weise bilden sich mikroskopisch kleine Eiskristalle, die sich mit anderen verketten – und so zu Schneeflocken werden. Eine einzelne Schneeflocke kann aus bis zu zehn Millionen Eiskristallen bestehen. Dabei haben alle Flocken eine sechseckige Struktur, doch keine gleicht der anderen.
Während die Schneeflocken „wachsen", wirbeln sie zusammen mit den Eiskristallen in der Wolke umher. Liegt die Temperatur dort oben um den Gefrierpunkt, entwickeln sich die größten Flocken. Ist es kälter als null Grad, bleiben die Flocken etwas kleiner. So oder so: Wenn die Schneeflocken ein bestimmtes Gewicht erreichen, segeln sie automatisch als Schnee auf die Erde hinab.

Warum ist Schnee weiß?

Wenn Eiskristalle aus gefrorenem Wasser bestehen, warum ist Schnee dann nicht so durchsichtig wie Wasser? Das liegt daran, dass in und zwischen den zahlreichen Schneeflocken unendlich viele Luftbläschen eingeschlossen sind. Die Bläschen reflektieren das Licht auf einer Wellenlänge, die den Schnee für unser Auge weiß erscheinen lässt. Wer sehen möchte, wie viel Luft sich im Schnee versteckt, muss nur eine Tasse bis zum Rand mit Schnee füllen und schmelzen lassen: Das Schmelzwasser wird viel weniger Raum im Becher einnehmen und zeigt so, wie viel Luft im Schnee eingeschlossen war.

22. DEZEMBER

„WINTERANFANG“
(FAST) DER KÜRZESTE TAG DES JAHRES

Der bei uns dunkelste Tag des Jahres war gestern, ab heute wird es jeden Tag wieder heller. Im Winter ist die Nordhalbkugel von der Sonne abgewandt. Den Nordpol erreichen die Sonnenstrahlen sogar sechs Monate lang überhaupt nicht: Während der Polarnacht genannten Jahreszeit herrscht Tag und Nacht Dunkelheit.

Warum knirscht Schnee?

Wegen der Schneeflocken-Form. Von den sechseckigen Schneekristallen gehen viele feine Verästelungen ab, und die können so unterschiedlich aussehen, dass keine Schneeflocke der anderen gleicht. Am Boden angekommen, bilden die verschiedenen Flocken eine lockere Schneedecke, die Verästelungen der Schneekristalle tauen an und gefrieren wieder. So verbinden sich die benachbarten Schneeflocken und es entsteht ein großes Gebilde aus Eiskristallen. Läuft man nun über diese Schneedecke, presst man die Luft aus dem Schnee heraus und die Verästelungen der Kristalle brechen ab. Es knirscht! Älterer Schnee ist meist fest zusammengepresst oder mehrfach getaut und wieder gefroren, so dass nicht mehr so viel Luft enthalten ist und die Kristalle nicht mehr brechen. Bei Temperaturen um 0° Grad Celsius werden die Verästelungen der Schneeflocken beweglicher oder tauen ab. Es bildet sich ein Wasserfilm zwischen den Eiskristallen, weshalb sie kaum mehr knirschen.

Weshalb wird es so still, wenn es schneit?

Weil sich in und zwischen den Schneeflocken Luft befindet, und die wirkt schalldämpfend. Die Dichte eines Materials bestimmt nämlich seine akustischen Eigenschaften. Wenn es schneit und außerdem schon etwas Schnee liegt, ist es am stillsten. Zusätzlich zu den Schneeflocken in der Luft mit ihren im Inneren eingeschlossenen Luftbläschen dämpft die Schneedecke am Boden Geräusche. Neuschnee besteht sogar zu 90 Prozent aus Luft. In ihm breiten sich Schallwellen nicht mehr gleichmäßig aus, sondern dringen in die kleinen Luftkammern zwischen den Schneeflocken ein und werden auch in die Luftbläschen der Flocken weitergeleitet. Dort „verschlucken" die Flocken den Schall, indem seine Energie in Wärmeenergie umgewandelt wird. Allerdings ist diese Wärmeenergie so gering, dass sie den Schnee nicht zum Schmelzen bringt! Wenn die Schneedecke mit der Zeit leicht zusammenfällt, verringert sich ihr Luftanteil. Jetzt werden Geräusche weniger stark absorbiert, weil die Schallwellen nicht mehr so tief eindringen können. Im Gegensatz zur Schneedecke wirkt das harte, gepresste Eis in einer Schlittschuhhalle oder auf einem Gletscher sogar schallverstärkend, weil die glatte Oberfläche die Schallwellen zurückwirft.

Schnee, der bei Temperaturen leicht über dem Gefrierpunkt fällt, klebt am besten, weil er schon leicht angetaut ist.

Wie baut man einen Schneemann?

Als Ohren gehen Deckel von Konservendosen, Kronkorken ergeben lustige Augen. Ein Trichter macht sich auf dem Kopf gut. Mit Mamas Bikini wirkt die Schneefrau sommerlicher. Katzenaugen/Reflektoren als Mund, Nase, Augen zeigen abends allen, dass hier ein Schneemensch wohnt. Ein Besen (Stiel abschrauben) auf dem Kopf verwandelt den Schneemann in einen Punk. Und Karotten dürfen auch zu Vampirzähnen werden. Viel Spaß!

STREUSALZ VERMEIDEN!

⚠ Streusalz versickert mit dem Schmelzwasser und ändert den Salzgehalt von Boden und Grundwasser. Das vertragen Bäume und Pflanzen schlecht. Auch für Tiere kann das Streusalz schädlich sein, da sich die Haut an den Pfoten durch das Salz entzünden kann. Für den heimischen Gehweg sollte man daher besser zu Besen und Schaufel greifen oder bei festgefrorenem Schnee und Glatteis Sand oder Granulat ausstreuen.

Warum lässt Salz Eis schmelzen?

Auch eine sehr fest gefrorene Eisfläche ist von einem hauchdünnen Flüssigkeitsfilm bedeckt. Mit ihr verbindet sich das gestreute Salz – es entsteht eine Salzlösung, Wasser mit sehr hohem Salzgehalt. Während Wasser bereits bei 0 Grad Celsius gefriert, bleibt eine Salzlösung bis zu einer Temperatur von rund -21 Grad Celsius flüssig. Da der Gefrierpunkt der Salzlösung also unter dem des Wassers liegt, beginnt das Eis zu schmelzen. Langsam wird aus dem Eis eine Kochsalzlösung.

31. DEZEMBER

SILVESTER

Der letzte Tag im Jahr verdankt seinen Namen einem Papst, Silvester I. Von 314 bis 335 war er das Oberhaupt der Christen. Silvester I. wird häufig mit einem Schlüssel in der Hand dargestellt – den braucht er, um das alte Jahr zu schließen und das neue zu öffnen. Aus der Neugier, was das nächste Jahr wohl bringt, entwickelten sich verschiedene Bräuche, das Bleigießen ist bei uns besonders bekannt.

Dass wir am letzten Abend des Jahres Raketen in den Himmel schießen und Böller krachen lassen, ist eine Mischung aus vielen Bräuchen.

Warum machen wir Silvester ein Feuerwerk?

Bereits zur Zeit der Germanen, einige Jahrhunderte vor Christus, gab es Bräuche, die unseren Silvesterfeiern sehr ähneln. Um die bösen Geister zu vertreiben, von denen die Germanen glaubten, dass sie in den langen dunklen Winternächten spukten, machten sie großen Krach oder zündeten Holzräder an und ließen sie brennend bergab rollen.

Die ersten echten Pyrotechniker, wie man Spezialisten für das Abbrennen von Feuerwerken nennt, waren allerdings die Chinesen. Sie entdeckten das Schwarzpulver, ein explosives Pulvergemisch. Bereits in Schriften, die mehr als 1000 Jahre alt sind, werden Raketen erwähnt, mit denen Feinde bekämpft wurden. Händler und Seefahrer brachten das Schwarzpulver später nach Europa. Bis zu den heutigen bunten Feuerwerken dauerte es aber noch eine ganze Weile. Erst im Jahr 1379 wird in der italienischen Stadt Vicenza erstmals ein kunstvolles Feuerwerk gezündet, dessen Lichter eine Taube darstellten. In den folgenden Jahrzehnten wurden Feuerwerke beliebter, vor allem bei den Adeligen. Sie unterhielten damit ihre Gäste und stellten ihren Reichtum zur Schau. Im Laufe des 19. Jahrhunderts wurden Feuerwerke zu einem öffentlichen Spektakel.

AUFBAU EINER SILVESTERRAKETE

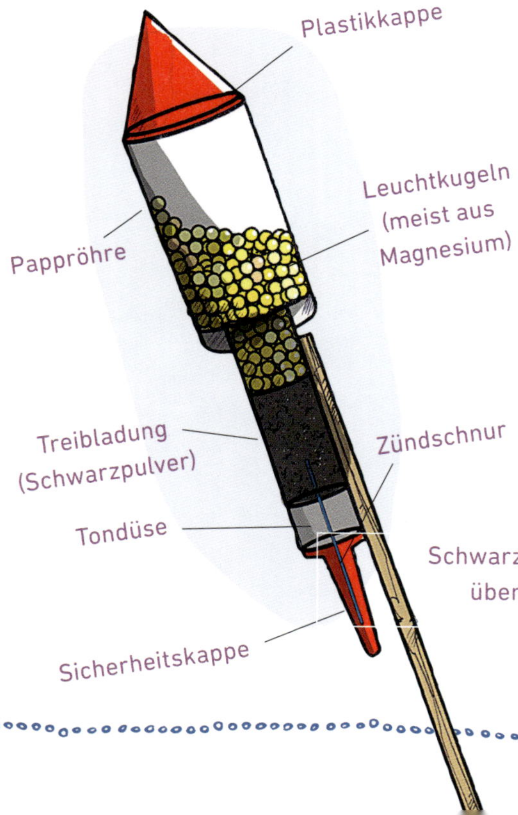

Schwarzpulver treibt die Rakete an, mit Spezialsalzen überzogene Kügelchen sorgen für Farbeffekte.

Keine Zauberer, sondern Pyrotechniker stecken hinter spektakulären Großfeuerwerken.

Wie bringt man den Himmel zum Leuchten?

Professionelle Pyrotechniker arbeiten kaum noch mit Raketen, da deren Flugbahn zu schlecht berechenbar ist. Stattdessen verwenden sie Kugel- oder Zylinderbomben. Diese werden mit Hilfe eines Abschussrohrs in den Himmel befördert. In der Feuerwerksbombe befinden sich verschiedene Kügelchen, von denen etliche mit Schwarzpulver überzogen sind. Wenn die Kugeln explodieren, platzt die Bombe und das Feuerwerk breitet sich am Himmel aus. Für die Farben sorgen Kugeln aus bestimmten Chemikalien. Beim Abbrennen leuchten sie jeweils in einer anderen Farbe. Man nennt sie daher auch Leuchtsterne. Es gibt Leuchtsterne, die kurz funkeln, andere brennen wie ein Komet ab. Die Leuchtsterne können im Inneren der Bombe auf den Schwarzpulverkugeln in verschiedenen Figuren ausgelegt werden. Damit sie vor der Explosion im Flug nicht durcheinanderwirbeln, hält man sie oft durch Pappröhrchen oder Klebeband in ihrer Position. Wenn die Bombe dann am Himmel explodiert, brennen die Leuchtsterne ab und verteilen sich so, wie man sie ausgelegt hat. Am Himmel leuchtet dann zum Beispiel ein Herz.

WIE KÖNNEN WIR GEFAHRLOS BALLERN?

⚠ Beim Kauf von Raketen und Krachern auf die BAM-Prüfnummer achten. Diese Böller sind von der Bundesanstalt für Materialforschung geprüft. Knallkörper der Klasse 1 dürfen Kinder ab 12 Jahren abbrennen.

⚠ Feuerwerke und Kracher am Boden mit einem Stabfeuerzeug zünden. Blindgänger, die nicht explodieren, auf keinen Fall aufheben oder sogar noch mal anzünden!

⚠ Raketen starten am sichersten aus Flaschen, die in einem Getränkekasten stehen. Bei stärkeren Winden keine Raketen abfeuern, weil die Flugbahn unberechenbar wird.

6. JANUAR

„IST **DREIKÖNIG** HELL UND KLAR, GIBT'S VIEL WEIN IM NEUEN JAHR."

Um den Dreikönigstag herum wagen Landwirte einen ersten Ausblick auf die Ernte: Fällt das Frühjahr nass und kalt aus, kann sich die Ernte verzögern und geringer ausfallen. So hat die Weinlese in Deutschland 2013 durch das kalte Frühjahr zwei Wochen später begonnen als üblich, und es wurden knapp zehn Prozent weniger Trauben geerntet.

Frieren Fische eigentlich?

Nein. Auch wenn es kaum vorstellbar ist: Fische in der Nordsee frieren selbst dann nicht, wenn das Wasser auf 3 Grad Celsius abkühlt. Manche Fische fühlen sich erst richtig wohl, wenn das Wasser so kalt ist, dass wir nicht mal mehr unsere Füße hineinhalten würden. Das ist nur möglich, weil Fische zu den wechselwarmen Tieren gehören. Im Gegensatz zu den gleichwarmen Tieren, zu denen wir Menschen, alle anderen Säugetiere und die Vögel zählen, können sie ihre Körpertemperatur der Umgebung anpassen. Die Fischarten in unseren Breiten haben sich im Laufe der Evolution an die jahreszeitlich bedingten Temperaturschwankungen angepasst. Tropische Arten hätten dagegen wohl keine Überlebenschance in der eisigen Nordsee. Sie haben sich auf andere Klimazonen eingestellt. Es gibt Fische, denen Wassertemperaturen unterhalb des Gefrierpunkts nichts ausmachen. Sie haben Frostschutzmittel im Blut, „Anti-Freeze"-Proteine, die verhindern, dass es gefriert und die Tiere erstarren.

Warum kriegen wir blaue Lippen,wenn wir frieren?

Durch das Atmen gelangt Sauerstoff ins Blut. Dort heftet er sich an eisenhaltige, riesige Eiweißmoleküle, das Hämoglobin, das in den roten Blutkörperchen steckt. So wird der Sauerstoff in alle Teile des Körpers transportiert und wandert überall in die Körperzellen. In den Zellen kommt es dann zu einer chemischen Reaktion, bei der Sauerstoff mit der Glykose aus unserer Nahrung reagiert. Durch die Reaktion erhalten wir die Energie, die wir zum Leben brauchen. Außerdem entsteht Kohlendioxid. Da der Körper das Gas nicht braucht, gibt er es ab: Über das Blut wird es zur Lunge transportiert und wir atmen es aus.

Blut, das viel Sauerstoff enthält, ist hellrot, sauerstoffarmes Blut ist bläulich. Fließt das Blut langsamer, wird mehr Sauerstoff in die Körperzellen abgegeben. Das passiert bei Kälte, weil sich dann Blutgefäße verengen, so dass Blut nicht mehr so schnell hindurchfließen kann.

Da wir an den Lippen eine besonders dünne, zarte Haut haben, schimmert bei Kälte das bläuliche, sauerstoffarme Blut hindurch.

WIESO FRIEREN WIR?

⚠ Bei 37 Grad Celsius funktioniert unser Körper optimal, deshalb versucht er diese Temperatur zu halten. Bei Kälte werden Herz, Lunge und andere lebensnotwendigen Organe stärker durchblutet und so geschützt. Zugleich versucht der Körper Energie zu sparen, indem er die äußeren und vorstehenden Körperteile weniger durchblutet. Deshalb frieren wir häufig zuerst an den Händen und Füßen, und auch die Lippen durchfließt dann weniger Blut.

Brauchen Pferde im Winter eine Decke?

Im Grunde brauchen Pferde keine Decke. Dabei ist es unwichtig, um welche Pferderasse es sich handelt. Pferde, die sich artgerecht das gesamte Jahr über draußen im Offenstall aufhalten, entwickeln schon im Herbst einen dichten Pelz, der die Tiere vor Kälte, Wind und Schnee schützt. Es kann allerdings sein, dass Pferde, die nur Boxenhaltung kennen und nur wenige Stunden pro Tag an die frische Luft dürfen, zu wenig Winterfell entwickeln. Diese Tiere kann man eindecken – genauso wie kranke und alte Pferde.

Manche Pferdebesitzer decken ihre Tiere bereits im frühen Herbst ein, damit sie kein Winterfell bekommen. Der Vorteil für die Pferdebesitzer: Nach dem Reiten trocknet das kurze Fell schneller als ein langes, dichtes Winterfell. So müssen sie die Tiere nicht so lange trocken reiten und striegeln, und die Pferde sind weniger anfällig für Erkältungen. Allerdings brauchen diese Pferde dann den gesamten Winter über eine Decke.

Wie entstehen Eisblumen?

Bei Eiseskälte – draußen muss es mindestens minus 8 Grad Celsius sein – sind die Fensterscheiben viel kälter als die Luft im Zimmer und die Luftfeuchtigkeit im Raum ist recht hoch. Mit der Temperatur sinkt auch die Fähigkeit der Luft Feuchtigkeit aufzunehmen, Die Der Wasserdampf, den die Luft nicht mehr aufnehmen kann gefriert an der Scheibe und bildet Eiskristalle. Der gefrorene Wasserdampf sieht aus wie eine Blume, weil sich die Kristalle an Unebenheiten im Fensterglas oder an Staubpartikeln bilden, oder sie lagern sich an bestehende Kristalle an und bilden unzählige Verästelungen, so dass ein Blumenmuster entsteht.
In unseren gut isolierten und mehrfachverglasten Wohnungen und Häusern sind Eisblumen selten geworden.

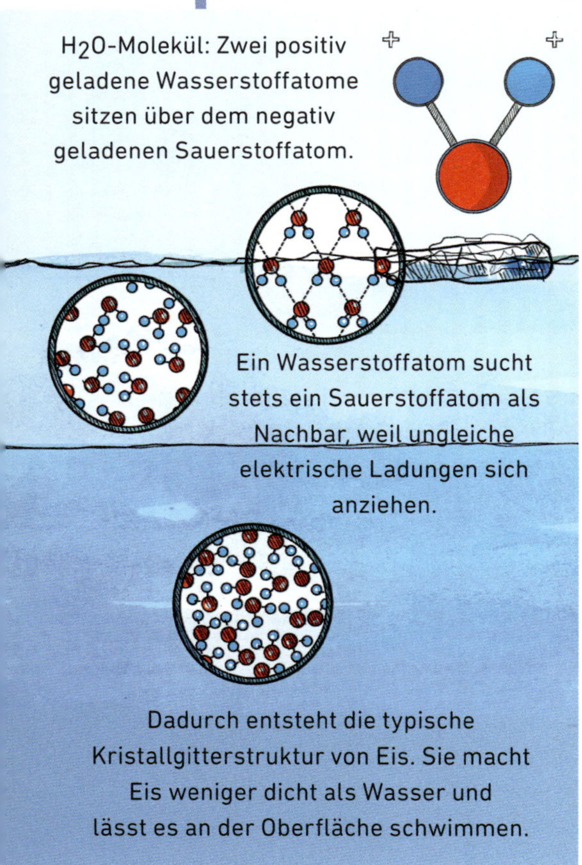

Warum dehnt Wasser sich aus, wenn es gefriert?

Wassermoleküle verhalten sich wie die Fänger beim Kettenfangen: Ein Wassermolekül besteht aus zwei Wasserstoff- und einem Sauerstoffatom und kann mit einer Menschenkette aus einem Mädchen, das zwei Jungen an den Händen hält, verglichen werden. Sie alle sind Fänger. Befindet sich Wasser in einem flüssigen Zustand, dann rennen die Fänger, also die Moleküle, schnell umher und fangen andere Mitspieler. Sobald sich eine etwas längere Kette bildet, wird sie wieder geteilt. Die Fänger sind ständig in Bewegung, sie drängen sich auf dem Spielfeld und stoßen aneinander, brauchen also recht wenig Platz. Bei niedrigen Temperaturen wird es den Fängern zu kalt, sie bleiben stehen und halten sich sehr fest an den Händen. Die Wassermoleküle bilden stabile Brücken – das Wasser gefriert. Nun stoßen sich aber die winzigen Wasserstoffatome gegenseitig ab – ganz so, als würde ein Junge beim Kettenfangen nicht gern neben einem anderen Jungen stehen und sich ein Mädchen suchen. Dadurch bildet sich ein Muster, das mehr Platz in Anspruch nimmt als das Fangspiel. Das gefrorene Eis braucht also mehr Raum als das flüssige Wasser – es dehnt sich aus.

Warum sehen wir bei Kälte unseren Atem?

In der Luft ist ein bestimmter Anteil Wasser in Form von Wasserdampf. Wie viel, hängt von der Lufttemperatur ab: Warme Luft kann mehr Feuchtigkeit aufnehmen als kalte. Unser Atem hat gewöhnlich eine Temperatur von rund 34 Grad. Beim Ausatmen im Winter wird die warme Atemluft sehr schnell abgekühlt. Ihre Feuchtigkeit aber kann die kalte Umgebungsluft nicht aufnehmen. Das Wasser kondensiert, das heißt: Aus dem gasförmigen Wasserdampf bilden sich winzige Tröpfchen, die sich wie Nebel in der Luft verteilen, und den können wir sehen. Auch bei mildem Wetter ist unser Atem zwar meist noch wärmer als die Umgebungsluft, doch seine Feuchtigkeit kann dann von der Außenluft aufgenommen werden, so dass wir keinen Nebel aushauchen.

KÄLTEREKORDE

– 10 °C
In Nordamerika gibt es Waldfrösche, die in der Winterstarre ihr Blut mit Glukose anreichern und durch dieses Frostschutzmittel auch bei -10 Grad nicht einfrieren.

– 5,6 °C
Mit dieser Durchschnittstemperatur gilt das russische Dorf Oimjakon als der kälteste bewohnte Ort der Welt. Im Winter bibbern die Bewohner manchmal bei -70°C.

– 20 °C
Forscher haben in den Alpen bei rund -20 Grad Celsius einen Gegenblättrigen Steinbrech in voller Blüte gefunden. Noch nie wurden in Europa an so einem kalten Ort Blütenpflanzen entdeckt.

– 46,9 °C
Den Kälterekord in Deutschland hält der Funtensee im Berchtesgadener Land.

– 150°C
Wenn das Gestein auf dem Mond nicht von der Sonne beschienen wird, kühlt es sich auf – 150 °C ab.

WANN DARF MAN AUFS EIS?

⚠ Vorweg: Das Betreten einer Eisfläche ist immer gefährlich! Viele Gemeinden geben ihre Seen frei, wenn die Eisdecke mindestens 15 Zentimeter dick ist. Dafür muss es länger als eine Woche kälter als minus 5 Grad Celsius gewesen sein.
⚠ Trügerisch ist Schnee auf dem Eis: Der Schnee isoliert das Eis gegen die kalte Luft. Das Gewässer friert also langsamer zu. Besonders aufpassen muss man auch unter Brücken oder überhängenden Bäumen.
⚠ Vorsicht bei fließenden Gewässern: Dort ist Sauerstoff im Eis eingeschlossen, und der macht das Eis porös. Eine Luftschicht unter der Eisdecke kann die Tragfähigkeit zusätzlich verringern.
⚠ Am sichersten ist Schlittschuhlaufen auf Gewässern, in denen man sonst stehen könnte. Geflutete Wiesen bieten schon nach wenigen Tagen Dauerfrost ein sicheres Eisvergnügen.
⚠ Bei einem bedenklichen Knacken am besten flach aufs Eis legen, um das Körpergewicht gleichmäßig zu verteilen, und ans sichere Ufer robben.

Warum wird aus Wasser Eis?

Wenn die Temperaturen auf 0 Grad Celsius sinken, muss man morgens eine dünne Eisschicht auf den Autoscheiben wegkratzen. Auch die Pfützen beginnen zuzufrieren. Aber wie wird eigentlich aus flüssigem Wasser festes Eis? Wasser besteht aus winzigen Teilchen, den Molekülen, die wiederum aus noch winzigeren Atomen zusammengesetzt sind und durch chemische Verbindungen zusammengehalten werden. Im flüssigen Zustand verhalten sich die einzelnen Moleküle des Wassers ziemlich chaotisch. Sie gehen zwar kurzzeitige Verbindungen ein, flitzen aber ansonsten wild umher. Je kälter es wird, desto langsamer bewegen sich die Moleküle – die Verbindungen werden stabil. Ist es null Grad und kälter, gehen die Moleküle feste Verbindungen ein. Aus dem flüssigen Wasser wird festes Eis.

Helfen, wenn das Eis kracht

Da einen das Gewicht der mit dem eiskalten Wasser vollgesogenen Kleidung nach unten zieht, kann man sich nur schwer selbst helfen. Deshalb sollten Kinder nur mit Erwachsenen aufs Eis. Wenn jemand einzubrechen droht, sofort die Notrufnummer 112 wählen und berichten, was passiert. Nur für Erwachsene: Einen Verunglückten aus sicherer Entfernung mit einem Brett oder einem umgedrehten Schlitten herausziehen, an dem er sich festhalten kann. Nach der Rettung den Verunglückten wärmen und zur Sicherheit einen Notarzt rufen, denn eine Unterkühlung kann lebensgefährlich sein!

Bekommen Möwen kalte Füße?

STECKBRIEF
LACHMÖWE

Verbreitung Von Island über Irland bis nach Kamtschatka im ostasiatischen Teil Russlands Nahrung Würmer, Krebstiere, Insekten, Fische, Samen und kleine Wirbeltiere Wanderung Die Möwe überwintert meist in den gemäßigten bis subtropischen Zonen der nördlichen Hemisphäre. Besonderheiten Paare bleiben ein Leben lang zusammen. Von März bis Juli hat die Möwe einen schwarz gefärbten Kopf und weiß umrandete Augen. Sonst sind nur Augen- und Ohrbereich schwärzlich und der rote Schnabel hat eine dunkle Spitze.

Die Möwe hat eigentlich immer kalte Füße, friert aber trotzdem nicht! Die gefiederten Schreihälse verfügen über ein ausgeklügeltes Temperatur-Regelwerk in ihren dünnen Beinchen: das „Wundernetz“. Viele fein verzweigte Blutbahnen durchziehen diesen Bereich. Die Aufgabe des Organs: keine wertvolle Wärme über die Füße verlieren und kein kaltes Blut in den Körper lassen. Simpel gesagt, findet im Wundernetz ein Wärmeaustausch statt. Die Blutbahnen liegen dicht an dicht. Fließt nun das kalte Blut – an der Fußsohle herrscht gerade mal 1 Grad Celsius – in Richtung Bauch, wird es durch warmes Blut aus dem Körper in einer benachbarten Leitung angewärmt. Im Gegenzug wird das warme Blut aus dem Körper – hier herrschen mollige 35 Grad Celsius – auf dem Weg zur Kralle abgekühlt.

Welche Tiere kommen zum Futterhaus?

1 TANNENMEISE

Länge 11 cm **Besonderheit** Kleinste heimische Meisenart **Wissenswert** Vor allem in der Nähe von Nadelbäumen zu finden, „badet" gern im Schnee. Recht gut aus der Nähe zu beobachten.

2 KLEIBER

Länge 14 cm **Besonderheit** Läuft kopfüber an Bäumen herunter **Wissenswert** Legt das gesamte Jahr über Vorräte an und hat dadurch immer genügend Nahrung, lässt sich dennoch am Futterhaus blicken.

3 SEIDENSCHWANZ

Länge 18 cm **Besonderheit** Stellt bei Aufregung seine Scheitelhaube auf **Wissenswert** Ist von den hier gezeigten Vogelarten die einzige, die im Sommer nicht bei uns brütet.

4 KERNBEISSER

Länge 18 cm **Wissenswert** Größter heimischer Fink, fällt am Futterhaus sofort auf. Hält sich sonst gern in den Baumkronen auf.

5 ERLENZEISIG

Länge 12 cm **Wissenswert** Ist häufig in Gruppen unterwegs, wobei die Tiere beim Fliegen sehr eng beieinander bleiben.

6 STIEGLITZ

Länge 12 cm **Besonderheit** Der Gesang klingt wie „Sti-ge-litt" und gab dem Stieglitz seinen Namen. **Wissenswert** Lebt im Sommer mit wenigen Artgenossen eng zusammen, im Winter bilden die Tiere große Schwärme.

7 GIMPEL

Länge 16 cm **Besonderheit** Ist auch unter dem Namen Dompfaff bekannt **Wissenswert** Ist scheu; im Winter ist meist sein Partner in der Nähe.

8 BUCHFINK

Länge 14 cm **Besonderheit** Häufigste Vogelart in Europa **Wissenswert** Weibchen ziehen im Herbst häufig ins südliche Europa und sind deshalb am Futterhaus selten zu sehen.

9 ROTKEHLCHEN

Länge 14 cm **Wissenswert** Die meisten Vögel zwitschern vorwiegend zur Paarungszeit im Frühling, das Rotkehlchen ist auch im Winter zu hören. Sein Ruf klingt wie „Tick, Tick, Tick". Nur wenn Schnee liegt, spart es seine Kräfte.

10 BUNTSPECHT

Länge 22 cm **Besonderheit** Bei uns die häufigste Spechtart **Wissenswert** Singt auch im Winter, sein Gesang klingt wie „Krrk-Krrk". Hängt oft waagerecht an Meisenknödeln.

11 STEINMARDER

Länge Rund 46 cm **Wissenswert** Hat sein Revier nicht selten in der Nähe des Menschen. Als Allesfresser zieht es ihn auch zum Futterhaus von dem dämmerungs- und nachtaktiven Tier kann man meist nur die Spuren im Schnee finden.

12 HAUSSPERLING

Länge 14 cm **Besonderheit** Wird auch Spatz genannt und lebt häufig in der Nähe des Menschen. **Wissenswert** Meistens sind mehrere Tiere zusammen unterwegs, weil die Gruppe mehr Schutz vor Katzen und Greifvögeln bietet.

13 HAUSMAUS

Länge 7 – 11 cm **Wissenswert** Wird als Allesfresser vom Futterangebot angelockt. Lebt in der Nähe des Menschen und ist nachtaktiv, doch vor allem im Winter kann man sie auch tagsüber entdecken.

Wie baue ich ein Vogelhaus?

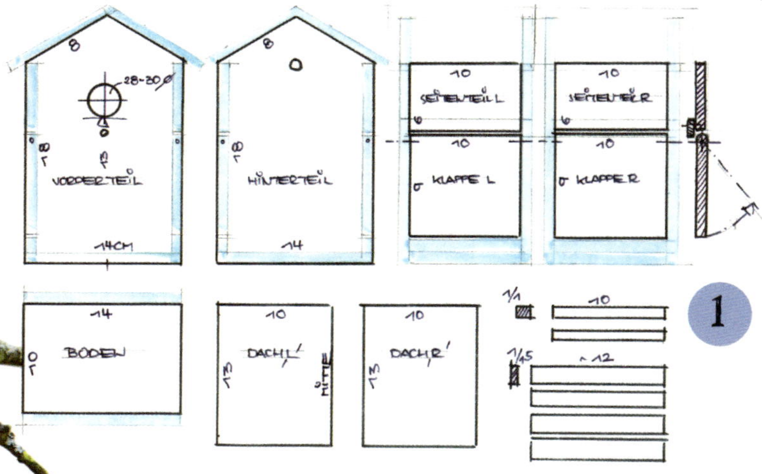

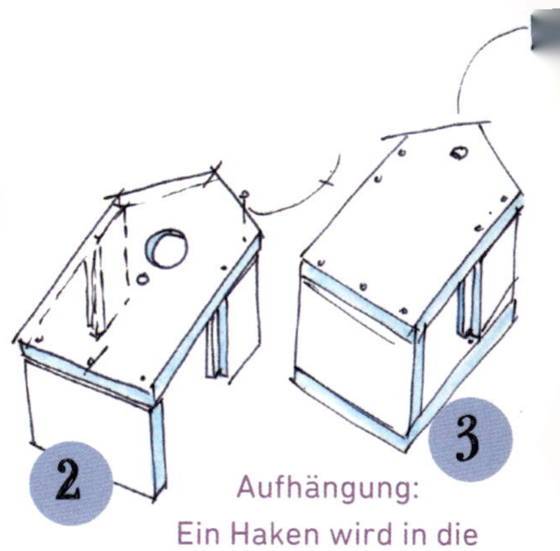

Aufhängung:
Ein Haken wird in die Rückseite des Hauses geschraubt.

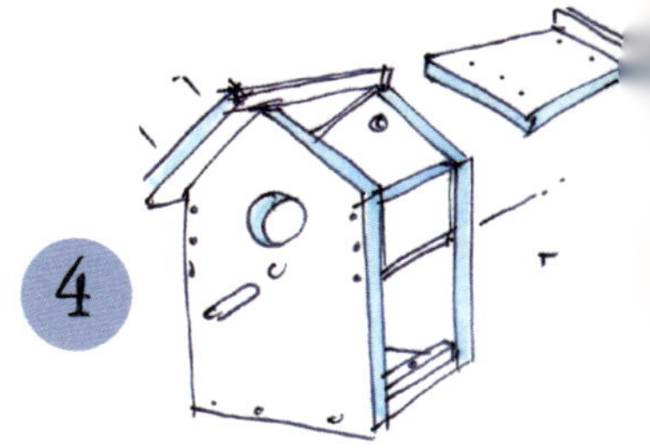

MATERIAL

1. Pappelsperrholz 10 mm (1 Platte ca. 60 x 60 cm)
2. Kieferleisten (1,5 x 0,5 cm stark) 4 Stück ca. 12 cm lang (Giebel) und 2 Stück ca. 10 cm lang (Anschlagleiste), 2 Stück (1 x 1 cm) ca. 10 cm lang
3. 2 Buchenholz-Rundstäbe (5 mm) ca. 12 cm lang
4. Dachpappe, ca. 25 cm lang/ 10 cm breit (kann auch ein Stück Tischset aus Kunststoff sein)
5. Lackfarbe oder Beize (je nach Vorliebe)
6. verzinkte Nägel 1,4 x 30 mm
7. 6 Stahlstifte, 3,5 cm lang
8. Schraubhaken (ca. 6 mm)
9. Dachpappennägel
10. Leim

1) Aufriss Zuerst die Teile der Stückeliste (Abb. 1, cm-Angaben siehe dort) auf die Sperrholzplatte übertran. Dann die Teile aussägen und die Schnittkanten anschleifen. In das Vorderteil ein Schlupfloch mit 2,8 bis 3 cm Durchmesser bohren. Die beiden Seitenteile mit Anschlagsleisten versehen und das Hinterteil mit einer Bohrung von ca. 6 mm. Hier wird später der Aufhängehaken hineingeschraubt.

2) Vorderseite Das Vorderteil mittels Leim und Nägeln mit dem Boden und den beiden Seitenteilen verbinden.

3) Hinterteil Jetzt das Futterhaus umdrehen. Das Hinterteil wird ebenfalls mit Leim und den Nägeln angebracht.
Am Boden werden die Kiefernleisten mit 1 x1 cm Durchmesser eingesetzt..

4) Dach Auch die Dachplatten werden mit Leim und Nägeln angebracht. Das Dach soll bündig mit dem Hinterteil des Häuschens abschließen und vorn etwas überstehen. Danach die Giebelleisten befestigen.

5) Klappen Zuerst jeweils die obere Kante der Klappen mit der Feile anrunden. Als Drehpunkt dienen auf jeder Seite zwei etwa 3,5 cm lange Stahlstifte.

6) Dach decken Den Belag (Teerpappe oder Streifen eines Tischsets aus Kunststoff) mit etwas Überstand mit Pappnägeln oder einem Tacker an die Dachunterkante heften. Über das Dach ziehen und befestigen auf der anderen Seite ebenfalls mit etwas Überstand befestign.

7) Klappen-Aufsteller Um die Klappen zu fixieren, muss auf

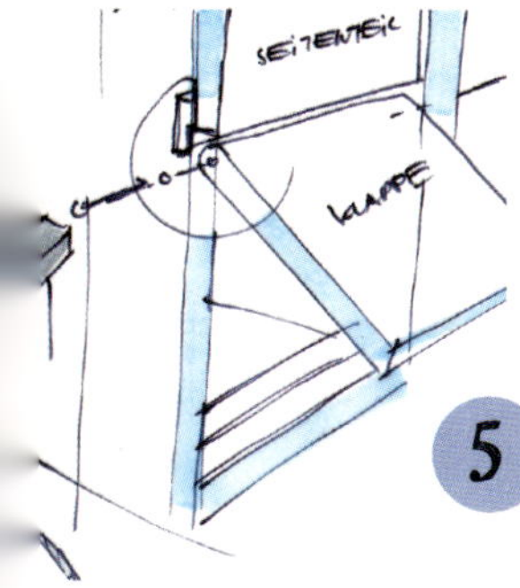

5

7

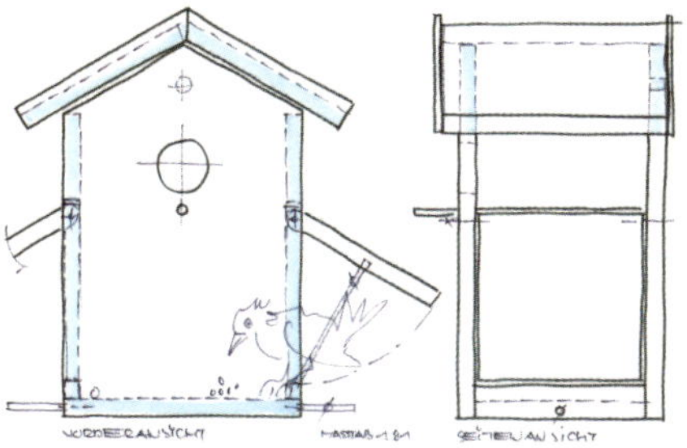

Funktionelle Klappen:
So wird das Futterhaus schnell
zum Nistkasten.

6

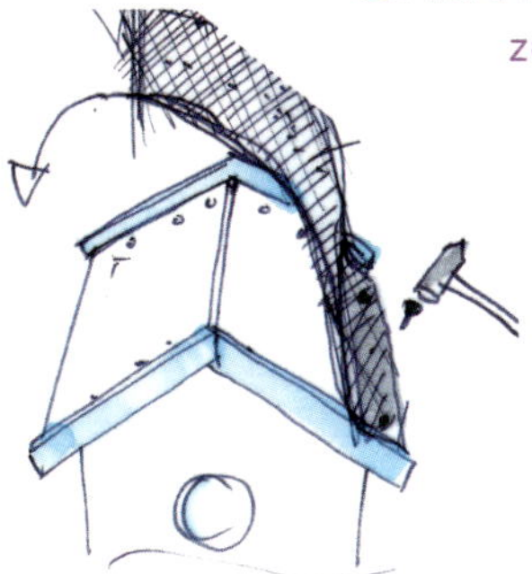

8

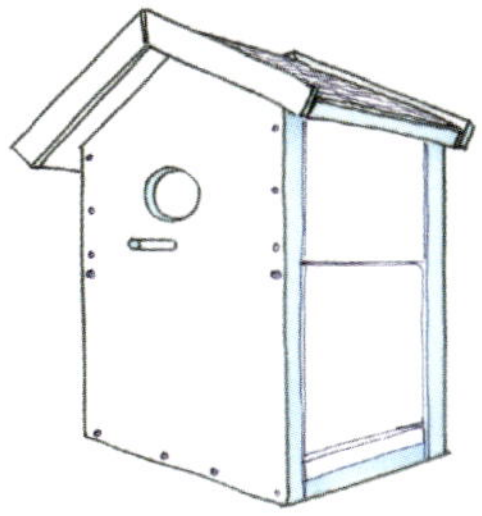

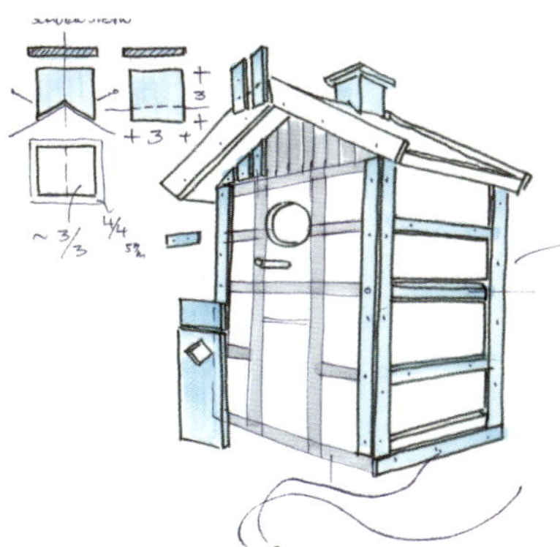

jeder Seite ein kleines Loch in die Mitte der Außenkante des Bodenbrettes gebohrt werden. Dafür als Stütze die Buchen-Rundholzstäbchen nehmen.

8) Sitzgelegenheit Wer das Haus als Nistkasten nutzen will, sollte auf eine Sitzstange vor dem Einschlupfloch verzichten, um Nesträubern wie Katzen und Elstern keine Angriffsfläche zu bieten.

9) Feinschliff Wer mag, kann die Fassade noch mit Fachwerk verzieren. Dazu das Haus zunächst flächig streichen. Die Holzleisten für das Flachwerk werden weiß lackiert und mittels Leim aufgesetzt. Ob Schornstein, Holzverkleidung oder ein Türchen – was die Vögel nicht verschreckt, ist erlaubt. Viel Spaß beim Basteln und Beobachten!

9

VÖGEL FÜTTERN

Standort Das Futterhaus sollte frei stehen, damit sich Katzen nicht unbemerkt anschleichen können. Einige Bäume und Büsche in der Nähe geben den Vögeln auf ihrem Weg zum Haus Deckung.

Futter Wer Vögeln keine artgerechte Nahrung anbietet, schadet ihrer Gesundheit. Brot oder Essensreste sind ungeeignet!

Hygiene Das Haus regelmäßig mit heißem Wasser reinigen. Am besten täglich nur wenig Futter ausstreuen, damit sich keine Schicht aus Futter und Kot bildet. Außerdem sollte das Futter vor Regen geschützt sein, damit es nicht schimmelt.

Futterzeiten Die Tiere gewöhnen sich an das Angebot. Deshalb ist es wichtig, von November bis Februar dabei zu bleiben.

STECKBRIEF
DER WOLF

Farbe Gräulich braun mit hellen Abzeichen **Schulterhöhe** 60 – 90 cm **Gewicht** Rund 30 – 50 kg **Besonderheiten** Ein Rudel besteht aus zwei Elterntieren und ihrem Nachwuchs. Rangkämpfe innerhalb des Rudels gibt es nicht. Wenn die männlichen Tiere ein bis drei Jahre alt sind, verlassen sie das Rudel und suchen sich eine Partnerin und ein eigenes Revier. **Beobachtung** Wölfen zu begegnen ist nahezu unmöglich, selbst Wolfsforschern gelingt es kaum. Ihr Revier kennzeichnen die scheuen Tiere mit Harn, Kot – und durch das typische Wolfsgeheul. Übrigens nicht nur bei Vollmond.

Gibt es bei uns Wölfe?

Ja. Seit 1998 gibt es bei uns wieder Wölfe. In Deutschland leben über 100 Tiere, und es werden wohl mehr. Denn als sogenannte Wandertiere breiten sich die Wölfe weiter aus. International gibt es Naturschutzabkommen und Gesetze, die Wölfe schützen. Trotzdem ist der Wolfsbestand bei uns nach wie vor gefährdet, immer wieder werden Tiere überfahren oder geschossen. Ursprünglich war der Wolf das am weitesten verbreitete Raubtier auf der Erde. Fast auf der gesamten Nordhalbkugel lebten Wölfe. Später sorgte sich die Bevölkerung um ihr Vieh und jagte die Tiere jahrhundertelang – bis zur Ausrottung. Erst nach dem Fall der Mauer wanderten wieder Tiere ein, da der Weg über Polen nach Deutschland nun langsam frei wurde. Viele Menschen sehen die Rückkehr der Wölfe skeptisch. Nicht zuletzt durch Märchen und Mythen wurden Wölfe zum „bösen Wolf“. Manche bangen um ihre Haus- und Nutztiere, doch Wissenschaftler haben anhand von Kotproben freilebender Wölfe festgestellt, dass sich diese hauptsächlich von Rehen, Rothirschen und Wildschweinen ernähren. Der Anteil von Nutztieren wie Schafen an der Nahrung lag gerade einmal bei einem halben Prozent. Wölfe reißen zudem vor allem alte und kranke Tiere. Außerdem regelt das Aufkommen der Beutetiere die Anzahl der Raubtiere, nicht umgekehrt. Wölfe gefährden also auch nicht den Wildtier-Bestand.

Zum Heulen: Das schlechte Image des „bösen Wolfs“ ist das Rudeltier immer noch nicht los.

Die Rückkehr der Wölfe

1850: Wölfe gelten in Deutschland als ausgestorben.
1990: Nach der Wiedervereinigung wird der Wolf im ganzen Land unter Schutz gestellt.
1995: Auf einem Truppenübungsplatz in der sächsischen Lausitz wird ein Einzelgänger beobachtet.
1998: Ein zweiter Wolf zeigt sich auf dem Truppenübungsplatz.
2000: Das Paar bekommt vier Welpen – das erste Rudel in Deutschland.
2001: Nach erneutem Nachwuchs umfasst das Rudel acht Tiere.
2003: Ein zweites Rudel wird in der Lausitz gesichtet. Das weibliche Alttier wird mit einem Sender ausgestattet und wissenschaftlich begleitet.
2005: Das erste Wolfsrudel vermehrt sich weiter, männliche Jungtiere wandern ab. Das Weibchen mit dem Sender hat einen Artgenossen aus Polen gefunden und Welpen bekommen.
2006: In der Lausitz werden weitere Einzeltiere aus Polen gesichtet, auch in Niedersachsen gibt es erstmals Hinweise auf einen Wolf.
2007: Bei Eutin in Schleswig-Holstein wird ein Wolf überfahren. In der Lausitz taucht ein drittes Rudel auf. In Brandenburg lebt erstmals wieder ein Wolfsrudel.
2008: Erstmals taucht ein Wolf in Hessen auf.
2009: In der Lausitz leben sechs Rudel mit jährlichem Nachwuchs.

EIN PAAR ZAHLEN

20.000 WÖLFE
leben in Europa

300 QUADRATKILOMETER
groß ist ein durchschnittliches Wolfsrevier

20 KILOMETER
legt ein Wolf pro nächtlichem Streifzug zurück

1.500 KILOMETER
wandert ein Jungwolf, um ein eigenes Revier zu finden

2010: In Bayern taucht ein Wolf aus der Schweiz auf.
2011: Das erste Wolfspaar in Niedersachsen wird gesichtet.
2012: In Niedersachsen werden Welpen geboren – die ersten in den alten Bundesländern seit mehr als 150 Jahren. Bundesweit gibt es 16 Rudel, ein Paar und mehrere Einzeltiere.

Wie wird unser Schlitten zum Superrenner?

WER HAT DEN SCHLITTEN ERFUNDEN?

⚠ Das weiß niemand, denn Schlitten sind viele 1000 Jahre alt. Schon die alten Ägypter benutzten sie, allerdings um Lasten wie die tonnenschweren Klötze für die Pyramiden zu transportieren. Arbeiter zogen die großen Schlitten mit den Steinen über den Wüstensand. Erst Anfang des 15. Jahrhunderts begannen die Menschen, den Schlitten zum Spaß zu nutzen, für Spazierfahrten zum Beispiel. Den prunkvollsten Pferdeschlitten besaß die Zarin Katharina die Große, er hatte sogar mehrere Zimmer.

Für den Geschwindigkeitsrausch reicht zwar oft schon eine Plastiktüte, aber ein richtiger Schlitten schont nicht nur den Hosenboden: Auf ihm kann man auch mit mehreren zusammen rodeln, und bei einem Winterspaziergang dient er als Buggy-Ersatz. Für Kinder und Familien empfiehlt sich ein klassischer Holzschlitten, da er preisgünstig und robust ist. Außerdem reichen wenige Handgriffe, um ihn zu „tunen" und mit Fantasie zu verschönern. So erhält man einen Schlitten, an dem man sogar beim Ziehen noch Freude hat.

Das wohl meistverbreitete Modell ist der „Davoser Schlitten" (Abb. 1). Er hat plan aufliegende Kufen und eine hohe Sitzfläche aus Holzlatten.

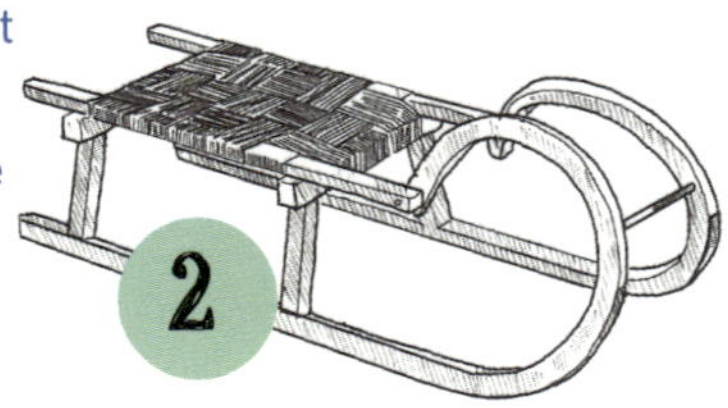

2

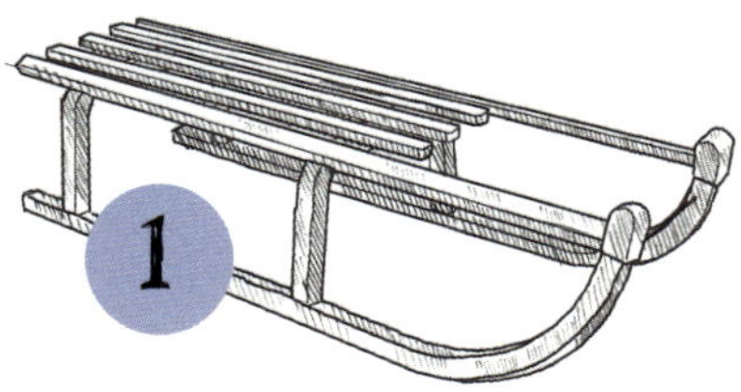

1

Bei der „gehörnten" Variante (Abb. 2) des Davosers können die Hörner als Brems- und Lenkhilfe genutzt werden.

Mit einem Rodel (Abb. 3) ist man schneller, vor allem weil Rodel um 10 bis 30 Grad geneigte Kufen haben.

3

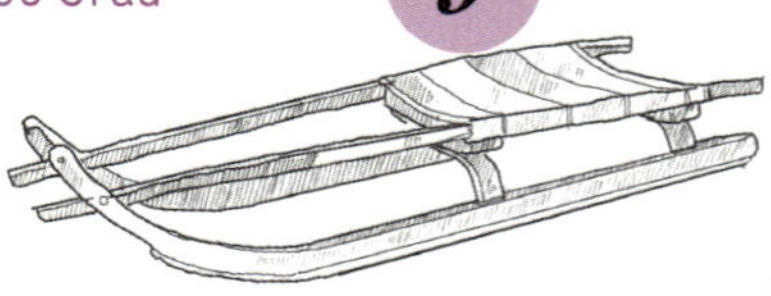

Schlitten-Tuning für Schneepiloten

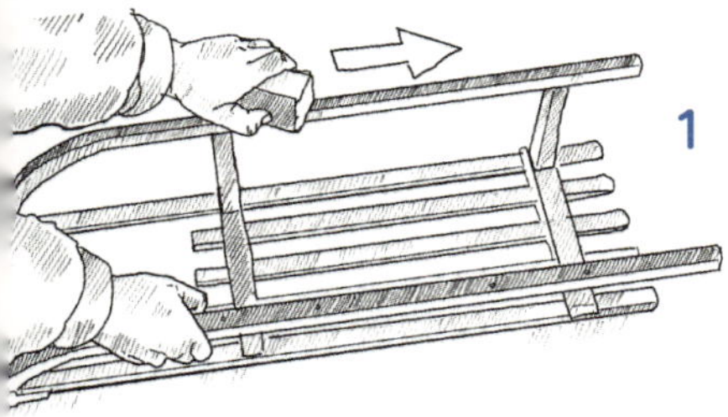

1

1 Schleifen Entscheidend für hohe Geschwindigkeit und gute Kontrolle ist der Zustand der Schienen unter den Kufen. Den Schlitten kopfüber auf die Sitzfläche stellen und mit grobkörnigem Schleifpapier (etwa 40 bis 80) die Schienen gleichmäßig und von vorne nach hinten abschleifen. Mit leichtem Druck jedes Mal lang durchziehen. Danach mit Stahlwolle über die Schienen gehen, um Staub und Schleifreste zu entfernen.

2

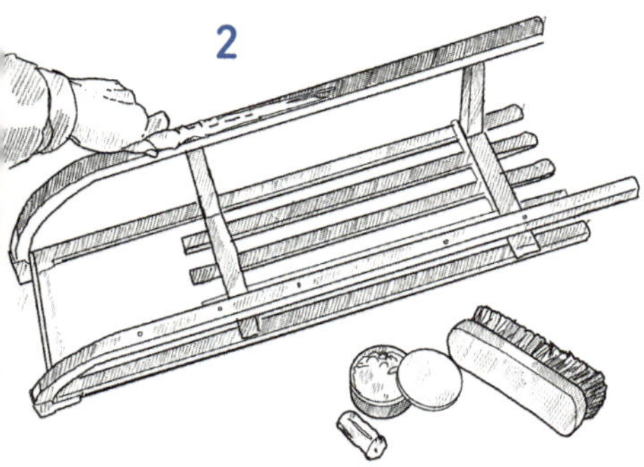

2 Wachsen Wachs verschließt auch kleinste Unebenheiten in Schlittenschienen. Verwenden kann man Wachspaste, Skiwachs oder zur Not einen Kerzenstummel. Den Schlitten wie beim Schleifen umdrehen und die Schienen mit einem Tuch abwischen. Dann das Wachs so auftragen, dass eine dünne, gleichmäßige Schicht entsteht (zu viel Wachs bremst). Überschüssiges Wachs am Ende mit einer speziellen Skibürste oder einer nicht zu harten Hand- oder Schuhbürste abbürsten. Dabei gleichmäßig und in einem Zug über die Schienen gehen. Die feine Struktur, die jetzt in der Wachsschicht entsteht, verhindert, dass die Schienen zu glatt werden.

3

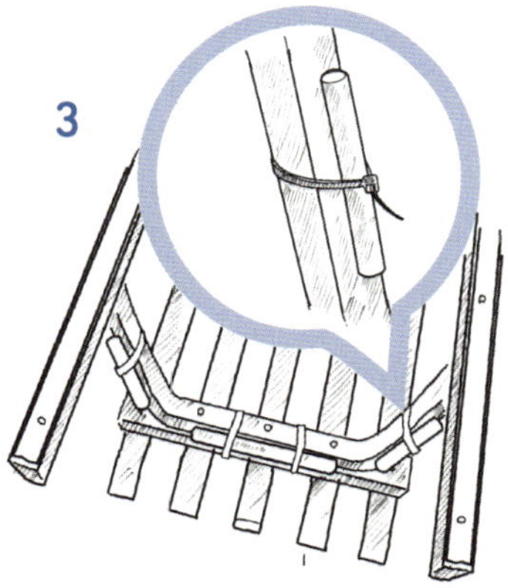

3 Signallichter Viele Rodler tragen in der Dämmerung Stirnlampen. So können sie während des Aufstiegs den Weg beleuchten, haben die Hände frei, um den Schlitten zu ziehen, und werden von anderen Fahrern gut gesehen. Man kann aber auch am Schlitten Signallichter anbringen, zum Beispiel günstige Knicklichter, die mehrere Stunden brennen und mit ein paar Kabelbindern schnell befestigt sind. Für Sicherheit sorgen auch Glöckchen, Hupen oder Fahrradklingeln, die man an den Streben festbinden oder anschrauben kann.

4 Rodelgurt Statt ein einfaches Seil an der Querstrebe anzubinden, aus dünneren Kordeln einen Gurt in den Lieblingsfarben flechten. Oder ein breites Gurtband nehmen und den eigenen Namen mit lustigen Motiven einsticken. Zierknoten oder eingeknotete bunte Flatterbänder können selbst ein einfaches Hanfseil verschönern. Beim echten Rodel wird der Gurt übrigens auch zum Lenken genommen. Deshalb sollte man ihn nicht mittig, sondern jeweils links und rechts an der Kreuzung von Kufenspitze und vorderer Querstrebe befestigen. Die passende Länge des Gurtes variiert je nach Schlittenmodell. Grundsätzlich sollte das Gurtende nach dem Anknoten knapp über die Sitzfläche reichen. So kann man in Sitzposition und in Rückenlage gut am Gurt ziehen und den Schlitten lenken.

4

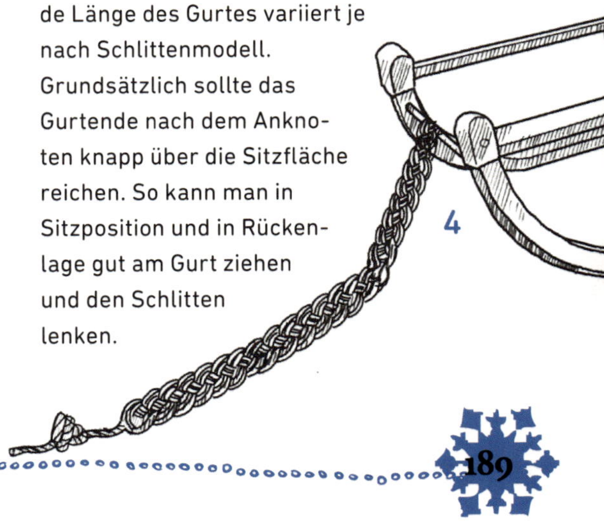

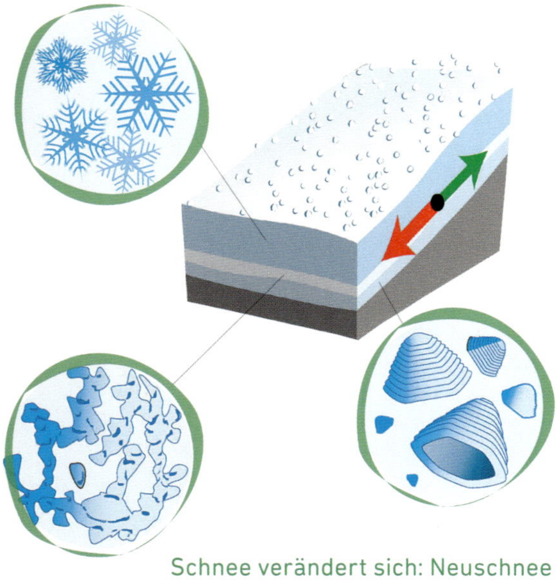

Schnee verändert sich: Neuschnee besteht aus filigranen Sternen, die sich nach Tagen zu runden Klümpchen abbauen. Daraus wachsen nach einigen Wochen neue Kristalle in Becherform. Eine Schicht aus Becherkristallen ist am brüchigsten, weil diese Kristalle untereinander wenig Zusammenhalt haben.

Wie entstehen Lawinen?

Wenn sich der Schnee an einem Hang nicht zu einer großen, gleichmäßigen Masse zusammengefügt hat, besteht Lawinengefahr. Wetterverhältnisse, die Temperatur, die Menge des Neuschnees und die Sonneneinstrahlung spielen bei der Entstehung von Lawinen eine Rolle. Bei Sonne taut die oberste Schneeschicht an. Wird es dann wieder kühler, gefriert das getaute Wasser und es bildet sich eine dünne Eisschicht. Neuschnee kann sich nun nicht mehr mit dem Schnee darunter verbinden, sondern liegt einfach oben auf wie bei einer mehrstöckigen Torte die neue Lage. Nach einer Weile türmen sich mehrere unterschiedlich beschaffene Schneeschichten übereinander. Eine Schicht kann sich nun von der anderen ablösen und als Lawine ins Tal stürzen, zum Beispiel wenn die Schneestruktur brüchig ist und der Druck von einer zur anderen Schicht zu groß wird. Oder aber ein Wintersportler schubst den Schnee regelrecht an. Gerade bei Neuschnee besteht ein erhöhtes Lawinenrisiko, da sich die Schneeflocken nicht mit der darunter liegenden Schneeschicht verbinden können und auf den anderen Schneeschichten nun noch mehr Gewicht lastet. Jetzt reicht die kleinste Erschütterung, und die Schneemasse rutscht wie auf einer Rutsche bergab.

Welche Lawinenarten gibt es?

1) Fließlawine Eine Fließlawine entsteht meist bei Tauwetter. Der Schnee taut an, löst sich vom Hang und fließt hinab. Oftmals wächst eine Fließlawine auf dem Weg ins Tal an, weil sie immer mehr Schnee ansammelt.

2) Schneebrettlawine Die Schneebrettlawine ist die häufigste Lawinenart. Dabei bricht die oberste Schneeschicht entlang einer quer zum Hang verlaufenden Kante. Wie ein Brett auf einer Rutschbahn schlittert diese Schicht bergab und wird dabei bis zu 100 Kilometer pro Stunde schnell.

Bernhardiner sind zwar schöne Tiere, aber als Lawinenhunde taugen sie eher nicht.

3) Staublawine

Die Staublawine gilt als die gefährlichste Lawinenart. Sie entsteht bei trockenem, feinem Schnee. Wenn dieser Schnee abrutscht, vermischt er sich mit der Luft und erzeugt eine Lawine, die eine Geschwindigkeit von bis zu 300 Kilometern pro Stunde erreicht.

3

Wie finden Bernhardiner Lawinenopfer?

Gar nicht, denn Bernhardiner sind für die Rettungsarbeit zu schwer und könnten sich im Schnee nicht gut bewegen. Schäferhunde werden dagegen gern als Lawinenhunde ausgebildet. Sie haben einen guten Geruchssinn, sind beweglich und bekommen im Winter eine Art Winterfell, damit sie nicht frieren. Die Hunde üben in Lawinenfeldern. Zu Beginn versteckt sich das Herrchen hinter Schneehügeln oder kleinen Schneewänden, später legt er sich in Höhlen, dann kommt eine zweite Person dazu und so wird es immer schwieriger. Wenn der Hund sein Herrchen findet, wird er belohnt. Das Suchen von verschütteten Personen ist für den Hund also stets ein Spiel. Irgendwann erschnüffelt der Hund ganz eigenständig fremde Personen, die unter dem Schnee vergraben sind.

Können Eulen ihren Kopf ganz rumdrehen?

Fast. Eulen können ihren Kopf um 270 Grad nach rechts oder links drehen. Und sie können ihn so kippen, dass ihr Schnabel nach oben zeigt. Diese außergewöhnliche Beweglichkeit ist möglich, weil die Tiere nicht 7 (wie bei Wirbeltieren üblich), sondern 14 Halswirbel besitzen. Hinzu kommt, dass die Adern flexibler in der Wirbelsäule eingebettet sind, so dass die Blutzufuhr durch extreme Kopfbewegungen nicht abgeklemmt wird. Eulen haben ein eingeschränktes Sichtfeld, weil ihre Augen nicht wie die anderer Vögel seitlich am Kopf sitzen, sondern nach vorn gerichtet sind, und weil die Tiere ihre Augen nicht bewegen können. Dieses Defizit wird durch die Flexibilität im Hals mehr als ausgeglichen. Wenn sich Eulen etwas anschauen möchten, bewegen sie dafür nicht die Augen, sondern den gesamten Kopf.

STECKBRIEF
SCHLEIEREULE

Spannweite 85 – 95 cm
Nahrung Mäuse; selten Kleinvögel, Amphibien, Insekten
Wissenswert Schleiereulen leben häufig unentdeckt in der Nähe von Siedlungen. Tagsüber ruhen die Tiere auf Bäumen. Wenn Gefahr droht, erstarren sie und kneifen die verräterischen großen Augen fest zusammen. Nachts jagen die Vögel, pro Nacht brauchen erwachsene Tiere vier bis sechs Mäuse.

Wer sich umdreht oder lacht: Mit ihrem beweglichen Hals könnte die Eule das Kinderspiel ziemlich durcheinanderbringen.

Warum hören Schleiereulen so gut?

Eins vorweg: Alle Eulenarten hören gut – denn auch diese Fähigkeit brauchen sie als Jäger in der Nacht. Die geräuschempfindlichen Eulenohren sind schlitzförmig und liegen versteckt unter den Federn, seitlich am Kopf. Das Besondere: Die Öffnung des linken Ohrs liegt etwas tiefer als die des rechten. Auf diese Weise können Eulen sogar exakt die Richtung bestimmen, aus der auch nur der leiseste Laut eines Beutetiers kommt und gezielt danach jagen.
Und warum hören Schleiereulen von allen Eulenarten am besten? Weil die Federn des speziell geformten Federkranzes im Gesicht so angeordnet sind, dass sie wie ein Trichter wirken und jeglichen Schall gesammelt und verstärkt zu den Ohren leiten. Dadurch können Schleiereulen zehnmal besser hören als Menschen.

WARUM KÖNNEN EULEN NACHTS SEHEN?

⚠ Weil die Augen der nachtaktiven Tiere überdurchschnittlich groß sind und somit viele lichtempfindliche Sehzellen besitzen. Außerdem können Eulen dank ihrer frontal am Kopf angeordneten Augen sehr gut räumlich sehen und dadurch Entfernungen prima abschätzen. So sind sie in der Lage, die kleinste Maus zu erspähen, selbst wenn sie sich kaum vom nächtlichen Untergrund abhebt. Das Mondlicht reicht den Jägern zum Sehen aus.

STECKBRIEF
KAISERPINGUIN

Verbreitung In der Antarktis
Körperlänge Bis zu 1,3 Meter
Gewicht Bis zu 37 Kilogramm
Ernährung Jagt im Meer in Gruppen nach Fischen, Tintenfischen und Krill.
Tauchtiefe Bis zu 535 Meter
Fortpflanzung Im antarktischen Winter schlüpfen die Jungen. Bei der Versorgung wechseln sich die Elterntiere ab.
Alter Können bis zu 50 Jahre alt werden.
Feinde Orcas, Seeleoparden

Was ist ein Riesenalk?

Vor über 150 Jahren lebte am Nordpol ein den Pinguinen sehr ähnlicher Seevogel: der Riesenalk. Er wurde fast so groß wie ein Kaiserpinguin, konnte wie die Pinguine nicht fliegen und trug eine schwarz-weiße Tracht. Leider war er ein schmackhafter Happen für Eisbären. Ausgestorben ist die Vogelart aber durch den Menschen, der ihn wegen seiner Federn jagte.

Warum gibt es am Nordpol keine Pinguine?

Auf den ersten Blick ähneln sich der Nord- und der Südpol: Es liegt viel Schnee und das gefrorene Wasser türmt sich zu Eisbergen auf. Die Temperaturen fallen bis auf minus 15 Grad, am Südpol sogar noch weit darunter. Doch was die Tierwelt betrifft, unterscheiden sich beide Pole deutlich voneinander: Pinguine kommen nur auf der Südhalbkugel vor, und Eisbären leben nur in der nördlichen Hemisphäre. Das liegt an der Evolution – die beiden Tierarten haben sich genau an diesen Orten entwickelt – und außerdem an der großen Entfernung zwischen Arktis und Antarktis. Auch wenn es Pinguine sogar bis nach Südafrika oder auf die Galapagosinseln geschafft haben, bis zum Nordpol ist es für die flugunfähigen Seevögel einfach zu weit.

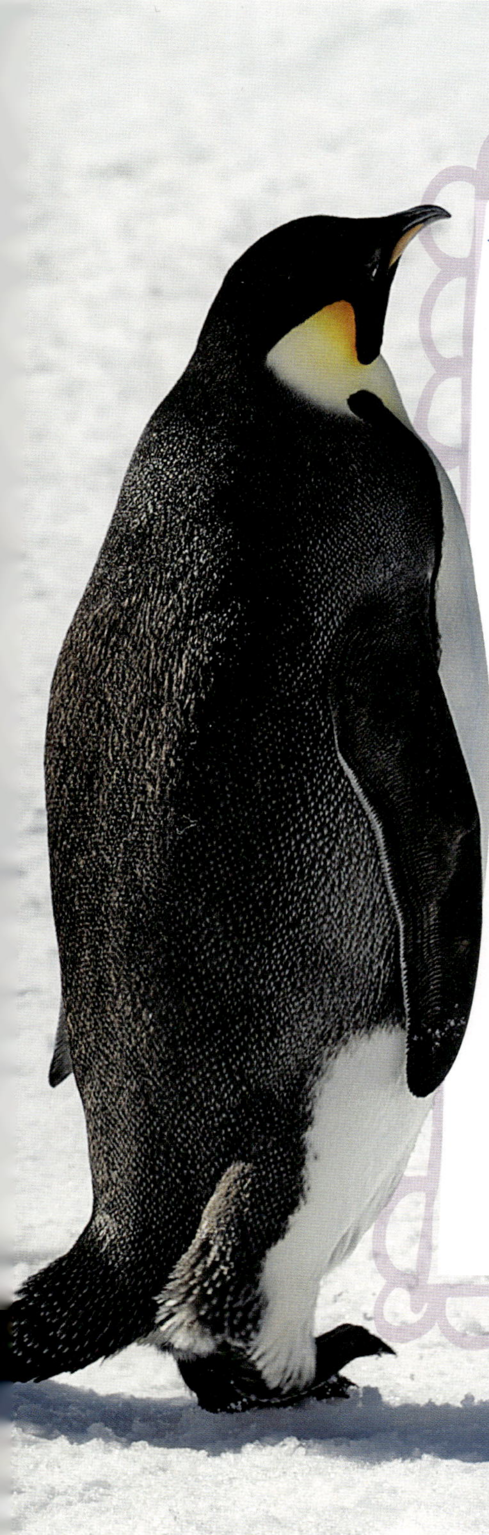

Warum frieren die Pinguine nicht?

Kaiserpinguine und Adeliepinguine trotzen in der Antarktis eiskalten Winden und Temperaturen bis zu minus 80 Grad Celsius. Unglaublich, aber in dieser lebensfeindlichen Umgebung bringen sie sogar ihre Jungen zur Welt! Um nicht zu erfrieren, tragen die Vögel ein sehr dichtes Federkleid. Beim Kaiserpinguin wachsen auf jedem Quadratzentimeter Haut circa 12 Federn! Damit auch wirklich keine Kälte eindringt, sind die Federn dachziegelartig angeordnet.

Der eigentliche Kälteschutz aber sitzt unter dem Federkleid: Daunenartige Büschel bilden am Grund der Federkiele ein molliges warmes Unterkleid. Zwischen der Daunenschicht und der Haut wird Luft eingeschlossen. Wie sich bei einem gut sitzenden Neoprenanzug die dünne Wasserschicht zwischen Anzug und Körper auf Körpertemperatur aufheizt, wird zwischen Daunen und Pinguinkörper die Luft schön warm. Taucht der Pinguin ins Wasser, entweichen aus seinem Federkleid feine Luftblasen. Sie stammen aus der dünnen Luftschicht. Beim Auftauchen wird die entwichene Luft ersetzt.

Zu guter Letzt imprägniert der Pinguin sein Federkleid auch noch gegen Nässe. Mit dem Schnabel reiben sich die Tiere Öl in ihre Federn, das sie in einer Drüse am Schwanz produzieren. Ihre „Funktionskleidung“ funktioniert so gut, dass sogar Schnee einfach auf dem Gefieder liegen bleibt und nicht eindringt.

Was sehen wir am Winterhimmel?

Der Winter eignet sich besonders, um mit Kindern nach Sternbildern zu schauen. Es wird früh genug dunkel und bei Kälte sieht man die Sterne oft besonders klar. Hier zeigen wir den ungefähren Nachthimmel am 15.12.2012 gegen 19 Uhr. Links sind Sternbilder mit Blickrichtung nach Norden zu sehen, rechts wird der östliche Himmel gezeigt. Ein Kompass hilft bei der Orientierung. Je nach Standort, Uhrzeit und Datum können die Sternbilder etwas versetzt oder gedreht sein.

SO ERKENNT MAN DIE STERNBILDER

Großer Wagen/Großer Bär
Teil des größeren Sternbildes Großer Bär. Da der Große Wagen an einen Bollerwagen erinnert und seine Sterne hell leuchten, ist er ein guter Ausgangspunkt für eine Sternentdeckungstour …

Polarstern Verlängert man die Hinterachse des Großen Wagens in Gedanken etwa dreimal, gelangt man zum Polarstern. Er steht immer im Norden, während sich alle anderen Sterne um ihn herumdrehen.

Zwillinge Ziehen wir eine Diagonale durch den Orion von rechts nach links und verlängern diese, gelangen wir zum Sternbild Zwillinge. Sie liegen wie der Orion zum Zeitpunkt unseres Himmelsbilds auf der Seite. In dem Sternbild sieht man dann einen der hellsten Objekte des Nachthimmels: Jupiter. Er ist der größte Planet des Sonnensystems und wiegt zweieinhalb Mal so viel wie die anderen Planeten zusammen.

Kassiopeia Etwas weiter nordöstlich als der Kleine Wagen leuchtet ein helles „M". Dies ist das Sternbild Kassiopeia. In der griechischen Mythologie war Kassiopeia eine schöne Königin. Deshalb kann man sich ihr Sternbild auch als Krone denken.

Giraffe Rechts unterhalb der Kassiopeia leuchtet schwach und schwer zu erkennen die Giraffe. Sie gehört zu den neuzeitlichen Sternbildern, die nicht in der antiken Mythologie verankert sind.

Orion Prangt groß und auffällig über dem östlichen Horizont. Er ist gut an den drei dicht nebeneinander liegenden Sternen in seiner Mitte zu erkennen, die den Gürtel des großen Jägers bilden.

Kleiner Wagen/Kleiner Bär Der Polarstern sitzt außen auf der Deichsel eines Sternbilds, das dem Großen Wagen sehr ähnlich sieht.

Können Tiere lachen?

Jein. Lachen ist eine grundlegende, emotionale Verhaltensweise des Menschen, die in allen Kulturen ein wichtiges Element der Kommunikation ist. Nur unsere nächsten Verwandten, die Menschenaffen, wenden dieses Ausdrucksmittel ebenfalls an. Sie lachen, um Streit zu schlichten, sich in eine Gruppe zu integrieren, oder sie reagieren damit auf eine Kitzelattacke.
Andere Tiere haben dieses angeborene Verhalten nicht. Sie zeigen Freude anders: Hunde zum Beispiel wedeln mit dem Schwanz, junge Fohlen springen ausgelassen übe die Weide.
Auch wenn es auf den Fotos so aussieht – die meisten dieser Tiere lachen nicht für die Kamera. Im Gegenteil: Manche zeigen Drohgebärden, bei denen sie das Maul aufsperren und die Augen so zusammenkneifen, dass es für uns wie Lachen aussieht. Einige gähnen, andere schnappen nach Luft. Nur die beiden Menschenaffen haben vielleicht gerade wirklich Spaß.

WARUM IST LACHEN SO GESUND?

Weil wir dabei jede Menge Muskeln bewegen: 24 Muskeln allein im Gesicht und über 100 Muskeln im ganzen Körper. Außerdem beugt Lachen Krankheiten vor. Das haben Wissenschaftler nachgewiesen. Sie zeigten Testpersonen einen lustigen Film und maßen dabei ihren Blutdruck. Ergebnis: Die Durchblutung wurde besser. Andere zum Lachen zu bringen ist auch ein Beruf. Professionelle Clowns besuchen Menschen in Krankenhäusern. Sie wollen die kleinen und großen Patienten zum Lachen bringen – um sie von ihrer Krankheit abzulenken und ein wenig Leichtigkeit in den Krankenhausalltag zu bringen, aber auch damit sie schneller gesund werden und nach Hause gehen können.

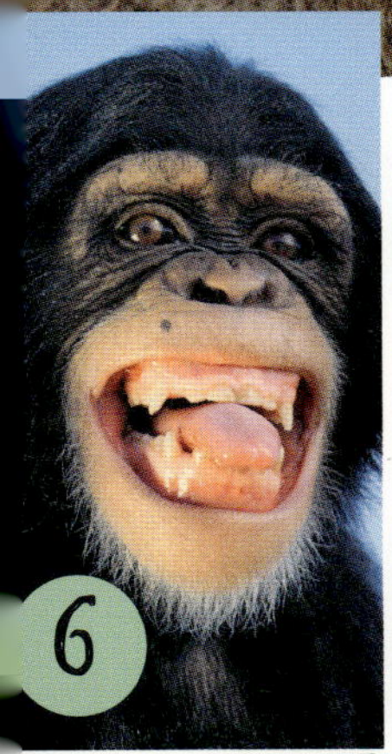

1) Robbe 2) Löwe 3) Orang-Utan 4) Kamel 5) Lachmöwe
6) Schimpanse 7) Hyäne 8) Zebra 9) Ziege 10) Delfin

Eine Schneekugel basteln

Das Geheimnis des Schneegestöbers liegt im Glycerin, das 1:1 mit dem Wasser in der Schneekugel gemischt wird. Glycerin bekommt man zum Beispiel in der Apotheke. Als „Schnee" eignen sich Glitter und Glitzersternchen. Die Figur kann man aus Fimo selbst basteln oder eine fertige aus der Spielzeugkiste oder einem Überraschungsei nehmen. Dann braucht man nur noch ein Marmeladenglas, in dem die Figur gut zu erkennen ist. Sie wird auf die Innenseite des Deckels geklebt. Die Kugel sollte randvoll gefüllt und fest verschlossen werden. Nun schütteln, schon schneit's!

Wie kann denn das nur wie

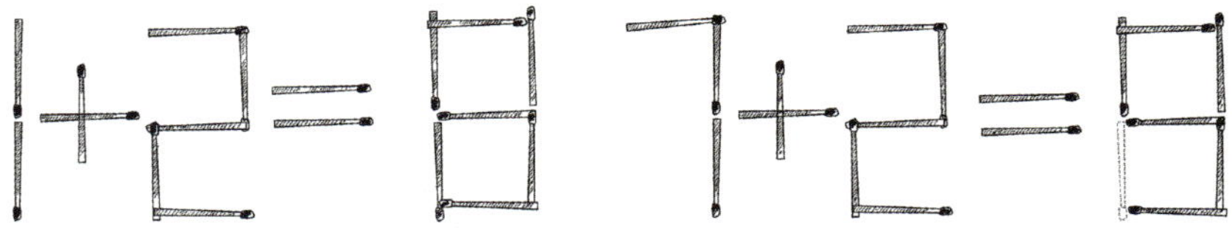

1 PLUS 2 GLEICH 8?

Selbst Kinder sehen sofort, dass diese Rechnung nicht stimmt. Aber sehen sie auch, welches Streichholz (nur eins!) umgelegt werden muss, damit die Gleichung aufgeht? Das Gemeine ist, dass sich die meisten auf die „3" fixieren, die hinter dem Gleichheitszeichen stehen müsste. Aber das Rätsel wird ganz anders gelöst ...

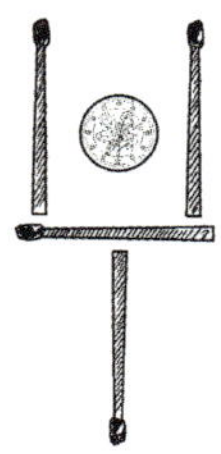

DIE MÜNZE AUF DER SCHIPPE

Der Klassiker aller Streichholzknobeleien: Bauer Ewald ist ein ziemlich fauler Bauer. Wie schafft er es, den Mist von seiner Schaufel zu kriegen und dabei nur zwei Streichhölzer zu verlegen? Kinder werden vermutlich nicht darauf kommen: Der Clou liegt darin, das waagerechte Streichholz seitlich zu verschieben – schon wird aus dem Stiel ein Teil vom Schaufelblatt und umgekehrt. Jetz nur noch das rechte Streichholz herüberholen und die Schaufel ergänzen.

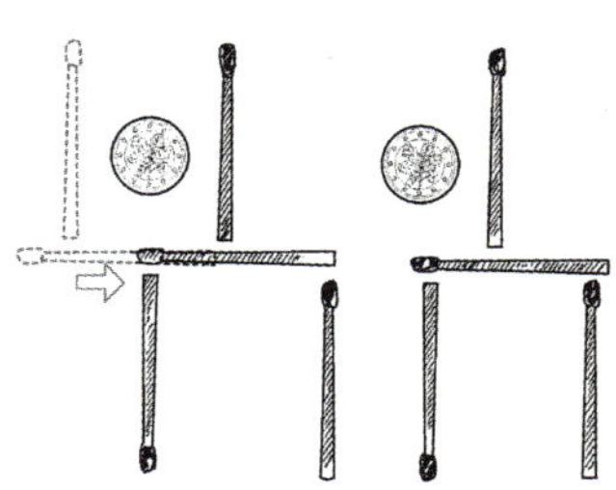

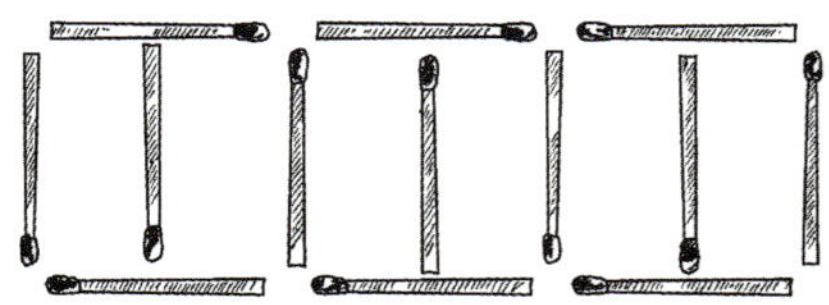

SCHAFE IM STALL

Noch ein Streichholzrätsel vom Land: Ein Bauer zimmert aus dreizehn Brettern sechs Ställe für seine Schafe. Dann wird allerdings ein Brett morsch. Wie kriegt er es hin, aus den verbliebenen zwölf Brettern sechs Ställe zu bauen? Der erste Schritt zur Lösung liegt wie bei den meisten Streichholzrätseln darin, dass man nicht an der ursprünglichen Form hängenbleiben darf, sondern einen neuen Ansatz finden muss.

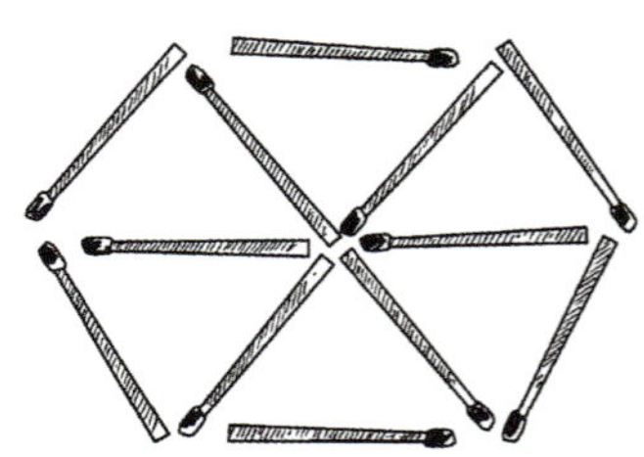

ıen?

QUADRATE

Die Zahl der quadratischen Streichholzrätsel ist inzwischen kaum noch zu überblicken. Fürs Erste sollte dies hier schwer genug zu knacken sein: Kann man aus diesen vier Quadraten drei machen und dabei nur drei Streichhölzer anfassen? Man kann! Wichtig ist dabei, sich von dem Gedanken zu lösen, dass alle Quadrate wieder die gleiche Form ergeben müssen wie in der Ausgangssituation. Wer das schafft, für den ist es plötzlich ganz einfach.

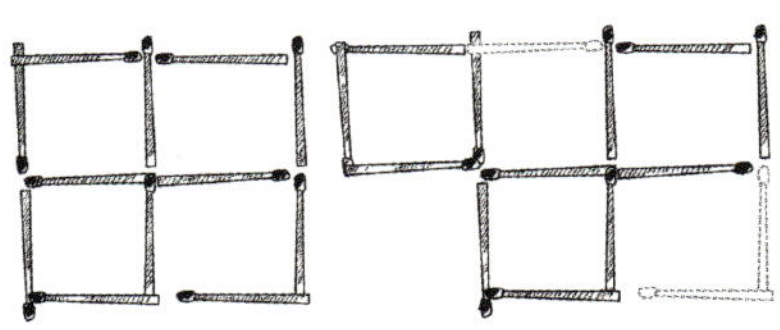

EIN RÄTSEL-VERS AUS UROMAS ZEITEN

Zweibein auf Dreibein isst Einbein. Kommt Vierbein, klaut Einbein. Nimmt Zweibein Dreibein, haut Vierbein. Vierbein lässt Einbein fallen, Zweibein isst Einbein auf.

Was ist passiert?

Ist doch klar: Ein Mensch (Zweibein) sitzt auf einem Schemel (Dreibein) und isst eine Hähnchenkeule (Einbein). Da kommt ein Hund (Vierbein) und klaut die Keule. Der Mensch nimmt den Schemel und schlägt nach dem Hund. Der Hund lässt die Hähnchenkeule fallen und der Mensch isst sie auf.

Der Bauer am Fluss

Diese Denksportaufgabe soll aus dem Mittelalter stammen. Und sie bereitet immer noch Kopfzerbrechen: Ein Bauer steht mit einem Wolf, einer Ziege sowie einem Kohlkopf an einem breiten Fluss. Er will mit allen dreien hinüber, aber das Ruderboot ist so klein, dass er immer nur einen von dreien zur gleichen Zeit mitnehmen kann. Wenn der Bauer den Wolf mit der Ziege zurücklässt, wird der Wolf die Ziege auffressen. Lässt er aber die Ziege mit dem Kohlkopf allein, fällt der Kohlkopf der gefräßigen Ziege zum Opfer. Wie schafft es der Bauer trotzdem, alle drei ans andere Ufer zu bringen?

Lösung: Zuerst bringt der Bauer die Ziege auf die andere Seite und rudert allein wieder zurück. Dann nimmt er den Kohlkopf mit ans andere Ufer und bringt die Ziege wieder zurück. Jetzt nimmt er den Wolf ins Boot, setzt ihn beim Kohlkopf ab, rudert zurück und vollendet sein Werk, indem er zusammen mit der Ziege ans andere Ufer rudert.

Register

Tiere

Pflanzen

Erleben & Entdecken

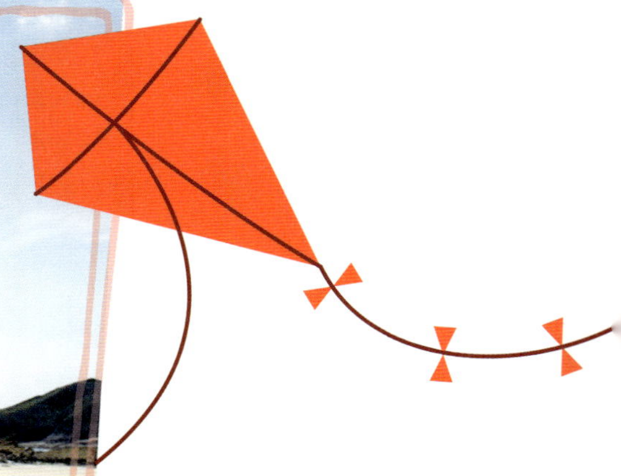

Kochen – Backen – Selbermachen

Spielen

Kalenderblätter

Bildnachweis

Umschlag Getty Images, Thinkstock (4), iStockphoto/Imgorthand (4), Fotolia, Gea Strucks, Natalya Aleksakhine, Tim Möller-Kaya **2/3** Getty Images, Maria Mähler, Fotolia, iStockphoto (3), Thinkstock (2), Volker Möller **4/5** iStockphoto; **6/7** iStockphoto, illuteam43, Getty Images; **8/9** iStockphoto (8), Getty Images, Fotolia (2); **10/11** iStockphoto, Thinkstock, Tim Möller-Kaya; **12/13** Maria Mähler, Thinkstock (2), Wikimedia Commons; **14/15** Fotolia, iStockphoto; **16/17** iStockphoto, Thinkstock (3), Fotolia (2), Wikimedia Commons (3), Didier Descouens; **18/19** Getty Images (2), Fotolia; **20/21** iStockphoto, Thinkstock (6), shutterstock; **22/23** Thinkstock (4), Wikimedia Commons (2) ; **24/25** iStockphoto (2), Shutterstock (4), Thinkstock (8), Okapia (2); **26/27** istockphoto (9), Michael Breuer; **28/29** Odile Hain, Tim Möller-Kaya; **30/31** Tim Möller-Kaya, Shutterstock, J. Hain; **32/33** Odile Hain, Angela Franke, iStockphoto, fotolia (3) ; **34/35** iStockphoto (8), fotolia (5), Thinkstock, Wikimedia Commons (3), Getty Images (3); **36/37** Maria Mähler, Thinkstock; **38/39** Wikimedia Commons (3), seatops, iStockphotos, Getty Images, nature PL, Norbert Probst; **40/41** Liebner, Oliver Richter; **42/43** Wikimedia Commons, Shutterstock, Thinkstock, iStockphoto; **44/45** Tim Möller-Kaya, Götakanal/ Albinsson, plainpicture; **46/47** Tim Möller-Kaya, fotolia (2), iStockphoto (2); **48/49** Maria Mähler; **50/51** Maria Mähler; **52/53** Maria Mähler, Odile Hain; **54/55** Tim Möller-Kaya, fotolia; **56/57** Thinkstock; **58/59** plainpicture, iStockphoto, illuteam 43; **60/61** Shutterstock, iStockphoto, Shutterstock; **62/63** Getty Images (2), iStockphoto; **64/65** Thinkstock, iStockphoto; **66/67** Getty Images (6), Barbara Hetterich, iStockphotos (2); **68/69** Getty Images (2), iStockphoto; **70/71** Fotolia, Odile Hain **72/73** Daniel Helber, iStockphoto (2), Tim Möller-Kaya; **74/75** Thinkstock, iStockphoto, plainpicture; **76/77** Shutterstock, JTSV (6), iStockphoto; **78/79** iStockphoto, JTSV, Julius Ecke; **80/81** Getty Images/Dorling Kindersley (3), Getty Images/ Zoonar, Wikimedia Commons (4); **82/83** plainpicture, iStockphoto, Angela Wittchen; **84/85** Maria Mähler, Okapia (2), Nature PL (2), Wikimedia Commons; **86/87** Aufzuchtstation Friedrichskoog (2), Thinkstock (2), Johannes Schleede; **88/89** iStockphoto, Pascal Kobeh / BIOS, E. Rekdal/ SeaTops.com, Rainer Jahnke; **90/91** Andreas Propst; **92/93** Tim Möller-Kaya, Getty Images (2); **94/95** iStockphoto, Claudia Sundas (2), Odile Hain, Maria Mähler; **96/97** Tim Möller-Kaya, iStockphoto, Thinkstock, Getty Images ; **98/99** Getty Images (2), Wikimedia Commons (3), iStockphoto, Okapia; **100/101** Maria Mähler, iStockphoto (2); **102/103** Odile Hain; **104/105** Tim Möller-Kaya, illuteam 43 **106/107** Getty Images/Dorling Kindersley RF, Getty Images/Hemera, Dieter Duneka; **108/109** Tim Möller-Kaya, iStockphoto; **110/111** iStockphoto; **112/113** Getty Images, iStockphoto, Thinkstock (5), picture alliance / United Archive; **114/115** Fotolia, iStockphoto (15), Thinkstock; **116/117** Thinkstock, **118/119** Getty Images, iStockphoto, Thinkstock,; **120/121** Odile Hain, Tim Möller-Kaya; **122/123** Thinkstock (5), Okapia, Getty Images/Dorling Kindersley RF; **124/125** Maria Mähler; **126/127** Angela Franke (10), Thinkstock (9), Fotolia , iStockphoto; **128/129** Thinkstock (2); **130/131** Maria Mähler, Thinkstock (6); **132/133** Andrea Rüster, Thinkstock (16), Shutterstock (3), Wikimedia Commons; **134/135** Odile Hain; **136/137** Thinkstock (3); **138/139** Thinkstock (2), Tim Möller-Kaya **140/141** Andreas Propst, Getty Images/Hemera, iStockphoto (3), Hans Engbers; **142/143** Getty Images/Dorling Kindersley RF, iStockphoto (2); **144/145** Tim Möller-Kaya, Thinkstock, plainpicture, Getty Images; **146/147** Tim Möller-Kaya, Birte Dollny, Thinkstock; **148/149:** Thinkstock (3); **150/151** iStockphoto (3), Thinkstock (4); **152/153** Tim Möller-Kaya, Fotolia; **154/155** plainpicture; **156/157** Shutterstock, Fotolia (2), iStockphoto, Getty Images, Thinkstock; **158/159** iStockphoto, Tim Möller-Kaya (3) **160/161** Odile Hain; **162/163** Thinkstock (14), Angela Franke, iStockphoto, Wikimedia Commons, Shutterstock (2), Okapia (2); **164/165** Maria Mähler; **166/167** Getty Images (3), iStockphotos; **168/169** iStockphoto (4), Getty Images (4), Fotolia (6), Wikimedia Commons, Thinkstock; **170/171** Norbert Span (3), Fotolia (2), Getty Images; **172/173** iStockphoto (2), Getty Images, Franz Janusiewicz; **174/175** iStockphoto, Tim Möller-Kaya, Getty Images; **176/177** Odile Hain, iStockphoto, **178/179** Tim Möller-Kaya, Getty Images, iStockphoto; **180/181** iStockphoto (3); **182/183** Maria Mähler, iStockphoto (7); **184/185** Volker Möller, iStockphoto; **186/187:** Getty Images, iStockphoto; **188/189** Fotolia, Getty Images, Tim Möller-Kaya; **190/191** Fotolia (5), iStockphoto; **192/193** iStockphoto (2), Getty Images; **194/195** iStockphoto (2); **196/197** Tim Möller-Kaya; **198/199** iStockphoto (5), Getty Images, Nature PL (4); **200/201:** Tim Möller-Kaya, Odile Hain **202/203** iStockphoto (4), Fotolia (2); **204/205** iStockphoto (4), Fotolia (2), Claudia Sundas; **206/207** iStockphoto (3), Fotolia (1), Tim Möller-Kaya

Impressum

© **Carlsen Verlag GmbH**, Postfach 500380, 22703 Hamburg 2014
Entwickelt auf der Basis von „Warum!“ Ausgaben 2012 – 2014
© **JAHR TOP SPECIAL VERLAG GmbH & Co. KG**, Hamburg 2014 **Herausgeber:** Thorsten Höge
Autoren: Karen Amme, Lucas von Bothmer, Anna Bunde, Sandra Heldt, Jasmin Jaerisch, Dr. Ralf Klinger, Gunthild Kupitz, Janet Lindemann-Eppinger, Volker Möller, Lina Nagel, Leonie Proscurcin, Irmhild Speck, Christine Stahr, Jan Völkel, Alexandra Werdes, Sandra Winkler
Konzeption und Redaktion: Caroline Jacobi/Christine Stahr
Herstellung: Jutta Kraus, Sybille Hagen, Hauke Rieffel
Gestaltung: Notburga Reisener **Umschlaggestaltung:** Gunta Lauck
Lithografie: Gass Medienservice GmbH & Co. KG